权威·前沿·原创

皮书系列为
"十二五""十三五"国家重点图书出版规划项目

BLUE BOOK

智库成果出版与传播平台

政信蓝皮书

BLUE BOOK OF
GOVERNMENTAL CREDIT

中国政信发展报告
（2019~2020）

ANNUAL REPORT ON GOVERNMENTAL CREDIT DEVELOPMENT IN
CHINA (2019-2020)

中央财经大学政信研究院　研创

社会科学文献出版社
SOCIAL SCIENCES ACADEMIC PRESS（CHINA）

图书在版编目（CIP）数据

中国政信发展报告.2019－2020／中央财经大学政信
研究院研创.－－北京：社会科学文献出版社，2020.5
（政信蓝皮书）
ISBN 978－7－5201－6651－5

Ⅰ.①中…　Ⅱ.①中…　Ⅲ.①国家行政机关－信用－
研究报告－中国　Ⅳ.①D630.1

中国版本图书馆 CIP 数据核字（2020）第 076879 号

政信蓝皮书
中国政信发展报告（2019~2020）

研　　创／中央财经大学政信研究院

出 版 人／谢寿光
组稿编辑／恽　薇
责任编辑／王楠楠
文稿编辑／王春梅

出　　版／社会科学文献出版社·经济与管理分社（010）59367226
　　　　　　地址：北京市北三环中路甲 29 号院华龙大厦　邮编：100029
　　　　　　网址：www.ssap.com.cn
发　　行／市场营销中心（010）59367081　59367083
印　　装／天津千鹤文化传播有限公司

规　　格／开　本：787mm×1092mm　1/16
　　　　　　印　张：18.25　字　数：274 千字
版　　次／2020 年 5 月第 1 版　2020 年 5 月第 1 次印刷
书　　号／ISBN 978－7－5201－6651－5
定　　价／128.00 元

研创单位介绍

中央财经大学政信研究院（以下简称研究院）是国内第一家以政信领域学术研究、决策咨询、学科培育、人才培养、社会服务、文化传承为主要职能的高校智库，是政信领域的开放性公共研究机构。

研究院秉持诚信、合作、包容、共赢的宗旨，致力于政信创新发展相关的学术研究和政策咨询，为政信知识积累、行业发展、制度建设、国家治理提供智力支持。

研究院的目标是通过学术研究、学科培育、制度创新、战略合作等，发展成为具有鲜明学科特色的专业型智库，成为政信领域发展创新的学术研究"基地"、决策咨询"思想库"、开放式交流"平台"、人才孵化"制高点"和社会服务"催化剂"，全力服务于我国国家治理体系和政信体系的理论研究、实践探索与制度创新。

研究院以政信研究中心、PPP研究中心、财税大数据实验室为依托，以国家治理、政务诚信、政府和社会资本合作等为主要领域开展学术研究和咨询服务，为政府、企业及相关机构提供政务诚信建设规划、财税大数据应用等方面的顶层设计和运营实施方案。

主要编撰者简介

马海涛　中央财经大学副校长、教授、博士生导师，国务院政府特殊津贴获得者，"万人计划"哲学社会科学领军人才，"新世纪百千万人才工程"国家级人选，主要研究方向为财税理论与政策、财税管理。多年来对财税基础理论与政策等进行了大量研究，取得了许多具有显著学术价值和重要影响的成果，获得中国财政学会优秀论文奖5项；出版专著、教材20余部；主持或参与十余项国家社会科学基金、省部级课题研究，近十项科研成果获省部级奖励。主要社会职务：中国财政学会副秘书长、中国法学会财税法学研究会副会长、中国资产评估学会常务理事。

安秀梅　中央财经大学政信研究院院长，教授，博士生导师，财政部财政科学研究所博士后，教育部"新世纪人才支持计划"入围者，主要从事财税理论与政策、政府预算管理、政府公共管理、政府信用、政府和社会资本合作等方面的教学科研工作。多年来主持、参与完成和在研国家社科基金、国家自然基金、世界银行、中国发展研究基金会、财政部、国家发改委、国务院国资委等各类科研课题50多项，出版《公共治理与中国政府预算管理改革》、《政府绩效评估体系研究：从政府公共支出的角度创设政府绩效评估体系》、《中央与地方政府间的责任划分与支出分配研究》、《政府公共支出管理》、《公共支出概论》、《财政学》、"中国PPP蓝皮书"《中国PPP行业发展报告》等著作、教材10多部，在《财贸经济》、《财政研究》、《税务研究》、《中国行政管理》等刊物发表论文50余篇，多篇论文被中国人民大学《复印报刊资料》全文转载。

序　言

古语有云："信为政之基，政无信则危，有信则昌""信，国之宝也，民之所凭也"。政务诚信是社会信用体系建设中四大重点建设领域之一。党中央、国务院高度重视政务诚信建设工作，习近平总书记在党的十九大报告中指出，"转变政府职能，深化简政放权，创新监管方式，增强政府公信力和执行力，建设人民满意的服务型政府"。李克强总理连续三年在《政府工作报告》中强调政府要带头讲诚信守契约，决不能"新官不理旧账"。《社会信用体系建设规划纲要（2014—2020年)》提出，"政务诚信是社会信用体系建设的关键，各类政务行为主体的诚信水平，对其他社会主体诚信建设发挥着重要的表率和导向作用"。加强政务诚信建设，对于进一步提升政府公信力、引领其他领域信用建设、弘扬诚信文化、培育诚信社会具有重要而紧迫的现实意义。

政府是诚信社会的维护者，民众对政府的信任是执政的重要基础。欲建诚信社会，必先建好诚信政府，用政府的诚信形象带动社会诚信环境的全面改善。只有政府带头讲诚信、说实话、办实事，才能在全社会营造出诚信之风。当前，全国各地都在大力推进"放管服"改革，优化营商环境。政府依法行政、政策透明、言出必行对于增强市场主体投资信心、形成稳定的市场预期至关重要，如果政府的政策朝令夕改，不能遵守和践行自己的承诺，必然会影响投资者利益，同时会让其他潜在的投资者望而生畏、退避三舍。当社会认为某个地方政府不诚信，不足以信任，并形成普遍的认识和氛围的时候，当地政府就很容易陷入"塔西佗陷阱"，要重塑形象和获得信任，将是一件非常困难的事。因此，规范政府行为，夯实政务诚信基础，对于优化营商环境、促进经济高质量发展，有着至关重要的现实意义。

近年来，国家发展改革委以习近平新时代中国特色社会主义思想为指导，按照党中央、国务院的统一部署，会同各地区、各部门推进政务诚信建设，大力开展政务失信治理工作，对政府拖欠民营企业尤其是中小企业账款问题进行集中治理，通过"信用中国"网站公布典型案例，大幅提升失信成本，对因拖欠账款被人民法院纳入失信被执行人名单的失信主体实施失信惩戒，将拖欠工作治理成效与城市信用状况月度评价、信用示范城市创建等工作挂钩，并及时监测市县级政府可能存在的拖欠风险，切实维护民营企业尤其是中小企业的合法权益。

此次政信蓝皮书的出版发行，是我国政务诚信领域研究、发展的一项开创性工作，体现了蓝皮书研究团队的开拓精神和创新精神。希望以此次政信蓝皮书的出版为契机，未来有更多的专家学者加入政务诚信研究这个领域，为政务诚信建设提供更加坚实的理论支撑和指导，进而推动社会信用体系建设再上新台阶。

是为序。

国家发展和改革委员会财政金融和信用建设司司长　陈洪宛

2020 年 1 月 6 日

摘　要

　　《中国政信发展报告（2019～2020）》是"政信蓝皮书"系列的首部报告。本书专注于政信领域研究，立足智库报告的特点，致力于为中国政信理论体系构建和创新实践发展提供深度支撑。

　　本书首先以大历史的研究视角梳理了中国政信发展脉络，在此基础上全面、深刻阐释了"政信"的内涵，提出新的历史方位下我国政信发展最重要的使命和担当；进而从政信理论体系的制度要素——政信法律、政信金融、政信文化、政信生态、政信能力及政信的具体体现——政务诚信等方面，分析中国政信发展实践现状及政信政策走向，总结已经取得的成就，洞悉当下存在的问题及症结所在，然后有针对性地提出相关对策建议。

　　本书的主要内容和创新之处有以下几点。（1）首次以大历史的研究视角对"政信"的内涵做了三重递进的阐释，简言之，政信包含为政者的正信、正念和正行三重含义，由此形成一个完整的体系和格局，既有文化和精神层面的内容，又有操作层面的设计，既有传统，也结合了现实。在此基础上，初步构建了中国政信理论体系框架。（2）首次厘清"政信金融"在中国背景下的内涵与外延、涵盖范围及刻画维度。（3）在政信文化体系构建中，提出以回归人类文明的核心价值理念为着力点，引导和推动文化自信，将政信体系建设根植于内涵纯正、渊源深远的中华优秀传统文化，以深层次的源动力推动政信实践创新发展。（4）在对政信能力要素的基本内涵和范围进行界定的基础上，搭建了政信能力要素框架，深入剖析各要素对政信能力的影响机制；（5）深入剖析了我国部分地区政务诚信建设取得的进展以及存在问题的深层次原因，并提出了相应的对策建议。

　　全书分为总报告、分报告、专题报告、附录四部分，共包括九篇单篇报

告。全书将研创团队的研究成果和领域内的具体实践案例相结合，从政治学、经济学、公共财政学、社会学等多学科角度，采用文献研究法、历史比较法、个案研究法、系统综合分析法、归纳分析法等展开全书的研究工作。

本书的资料来源主要包括中央财经大学图书馆馆藏图书、软件及各种资料；国内外图书、报刊等出版物；国内外学者的相关研究成果；研创团队的调研成果等。书中借鉴和参考的案例来自政信发展领域内具体实践。

关键词： 政信金融　政信文化　政信能力　政信生态　政务诚信

目 录

Ⅰ 总报告

B.1 以大历史的视角寻找政信发展之源

.... 政信理论体系构建研究课题组 / 001

  一 政信理论体系研究的现实背景 .... / 002

  二 政信理论体系构建的现实意义 .... / 005

  三 政信的内涵阐释与外延界定 .... / 007

  四 政信的体系架构 .... / 010

  五 政信实践创新发展现状 .... / 013

  六 政信实践发展展望 .... / 021

Ⅱ 分报告

B.2 政信政策法律研究报告 .... 薛起堂 赵燃燃 / 024

B.3 政信金融发展报告 .... 郭剑光 蓟红丹 / 042

B.4 政信文化建设研究报告 .... 王 莹 / 070

B.5 政信生态发展报告 .... 温来成 李 婷 / 085

B.6 政信能力建设研究报告 .... 赵全厚 许 静 / 122

B.7 政务诚信建设研究报告…………………… 赵忠良　龚春辉　王玲玲 / 148

Ⅲ　专题报告

B.8 中国政信金融发展指数………… 中国政信金融发展指数课题组 / 174

Ⅳ　附录

B.9 "中国政信金融发展指数"各级指标全排名…………………… / 213

Abstract …………………………………………………………… / 263

Contents …………………………………………………………… / 265

皮书数据库阅读**使用指南**

总 报 告

General Report

B.1
以大历史的视角寻找政信发展之源

政信理论体系构建研究课题组*

摘 要： 本报告从大历史视角出发，构建以政信目标、政信文化、政信金融、政信法规、政信生态为主要制度要素的政信理论体系，对中国政信创新实践发展的体制背景、文化根源、总体发展现状及趋势进行深入分析。研究发现，中国政信实践发展在推动经济社会全面进步、工业化和城镇化建设、经济提质增效及结构优化、公众获得感提升、政府履约守信意识增强等方面发挥了重要作用，但仍存在政府失信事件导致政府形象受损、社会信用缺失增加政信业态潜在风

---

* 政信理论体系构建研究课题组主要成员包括：安秀梅、曹堂哲、郭剑光、王莹、李丽珍、蓟红丹、高雅。安秀梅，中央财经大学政信研究院院长，教授、博士生导师；曹堂哲，中央财经大学政府管理学院副教授；郭剑光，中央财经大学金融学院副教授；王莹，中央财经大学政信研究院副院长，研究员；李丽珍，中国社会科学院工业经济研究所博士后；蓟红丹、高雅，中央财经大学财税学院在读博士生。

险、政信体系建设缺乏顶层设计导致政信行为失范、政信金融发展不规范导致违法违规和变相举债行为屡禁不止、政信服务不到位导致政信发展不均衡等问题。基于此，本报告提出创新政信理念，培育政信文化，强化政信体制机制建设，健全政信法规，提升政信服务能力，优化政信生态环境等政策建议，以期促进中国政信业态健康发展和国家治理能力现代化。

关键词： 政信　政信文化　政信法规　政信金融　政信生态

一　政信理论体系研究的现实背景

（一）新的历史方位下我国面临严峻的政信风险

当前我国经济社会发展已进入新时代。一方面，政府信用以及与此相关的民族自信，将是国家走向繁荣昌盛和持续发展的基础资源；另一方面，我们面临严峻的政信风险。合理运用政信资源，化解政信风险，需要加强理论研究和顶层设计，需要优良的国家治理体系和治理能力作为支撑。信用建设是一个系统工程，是我国中央政府的重大战略决策部署。社会信用建设事关大局，需要协同推进。政信是社会信用体系建设的核心，是信用体系建设的"牛鼻子"。无论宏观层面还是微观层面，无论政治、经济、社会、文化还是生态领域，政信都是国家治理的基石和纽带，是国家兴衰和经济社会和谐健康发展的关键要素，政信推动国家治理变革，优良的国家治理体系保障政信的安全和稳健。

（二）信仰缺失问题需引起高度重视

2013 年 8 月 19 日，国家主席习近平在全国宣传思想工作会议上的讲话里指出，"信仰缺失是一个需要引起高度重视的问题"。① 一些党员干部存在信仰缺失问题，表现为"精神空虚，信念动摇，心为物役，信奉金钱至上、名利至上、享乐至上，心里没有任何敬畏，行为没有任何底线"等。而信仰对个人、民族、国家都是至关重要的，"人民有信仰，国家有力量，民族有希望"；反之，信仰缺失则会导致一系列社会问题，出现道德崩塌、信任缺失、人性扭曲等，严重影响社会的正常稳定运行。

（三）政信金融风险问题不容忽视

中国改革开放四十多年来经济发展的实践表明，优质的公共产品供应是经济持续增长的重要因素。各级地方政府在区域性公共产品供应上承担着重要责任。近年来，随着经济发展和城镇化进程的推进，社会公众在各个方面的公共需求也日益增长并且在水平和质量上提出更高的要求，我国各级地方政府以及相关主体为了推动当地经济发展和改善公众的生活条件，迫切需要通过增加财政支出以提高公共服务的水平和质量，而且需要通过加大基础设施等公共物品的建设力度为经济发展提供更加有利的环境。

自1994年实行分税制以来，在分级财政管理体制下，地方政府逐渐陷入事权与财权不匹配的困境。特别是在当地经济发展水平相对滞后的条件下，当期的税费收入、财政转移支付以及财政收支结余等内源性资金来源相对于迫切的投资支出和日益庞大的公共服务支出明显不足，成为开展各种高质量政信活动的制约。一些地方政府长期面临财政资金短缺的压力，传统的贷款和债券发行也难以有效满足大量的资金需求。

与此同时，在政绩考核和地方竞争的压力下，在政企分开、改革还不够彻底的条件下，地方政府具有强烈的发展愿望和融资需求，普遍开始运用自身的信用资源，进一步拓宽融资渠道，地方政府投融资平台、政府和社会资本合作（PPP）、政府投资基金、政府信托等融资方式应运而生，为满足地

---

① 《习近平谈从严治党》，中国共产党新闻网，http://cpc.people.com.cn/n/2016/1221/c 640 94-28964812.html。

方政府在履行公共服务职能和供应公共物品过程中的资金需求发挥了重要作用。

为了有效解决在提供公共产品过程中面临的资金短缺问题，并且间接促进政府信用提升，各级地方政府及其他公共部门通过各种形式的政信金融工具和渠道合理融资。银行业、信托业、证券业等金融部门在服务政信活动的融资工具设计、机制安排和资金供应上也积极开展相应工作。无论从融资方看，还是从资金供应方看，抑或从融资方式与融资工具市场看，政信金融活动都呈现非常活跃的态势。

中国政信金融活动的目的是地方政府为满足经济社会发展需要和兑现政府对地方居民的承诺，以政府信用为基础的投融资活动，主要包括政府债券、金融机构贷款、地方政府投融资平台、政府投资基金、政府和社会资本合作、政府信托、开发性金融等形式。地方政府通过合理开展政信金融活动，不仅能有效解决在提供公共产品过程中面临的资金短缺问题，还能间接促进政府信用提升。一方面，政信金融离不开政府信用软环境的支撑作用，政府信用直接决定政府的融资能力、融资规模、融资结构和融资成本；另一方面，政信金融为各级政府履职践约从而实现良好信用提供资金保障。

在政信金融呈现蓬勃发展之势的同时，部分地方政府过于乐观地估计了当地经济发展的未来前景，或者忽视了国家宏观经济发展可能出现的周期性波动；另外，个别地方行政官员"好大喜功"，对决策执行缺乏有力的激励和约束，以及个别地方政府官员的变迁导致出现"新官不理旧账"的现象；等等。这些原因使政信金融出现各种形式的风险，不仅危及地方财政的稳健性，也可能成为国家宏观经济和金融运行发生系统性金融风险的源头。

地方政府的融资活动一方面为地方发展提供了支撑，另一方面在缺乏系统制度约束的条件下，带来了债务率升高的风险。既要促进地方经济发展，又要防范系统性风险，必须合理界定政府职能，有所为，有所不为，让市场在资源配置中发挥决定性作用，推动政信金融规范发展，将政信金融的发展建立在信用经济基础之上，创新政信金融工具，杜绝信用滥用，防控系统性风险，确保地方经济健康可持续发展。

因此，在政策法规的规范性方面，国家近年来出台了一系列促进政信金融合法有序发展的文件，为各地政信金融活动在保持与国家总体发展战略和阶段性调控措施一致的条件下更加健康、更加稳步发展提供了良好的外部生态环境。

二 政信理论体系构建的现实意义

（一）为中国政信发展创新实践提供客观评价与指导

目前国内外政信领域相关研究主要集中在处于社会信用体系核心地位的广义地方政府信用，但对政府信用的评估主要关注政府偿还债务的意愿和能力（狭义政府信用），而不是地方政府对于公众的履职践约状态（广义政府信用）。政信理论研究与政信创新实践出现脱节，例如，在政信金融领域，表现为政信理论既远远落后于政信融资实践发展的步伐，也未能与信用经济有效衔接，不利于政信事业长远发展，需要构建以政府信用为依托的政信金融理论体系及其分析框架，系统和深入地研究、指导政信金融实践。

本报告首先对政信内涵及外延进行明确界定，进而以中西方政信思想为理论本源，构建科学规范、系统完整、逻辑严密的中国政信理论体系，旨在客观评价并指导中国政信发展创新实践。

（二）为加快社会信用体系建设提供可行路径

建设社会信用体系，是完善我国社会主义市场经济体制的客观需要，是整顿和规范市场经济秩序的治本之策。市场经济是信用经济，市场经济倡导等价交换、公平竞争、遵循价值规律等，要求市场参与主体诚实守信。社会信用体系是市场经济体制中的重要制度安排。健全的社会信用体系是经济交换的有效润滑剂，是降低制度性交易成本的重要支撑，是信用经济发展的基石。

党中央、国务院高度重视社会信用体系建设工作。2007 年全国金融工作会议提出，以信贷征信体系建设为重点，全面推进社会信用体系建设，加

快建立与我国经济社会发展水平相适应的社会信用体系基本框架和运行机制。"十一五"规划提出以完善信贷、纳税、合同履约、产品质量的信用记录为重点，加快建设社会信用体系。"十二五"规划提出"加快社会信用体系建设"。党的十六大、十六届三中全会明确了社会信用体系建设的方向和目标。党的十八大提出"加强政务诚信、商务诚信、社会诚信和司法公信建设"。党的十八届三中全会提出"建立健全社会征信体系，褒扬诚信，惩戒失信"。《中共中央国务院关于加强和创新社会管理的意见》（中发〔2011〕11号）提出"建立健全社会诚信制度"。2014年6月，国务院印发《社会信用体系建设规划纲要（2014—2020年)》，这是社会信用体系建设的总蓝图、总纲领。国务院办公厅印发《关于加快推进社会信用体系建设构建以信用为基础的新型监管机制的指导意见》（国办发〔2019〕35号)，提出新型监管机制要求。与此同时，国家发改委相继发布了一系列加快推进社会信用体系建设的相关政策文件。党和政府对于社会信用建设的重视提到了前所未有的高度。

本报告基于课题组专家多次参与社会信用体系建设示范城市的评估工作实践，总结和梳理了典型示范城市的相关情况，包括具体做法、经验及启示等，为各地市开展社会信用体系建设提供参考。

（三）为推进政务诚信建设提供量化考核指标

《国务院关于加强政务诚信建设的指导意见》（国发〔2016〕76号）指出，加强政务诚信建设对于充分发挥政府在社会信用体系建设中的表率作用，进一步提升政府公信力，推进国家治理体系和治理能力现代化具有重要意义。政务诚信要求政府以身作则，在资源配置、宏观调控与收入分配、政府投融资、政府采购、公共资源交易、社会保障体系建设等各个关键领域充分发挥信用引领作用。

本报告所构建的中国政信金融发展指数，涉及政信能力、政信融资、政融风险和政信生态四个维度，与《国务院关于加强政务诚信建设的指导意见》要求的加强重点领域政务诚信建设高度契合，为政务诚信建设提供了可量化的考核指标。正如管理学家德鲁克所说，"没有度量就没有管理"，中国政信金融发展指数完整地呈现了中国政信金融领域的逻辑范畴和实践范围，有效、定量测量了政信金融的状态、趋势和发展情况，对政府决策和市场主体决策都有参考价值和引导意义。

（四）为地方政府防范化解债务风险提供预警指标

地方政府举债融资以推动经济发展已是十分普遍的现象。日本、美国、法国、德国等主要发达国家均允许地方政府自主举债以推动经济增长。然而，过度举债、竞相举债、违法违规举债将导致债务规模失控、风险积累乃至爆发危机。巴西在 20 世纪 80 年代至 90 年代经历了三次严重的地方政府债务危机，最后均以联邦政府的"兜底、担保"来化解。墨西哥、日本等也曾发生地方政府债务危机，相关事件要求我们引以为戒，高度警惕地方政府债务风险。

本报告对政信金融、政信能力和政信生态等进行全面梳理和量化评估，尤其是中国政信金融发展指数中建立了政信金融发展总指数和政信融资、政融风险等分指数，其测量可作为各地评判投融资风险的重要参考，为地方政府提早应对、分类施策、优化财政支出结构、化解各类风险等争取时间和空间。

三　政信的内涵阐释与外延界定

（一）政信的内涵

"政信"是一个高度概括、高度凝练的概念，我们力图以大历史的视角阐释其内涵，以期在充分吸收历史营养的基础上，正本清源，更好地服务和指导当前及未来的政信理论，实现创新发展。

1. 以大历史的视角探寻政信的内涵

目前对于"政信"的理解，重点关注"信"，而忽视了"政"。要全

面、深刻理解"政信"的内涵，还应放宽视野。我们认为，以大历史的视角来看，政信的内涵包括层层递进的三重含义。

第一重含义，政信即为政者的正信，指政府及工作人员在治国理政过程中所秉持的信仰、信念及价值观，这是所有政信行为赖以正确实施的基础。

"政者，正也。子帅以正，孰敢不正？"（《论语·颜渊篇》）

"其身正，不令而行；其身不正，虽令不从。"（《论语·子路篇》）

"苟正其身矣，于从政乎何有？不能正其身，如正人何？"（《论语·子路篇》）

"为政以德，譬如北辰，居其所而众星共之。"（《论语·为政篇》）

"上好礼，则民易使也。"（《论语·宪问篇》）

由以上经典论述可以看出，"政信"的第一重含义是"正信"，这是"政信"的题中应有之义，甚至是命门所在，任何时候都不能忽视。我们当今社会、经济发展中的很多现实问题，恰恰是失去"正信"而导致的。

第二重含义，政信即为政者的正念，指政府及工作人员对其所秉持的信仰、信念及价值观的认识、理解以及坚定程度，即是否有足够的信心将秉持的理念付诸实施。之所以将这一重含义拿出来单讲，是因为其承上启下，是将"正信"转化和付诸实践的重要环节，有了这个环节的承启，才能真正做到知行合一。

第三重含义，政信即为政者的正行，指在正信和正念基础上和指导下实施的政府行为所体现出的信守承诺的意愿、能力和评价。

以上三重含义，也可以称为三个层次，从上到下是贯通的，构成完整的政信内涵，缺一不可。此外，由于"政"本身包括管理的含义，从管理的角度来看，第一、第二重含义侧重自我约束和管理，第三重含义侧重制度约束（见图1）。

政信与政府诚信、政府公信力等概念所表达的实质意思和应用范畴既有联系又有区别。这些概念的共同点是都以"信"作为关注政府活动的切入点。然而，它们所侧重的角度各有不同：政府诚信强调的是政府及其工作人员在理念和行动上贯彻诚信；政府公信力强调政府获得公众信任的能力，并

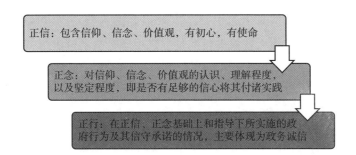

正信：包含信仰、信念、价值观，有初心，有使命

正念：对信仰、信念、价值观的认识、理解程度，以及坚定程度，即是否有足够的信心将其付诸实践

正行：在正信、正念基础上和指导下所实施的政府行为及其信守承诺的情况，主要体现为政务诚信

图1　政信的内涵

突出公众对政府公信的价值判断和认同程度。

　　而对于政信的探讨则包括文化伦理、政治经济、社会生态等方面内容，这与单纯的政府诚信和政府公信力等范畴相比具有更加丰富的内涵。

　　2. 政信内涵的多学科阐释

　　政治学意义上的政信，着重关注政府履职践约的能力；社会学意义上的政信主要描述政府与公众之间的交互关系；法学意义上的政信则以合法合规性为前提，对政府行政行为及其信誉状态进行界定和评价；经济学意义上的政信，是政府及其所属机构为兑现向社会提供基础设施、公共服务的承诺，实现经济社会发展目的，以自身的履约意愿、资源和能力为基础，进行的投融资活动和资源配置活动；管理学意义上的政信，主要指对政府投融资活动的运营和管理。

（二）政信的边界

　　凡是各级政府凭借政府信用开展的投融资活动以及能提升政信水平的文化、法律、科技、生态等软环境建设都属于政信的内容。政信的边界与政府职责边界不谋而合。

　　政信事业的健康发展如果没有伦理文化的引领就会失去灵魂，没有实质性金融活动就会空心化，没有健全的法律规范就会无序混乱，没有良好的社会生态就会失去支撑。基于上述认识，我们认为，政信反映了政府在政治、经济、社会、文化、生态治理过程中体现出来的与各利益相关方的信任关系

和社会关系。它以政信文化为引领，以政信金融为核心，以政信法规为保障，以政信生态为支撑，其根本目标是促进中国社会的健康可持续发展和国家治理能力的现代化。

（三）政信的特征

政信是社会信用体系的核心，是最大的信用，或称"第一信用"。这是由政府在国家中的特殊地位和影响决定的。政信具有公共意识、规则意识、责任意识、示范意识，这些意识反映了政信具有公共性、规则性、责任性和示范性的特点。政信的影响不仅在于其示范性，还在于政信是企业信用和个人信用的维持手段和救济手段，政府失信或信用不足都会给整个社会经济带来灾难性的后果。

四 政信的体系架构

（一）政信的体系架构

构成政信理论体系的制度要素主要包括政信目标、政信文化、政信金融、政信法规、政信生态五个方面，这五个方面形成了一个相互依赖、互为前提、相互融合、互为支撑的闭环，共同推动政信创新与发展。

1. 政信目标

政信目标是从事所有政信活动的出发点和立足点，政信目标在于促进与政信相关的各种活动健康可持续发展，提高国家治理体系和治理能力的现代化水平。

实现政信目标，对于增强社会诚信意识、提高国家治理能力、打造公平正义的社会环境有着非常重要的作用。

2. 政信文化

政信文化是指与政信相关的伦理道德、风俗习惯、价值观等柔性规范。政信文化是政信的灵魂，对于政信体系的规范运行起着推动和引领作用。同时，政信文化是社会伦理价值观的风向标，对于增强、提升政府公信力、公民归属感，以及建立公平、公正的市场机制起着导向性作用。

政信体系的构建要从政信文化发端，从政信文化破题。政信文化建设是政信体系建设的基石和重要内容。从伦理道德视角来看，政信文化主要包含诚实守信、公平公正、机会平等、责任担当等要素。从大历史、大文化视角来看，政信文化包含对于中华优秀传统文化的传承。文化与道德唇齿相依，诚信是文明社会的道德根基，对普遍道德规范的遵守是人类社会存在的基础。

3. 政信金融

政信金融包括依托国家各级政府信用和信任关系的各类经济活动和金融活动，从经济意义上看，是指为了满足社会公众的公共需求，相关主体依托各级政府的信用、财政实力和各种资源向社会公众供应公共产品的活动。这里所指的公共产品供应可以包括：提供各种公共服务、生产建设基础设施与民生工程等公共物品。中央政府和各级地方政府是主要的政信活动相关主体，但并不仅限于此，还包括与政府相关联的机构。即政信金融包括政府对机构进行资本投入、政府补贴、政府采购等活动，或者各类机构依托政府的信用、财政实力和各种资源开展的经济活动。

政信金融可以从以下几点界定：相关主体为了政信活动而发生的投资与融资，以及金融部门为这些投融资活动提供的资金支持。只要有关于公共产品供应以及政府向社会公众提供的与承诺相关的活动，涉及的投融资都可能进入政信金融的范围。政信金融以行为与活动为导向，而不是以主体类别为导向。换言之，凡是各级政府凭借政府信用开展的投融资活动以及能提升政信水平的文化、法律、科技、生态等软环境建设都属于政信的内容。政信的边界与政府职责边界不谋而合。政府在履行各项职能的过程中均与政信建设及政信金融息息相关。

政信金融是信用经济的组成部分，是政府为了履职践约、兑现承诺而开展的所有投融资活动。从实践层面来看，政信金融包括以政府信用为依据开展的投融资活动和以市场化方式开展的投融资活动。前者常见的形式有政府

债券、政府借款等；后者常见的形式包括 PPP、资产证券化、融资平台、政府性基金等。

4. 政信法规

政信法规建设是政信体系规范运行的重要保障，广义上包括宪法在内的有关政信的所有法律法规，狭义上包括与政信较直接相关的基本法律制度体系以及涉及政信的专门立法。政信法规涉及社会信用体系建设、政府信息公开、政务诚信、政府公信力、政府信用管理、行政裁量权规范、行政程序规定、行政首长问责、行政许可补偿、政府信用监督等方面。

5. 政信生态

政信生态是政信体系建设的重要支撑，包括社会文化环境、金融生态环境、营商环境、法律环境、政策环境等。政信生态环境中各构成要素互为依赖、相互作用、平衡共生，共同构成一个系统性政信生态链。具体表现为政务诚信、商务诚信、司法公信等方面。

政务诚信是指政府依法行政、守信践诺，取信于民。但这里所说的政务诚信，不同于一般意义上的公务员在履职过程中的诚实守信，而是着重强调地方政府对工作承诺的实现程度，譬如是否完成相应的"十三五"规划、政府工作报告、专项发展规划等的发展目标。政府对工作承诺的实现程度越高，公众对政府的信任度也越高，从而政府信用水平越高。

商务诚信是指政府在履行职能以及进行信用融资活动中与企业及其他组织之间形成的一种和谐的关系。市场经济要求市场参与主体诚实守信，政府不仅是市场经济的规则制定者、践行者、维护者、监督者，在一定程度上还是参与者，其诚信状况事关信用经济发展成败。因此，按合同约定开展融资活动、杜绝随意违约行为、营造良好的商务诚信环境，是政府开展信用融资活动的前提。

司法公信是指政府依法行使职权的客观表现，是裁判过程和裁判结果得到民众充分信赖、尊重与认同的高度反映。其中，司法公信力在政府履行财政职能方面的表现主要是指，政府是否根据相关法律法规的规定，加强对教育、农业、科技、医疗卫生、社保等民生方面的财政投入。

只有依法保障民生，才能获得广大人民群众的信任，从而形成良好的政府信用。

（三）政信的价值取向

1. 维系社会信用体系的基石、核心及先导

政信与企业信用、个人信用三者共同作用，构成了完整的社会信用体系。其中，政信作为维系社会信用体系存在和发展的基石、核心及先导，是整个信用体系建设的基本依托与重要内核。

2. 维系政府自律与他律的客观需要

坚守诚信是对政府最为基本的政治道德要求，这属于自律范畴。而通过信用法律规范来约束政府行为，是建立在自律基础上的法治社会对他律的客观要求。

3. 维系法治政府建设的必然诉求

政信是法治政府的特征，也是法治政府的标准，更是法治政府的责任。从建设法治社会的基本要求来看，"有法可依""有法必依""执法必严"是建立健全政府信用的先决条件和重要保障。

4. 维系柔性行政方式的关键制约

与传统的刚性行政方式（如行政命令、征收、征用、处罚、强制等）不同的是，新型的柔性行政方式在实际运作中更注重行政诚信原则的贯彻，比如，行政合同、行政指导、行政承诺等柔性行政方式，其成立有赖于对方的同意或认同，这些活动的成立和顺利完成都涉及政府信用。

五　政信实践创新发展现状

总体来看，我国政信文化、政信法规、政信生态等软环境正处于不断优化过程中，但基于国家宏观调控的需要，以地方政府为主体开展的政信金融活动因面临严峻的监管形势而陷入困境。因此，为了促进我国政信创新实践的持续发展，必须多管齐下，实现政信各组成部分共同发展。

（一）政信文化方面

党的十八大以来，以习近平同志为核心的党中央的一系列决策和部署进一步丰富和发展了政信文化。基于近年来国内外发生的一系列重大变化以及国内不断出现的重大失信事件，党中央着力对诚信文化建设进行全面战略部署，包括政务诚信建设、商务诚信建设、社会信用建设、传统文化资源传承、征信业发展等。

首先，从中华传统诚信文化中汲取智慧和营养，以科学态度对待传统诚信文化，传承和弘扬传统诚信文化。实践中，根据不同的主体，围绕企业诚信、城市信用、社区信用、校园信用等进行全方位的诚信文化建设，使诚信真正提升至社会主义核心价值观的高度，并内化为公众意识。

其次，转变诚信文化建设策略，从单个解决问题到以顶层设计和制度根本解决问题。中央文明委于党的十八大后出台《关于推进诚信建设制度化的意见》（我国第一份从制度层面推进诚信建设的中央文件），明确提出严厉打击失信行为。《国务院关于印发社会信用体系建设规划纲要（2014—2020年）的通知》（国发〔2014〕21号）指出，社会信用体系建设以树立诚信文化理念、弘扬诚信传统美德为内在要求。2019年10月31日由党的十九届四中全会通过的《中共中央关于坚持和完善中国特色社会主义制度、推进国家治理体系和治理能力现代化若干重大问题的决定》，就"坚持和完善繁荣发展社会主义先进文化的制度，巩固全体人民团结奋斗的共同思想基础"做出具体部署。2018年3月22日，全球著名的独立公关公司爱德曼国际公关公司携手清华大学国家形象传播中心联合发布了《2018年爱德曼信任度调查中国报告》。报告显示，2018年中国民众对政府的信任度非常高，高达84%，居全球首位。这表明，我国政信文化建设取得了显著成效，政信文化的引领作用进一步提升。

最后，诚信社会环境的形成。党的十八届三中全会提出建立健全社会征信体系，目前，中国人民银行开发的国家金融信用信息基础数据库系统已成为全球数据规模最大的个人征信系统，由国家市场监督管理局主办的国家企业信用信息公示系统成为我国企业基础信用信息最全的系统平台，个人和企业基础信用信息已实现全覆盖。

此外，针对当前西方三大评级机构（标普、穆迪、惠誉）对我国主权信用的打压，提出促进征信业向国际化迈进，争取国际信用评级话语权，提高公民道德素质，在国际上维护国家利益。

（二）政信金融方面

近年来，地方政府凭借政府信用开展的政信金融的各种形式，构成了实践中的政信业态。政信业态具体包括：以政府债券为主要形式的债务政信金融，以政府和社会资本合作、融资租赁、资产证券化、政府信托为主要形式的结构性政信金融，以及以地方政府投融资平台公司债务、政府投资基金为主要形式的权益性政信金融。政信金融规模的不断扩大，一方面为地方社会经济发展提供了源源不断的资金支持，另一方面违规举债、明股实债、违规担保等现象层出不穷，形成了巨大的地方政府债务风险，严重影响了政府信用。为此，国务院以及财政部、国家发改委等部委相继发布一系列部门法规，明确举债融资的合法渠道、方式及负面清单，以防范系统性风险。目前，地方政府债券、政府和社会资本合作、政府投资基金是当前严格监管政策下合规的主要政信金融活动，融资租赁、资产证券化成为新兴的政信金融活动形式，地方政府投融资平台自 2014 年被剥离政府融资功能后，积极探索转型发展道路。政府信托处于业务不断萎缩的态势。

1. 债务政信金融

地方政府债券。政府债券是政府融资的主要形式，是政府信用最基础、最重要的利用形式，是一级政府为筹措资金以实现促进经济发展、优化资源配置的宏观调控目标，以其信用为保证，按照一定程序向投资者出具的，承诺在一定时期支付利息和到期偿还本金的债券债务凭证。地方政府债券以地方的政府信用为担保，以当地的税收能力作为还本付息的保障，作为当期公共支出的来源，成为地方财政的重要来源。地方政府债券在完善分级财政管

理体制、缓解地方财政资金短缺问题、规范地方政府融资渠道、完善资本市场体系等方面具有重要意义，在发达市场经济国家已经有几十年的历史。但在我国，最初是不允许地方政府发债的，直到近年来迫于巨大的财政压力，才逐渐走上了代发代还—代发自还—自发自还的地方发债路径，随着2014年新《预算法》的修订实施，地方政府发债具有了合法性。在地方政府债券发行管理过程中，推进市场化发行定价和允许专项债券项目配套融资两大举措进一步凸显了地方政府信用在政信金融活动中的重要性和意义。

首先，推行地方政府债券市场化发行定价强调地方政府信用质量在融资过程中的基础支撑作用。针对地方政府债券在发行管理过程中存在的"利率倒挂"、"指导投标"、"商定利率"、信用评级流于形式、利率期限结构不合理等非市场因素，财政部门出台了一系列管理办法和指导意见，明确地方政府不得采取非市场化方式干预地方政府债券发行定价，并对信息披露、信用评级、招投标等事项做出了具体规定。在地方政府债券市场发展初期，通过不断提高市场化发行定价水平，有利于投资者凭借获取的有效信息识别地方政府债券的违约风险，根据信用质量对地方政府债券的价格进行评估，从而实现地方政府债券市场的价格发现功能。同时，投资者对于地方政府债券主体信用和债项信用的重视，将进一步激励地方政府加强自身信用能力建设，推动政信金融活动可持续发展。

其次，允许专项债券项目配套融资扩展了地方政府信用的深层运用范围。由于地方政府专项债券对应项目有部分收入来源，尤其2017年开始试点发行的项目收益债券完全以项目资金流为偿债来源，在支持重大基础设施项目建设的同时大大减轻了地方政府的财政支出压力，这一优良性质使专项债券的重要性不断提高，发行规模不断扩大。为了更好地发挥专项债券在稳增长、促改革、调结构、惠民生、防风险等方面的重要作用，中办、国办于2019年6月发布了《关于做好地方政府专项债券发行及项目配套融资工作的通知》，提出允许将部分专项债券作为一定比例的项目资本金，并鼓励金融机构给专项债券项目提供配套融资支持。在这一制度实施过程中，地方政府为了获得项目建设所需资金，不得不提升自身信用水平，从而获得金融机构的贷款支持。

当前，我国地方政府债券市场运行良好，总体可控。根据《国务院关于加强地方政府性债务管理的意见》（国发〔2014〕43号）以及财政部发布的《关于对地方政府债务实行限额管理的实施意见》（财预〔2015〕225号），我国对地方政府债务进行限额管理，由国务院合理确定地方政府债务总限额，再由财政部逐级下达分地区地方政府债务限额，如出现特殊情况可以进行适当调整。根据财政部公开资料计算，截至2019年8月末，全国地方政府债务余额为214139亿元，控制在全国人大批准的2019年地方政府债务限额（240774.3亿元）以内。其中，地方政府债券金额为210231亿元，占地方政府债务余额的98%，非政府债券形式存量政府债务为3908亿元。这些数据表明，虽然我国地方政府债务压力较大，但绝大多数地方政府依然依法依规举债融资，地方政府债券为地方政府供给公共服务和开展基础设施项目建设提供了源源不断的资金来源。

2. 结构性政信金融

政府和社会资本合作项目（PPP）。政府和社会资本合作模式是指政府为增强公共产品和服务供给能力、提高供给效率，通过特许经营、购买服务、股权合作等方式，与社会资本建立的利益共享、风险分担及长期合作关系。PPP模式的实质就是政府与社会资本之间的一种合作伙伴关系，而这种合作关系建立在双方互相信任的基础上，强调政府和社会资本必须遵循契约精神，双方按照协议约定，履行相关责任、共享相关利益并分担一定的风险。

财政部从2013年开始大力推广PPP模式，其在2013~2016年出现了井喷式的发展，2017年被称为规范发展之年。财政部全国PPP综合信息平台项目管理库数据显示，截至2019年7月末，PPP入库项目为9094个（其中示范项目为1405个），入库项目金额达137108.39亿元。

在PPP模式快速发展的过程中，不可否认的是，PPP模式为公共项目建设提供了大量的资金支持和专业化管理优势，但随之也产生了一些违法违规变相举债的行为，增加了地方政府债务风险。财政部发布《关于进一步规

范地方政府举债融资行为的通知》（财预〔2017〕50号），标志着PPP模式开始进入规范发展阶段。此外，财政部于2018年开始进行PPP项目清退工作，截至2019年6月末，已累计清退管理库项目近3000个。虽然PPP项目几年之内由快速发展阶段转入规范发展阶段，但不可否认的是国家从严把控的政策环境有利于约束合作各方尤其是地方政府守信践约，从而推动PPP项目健康持续发展。

政府融资租赁。虽然我国地方政府融资平台融资功能被剥离，但是随着融资租赁模式的兴起，地方政府投融资平台和融资租赁公司的合作方式不断增加和合作深度持续提高。政府融资租赁的出现，为盘活地方政府融资平台资产、存量资金提供了一个新的方式，它凭借政府公信力，成为众多融资租赁项目中的一个重要且坏账率较低的方式。

目前，我国的融资租赁业务从整体来看发展水平还比较低，尤其是政府建设项目中的融资租赁业务还处于起步阶段，但也不乏一些典型的案例。例如，中航工业租赁开创性地参与了城市污染治理的市场化运作，与亚洲环保控股有限公司签订了金额为7000万元的购买合同，为政府投资工程提供了融资租赁服务，解决了地方政府的资金短缺问题。

资产证券化。对于地方政府而言，可以采取发行市政资产支持证券的方式为城市基础设施建设项目进行融资。具体地，市政资产支持证券是指地方政府将其所有的城市基础设施等资产进行打包，并进行信用增级，以城市基础设施所具有的收费权、财政补贴等未来收益作为保证发行的证券。2007年，重庆市发行了国内首批"市政资产支持证券"。

相对于传统的政府信用融资方式，资产证券化具有加快基础设施项目资金周转、降低融资成本、增加城市基础设施项目建设资金等方面的优势，但在我国现有的法律制度和市场不完善的限制下，资产证券化还未真正成为政府融资的有效方式。但是我们欣喜地看到，资产证券化的融资优势已被逐渐重视起来，财政部、中国人民银行、证监会于2017年6月7日联合发布《关于规范开展政府和社会资本合作项目资产证券化有关事宜的通知》（财金〔2017〕55号），明确大力推进PPP项目资产证券化相关工作，这意味着我国正在加大力度促进资产证券化融资模式的创新和发展。

政府信托。政府信托自推出以来，由于有政府出具的"承诺函"保驾护航，受到众多投资者青睐，在 2012~2013 年呈现爆发式增长。但 2014 年以来，在财政部等部门严查地方政府违法违规举债和担保的监管新政打击下，政信信托业务失去了政府信用的保障，对投资者的吸引力有所降低，业务规模逐渐萎缩。据中国信托业协会的统计，政府信托期末余额占信托资产期末余额的比重从 2010 年第三季度的 12.9% 下降到 2019 年第二季度的 4.93%，近年来呈现逐渐下滑趋势。因此，政府信托业务在失去政府出函、财政担保的融资优势后，正在积极探索转型升级业务模式。

3. 权益性政信金融

政府投资基金。随着金融衍生和金融创新以及财政与金融之间的协调和配合，政府投资基金这一新型的政府投融资方式逐渐兴起。政府投资基金，是指由各级政府通过预算安排，以单独出资或与社会资本共同出资设立，采用股权投资等市场化方式，引导社会各类资本投资经济社会发展的重点领域和薄弱环节，支持相关产业和领域发展的资金。政府通过设立参与投资基金，可以凭借政府信用引导社会资本流向对我国经济社会发展至关重要的创新企业、中小科技企业、优先发展产业、基础设施和公共服务领域，从而实现资本要素资源配置效率最大化。

当前，政府投资基金已成为我国各级政府广泛采用的政信金融形式，近年来数量和规模都呈加速增长之势，并已形成由东部沿海地区向中西部地区扩散的分布特征。据国家发改委统计，截至 2017 年 9 月，我国政府投资基金（包括创业投资引导基金、产业投资引导基金、基础设施投资引导基金等）已设立 1078 只，总目标规模 53316.50 亿元，已到位资金达 19074.24 亿元。近年来，政府投资基金在快速发展的同时也暴露出市场化运作不规范、名股实债、资金闲置等一系列问题，财政部、国家发改委、证监会等部门正在探索加强对政府投资基金的监管。

地方政府投融资平台。地方政府投融资平台经历了雏形阶段（20 世纪八九十年代）、探索阶段（1994~2008 年）、繁荣发展阶段（2009~2014

年）、转型发展阶段（2014 年至今）。在 2014 年前，地方政府投融资平台是土地财政信用创造的重要载体，平台公司依靠政府信用进行债务融资，实际是以政府信用为担保的，地方政府负有相应的债务偿还责任。平台公司的数量和融资规模持续增加和扩大，给地方政府造成了大量的隐性债务，增加了地方政府的债务风险。国务院于 2014 年发布《关于加强地方政府性债务管理的意见》（国发〔2014〕43 号），明确提出剥离地方政府融资平台的融资功能，平台公司不得新增地方政府债务。由此，地方政府融资平台的融资功能逐渐被弱化，政府对平台公司偿债的信用支撑将减少。

自 2014 年国家加强对地方政府性债务管理后，地方政府投融资平台不得不脱离政府信用成为独立的国有企业，进行市场化转型后主要通过银行贷款、发行城投债、绿色债券以及专项债券、参与 PPP 项目等方式进行融资。截至 2017 年 3 月 31 日，纳入银监会统计名单的地方政府投融资平台共有11728 家。2018 年上半年，共发行 1243 只城投债，累计发行规模为10979.55 亿元，发行数量和规模分别同比上升 48.51% 和 54.24%，可见在当前信用风险较高的大环境下，融资平台转型后发行的城投债仍得到投资者的认可。①

（三）政信法规方面

目前，《中华人民共和国政府信息公开条例》《征信业管理条例》《全面推进依法行政实施纲要》《关于加强政务诚信建设的指导意见》《社会信用体系建设规划纲要（2014—2020 年）》等规章制度已出台并实施。此外，"信用法""公共信用信息管理条例""统一社会信用代码管理办法"等已启动立法研究工作。

（四）政信生态方面

政信生态建设主要包括社会信用体系建设、金融生态环境和营商环境三

---

① 康正宁：《2018 年上半年城投债发行统计分析报告》，http://www.sohu.com/a/239508059_739558。

个方面。

社会信用体系建设方面，2014 年国务院发布《社会信用体系建设规划纲要（2014—2020 年)》，开始全面推动社会信用体系建设。在政务诚信建设方面，国务院于 2016 年颁布《关于加强政务诚信建设的指导意见》，提出了加强政务诚信建设的总体要求和重点领域，各级政府纷纷予以贯彻落实并取得一定实效。中鼎资信评级服务有限公司于 2018 年 2 月发布国内首份政务诚信评估报告《中国县级政府政务诚信评估报告（2017 年度)》，全方位展示了 2017 年中国县级政府的政务诚信水平，并公布了百强县名单。这些政府诚信的建设和评估举措，对于激励各级政府部门重视诚信建设从而优化政信生态环节具有重要的作用。

金融生态环境方面，地方政府是地区金融生态环境的参与主体，政府治理水平是地区金融生态环境评价中最为关键的因素。同时，地区金融生态环境也是地方政府开展政信金融业务的外部环境，对地方政府信用水平有重大影响，地方金融环境逐渐成为地方政府信用评价框架中的外部调整因素。

营商环境方面，营商环境是地方发展重要的软实力，对于激发地方经济发展活力从而优化地区政信生态环境具有重要意义。目前，国务院正牵头组织开展建立营商环境评价机制，提出了中国营商环境试评价方案，并在天津、重庆、广州、南京等 9 个城市开展试评价工作，粤港澳大湾区研究院也发布了《中国城市营商环境报告》。营商环境的改善和优化，客观上反映了企业对地方政府的满意和信赖程度有所提升，政信生态环境正处于逐步优化发展中。

六　政信实践发展展望

政信实践发展推动了中国经济社会的全面进步，加快了中国工业化和城镇化步伐，经济发展的规模、速度和结构都有了很大的扩大、提升和改善，公众的获得感也有很大提升，政府履约守信的意识极大增强。

但是我们也要清醒地认识到，政信实践中存在不少问题。一是政府失信

事件导致行政失效，政府权威、形象受损以及社会信任缺失，部分民众甚至"什么都不信""习惯性质疑政府"。二是缺乏顶层设计，法制不完善，导致政信行为不规范，可能引发系统性金融风险。三是政信金融发展欠规范，政府违法违规和变相举债行为禁而不止，迫使政府举债融资各项政策日趋收紧，进而反向制约政信金融能力。四是由于政信服务不到位，生态不完善，政信发展不均衡。

《中国县级政府政务诚信评估报告（2017年度）》[1]提出，解决政信领域存在的问题，必须加强政信理论研究，不断创新政信理念，积极培育政信文化，加强政信体制机制建设，健全完善政信法规，优化政信生态环境。我们认为具体实现路径如下。一是不断创新政信理念，积极培育政信文化。树立以公民为中心的公共服务理念，以合理有效的制度监督和约束政府行为，强化政府部门失信担责机制，做好公务员守信激励与失信联合惩戒，切实提升政府信用水平。二是加强体制机制建设，规范政信金融发展。规范政府投融资体制机制，把政府以信用为依托的金融活动和以市场化方式运作的金融活动区别开来，形成风险"隔离墙"，有效控制系统性风险，同时强化政府债务资金和权益资金的合理配置、高效使用，从根本上提升政信金融能力。三是健全与完善政信法规，增强政信法制保障。进一步贯彻落实《中华人民共和国政府信息公开条例》《征信业管理条例》《全面推进依法行政实施纲要》《国务院关于加强政务诚信建设的指导意见》《社会信用体系建设规划纲要（2014—2020年）》等规章制度。加快推进"信用法""公共信用信息管理条例"等的立法工作。四是转变政府管理方式，提升政信服务能力。基础设施建设和公共服务领域由"政府主导、社会参与"逐渐转变为政府和社会资本合作，逐步形成"政府保运转、金融促发展"的格局。五是优化政信融资环境，培育良好的政信生态。重点加强社会信用体系建设，使社会文化环境、金融环境、营商环境、法律环境、政策环境等各个要素形成相互支撑、相互促进的有机政信生态链，成为政信体系建设的重要支撑。

---

① 中鼎资信评级服务有限公司：《中国县级政府政务诚信评估报告（2017年度）》，2018。

参考文献

［1］凌华、唐弟良、顾军：《公司化运作的地方政府贷款风险控制》，《金融研究》
2005 年第 3 期。

［2］胡恒松、黄伟平、李毅、肖一飞：《地方政府投融资平台转型发展研究
（2017）》，经济管理出版社，2017。

［3］陈元：《开发性金融与中国城市化发展》，《经济研究》2010 年第 7 期。

［4］胡光宇：《开发性金融与国家发展关系》，人民出版社，2016。

［5］张旭霞：《现代政府信用及其建构的对策性选择》，《南京社会科学》2002 年第
11 期。

［6］罗忠桓：《论信用政府与政府信用》，《湖南社会科学》2002 年第 6 期。

［7］周伟贤：《转轨时期的地方政府信用问题分析：基于"政治人"的视角》，经
济管理出版社，2010。

［8］刘肖原：《我国社会信用体系建设问题研究》，知识产权出版社，2016。

［9］王和平：《论政府信用建设》，《政治学研究》2003 年第 1 期。

［10］章延杰：《政府信用论》，上海人民出版社，2007。

［11］范柏乃、张鸣：《政府信用与绩效》，知识产权出版社，2011。

［12］于新循：《政府信用理论与法制保障》，中国政法大学出版社，2013。

［13］吴维海：《政府融资 50 种模式及操作案例》，中国金融出版社，2014。

［14］《政府信用融资研究》课题组编著《政府信用融资研究》，中国金融出版社，
2016。

分　报　告

Sub-reports

B.2

政信政策法律研究报告

薛起堂　赵燃燃*

摘　要： 我国法治政府建设在取得重大成就的同时，仍然存在政府信
用缺失的问题，而其中一个重要原因就是相关法律制度不完
善。因此，有必要加强与政信相关的法律制度建设，通过法
律手段对政府失信行为进行规制。本报告从依法行政、信赖
保护原则、政府信息公开等方面对我国政信相关法律制度现
状进行分析，指出存在政信相关法律体系不健全、行政职权
界限不明、政信法律表述不清等问题，同时结合我国具体国
情，提出完善我国政信相关法律制度的建议。本报告主张通
过推动行政程序立法、完善行政公开立法、健全行政职权立
法、健全政府失信惩戒制度、建立政务诚信评估机制、完善

---

* 薛起堂，北京市惠诚律师事务所执行主任、国家发改委 PPP 专家库法律专家、财政部 PPP 专
家库法律专家；赵燃燃，北京市惠诚律师事务所律师助理。

公务员制度、加强政府信用监督几个方面完善我国政信相关法律制度。

关键词： 政信 法律制度 依法行政 行政程序立法

政信建设在整个社会信用体系建设中处于核心地位，关系着国家的稳定、经济的进步以及社会的和谐发展。党的十九大报告指出："转变政府职能，深化简政放权，创新监管方式，增强政府公信力和执行力，建设人民满意的服务型政府。"这为新时期加强政府信用建设指明了方向。当前我国深入推进依法行政，加强法治政府建设。政府信用建设是法治政府建设的应有之义，政府失信、不依法办事，法治政府建设将失去意义；同时在政府信用建设过程中法治建设也是关键。

一 我国政信相关法律制度建设情况

国家为了规制政府失信行为，缓解政府与民众之间的矛盾，在过去一段时间里不断完善政信法律制度，并取得一定的成果。其中，2016 年 12 月，国务院印发的《关于加强政务诚信建设的指导意见》是国务院为加强政务诚信建设、充分发挥政府在社会信用体系建设中的表率作用、进一步提升政府公信力、推进国家治理体系和治理能力现代化建设而提出的意见，同时也是我国政信立法实践很好的尝试。当前我国政信法律制度中除了一系列相关的法律法规之外，还包括对政府的监督制度。

（一）依法行政

道德是评价人们善与恶、光荣与耻辱、正义与非正义的总和。而法是国家制定或认可并由国家强制力保证其实施的行为规范的总和。诚信原则上应当属于道德评价的范围，但是法律是道德的最低限度，因此政府依法行政是

政府诚信建设的根本。我国当前多个文件对依法行政进行了规定。2004 年，《国务院关于印发全面推进依法行政实施纲要的通知》对全面推进依法行政的重要性和紧迫性进行分析，同时规定全面推进依法行政的指导思想和具体目标、基本原则和要求、主要任务和措施等。2010 年，《国务院关于加强法治政府建设的意见》提出建设法治政府的奋斗目标，并且明确提出要增强和提高行政机关工作人员特别是领导干部依法行政的意识和能力。另外，对依法行政进行规定的法律法规主要有《政府采购法》《行政许可法》《公务员法》《行政法规制定程序条例》等。

首先，《政府采购法》旨在规范政府采购行为，维护国家利益、社会公共利益和采购当事人的合法权益。其次，《政府采购法》规定政府采购应当遵循公开透明原则、公平竞争原则、公正原则、诚实信用原则，并且规定公开招标方式为政府的主要采购方式。最后，《政府采购法》对政府的采购程序、政府采购监督监察制度以及政府主管部门和人员在政府采购中的法律责任进行详细规定。

《行政许可法》关于政府依法行政的规定有几十条，体现了较高的法治化水平。例如，《行政许可法》规定行政许可应当遵循公开、公平、公正原则，行政机关设定和实施行政许可，应当依照法定的权限、范围、条件和程序。另外，《行政许可法》还对行政许可实施过程中公民、法人、其他组织享有的权利以及行政机关违反行政许可规定所应当承担的法律责任进行规定。

《行政法规制定程序条例》对起草行政法规应当符合的要求进行规定：在起草行政法规时要科学规范行政行为，坚持行政机关权责统一的原则；在赋予有关行政机关必要的职权的同时，应当规定其行使职权的条件、程序和应承担的责任；要切实保障公民、法人和其他组织的合法权益。

可以说，几乎每一部现行与行政相关的法律法规都有大量篇幅涉及依法行政问题，如《行政监察法》《人民警察法》《治安管理处罚法》《公安机关办理行政案件程序规定》等法律法规对政府依法行政进行了规定。

（二）信赖保护原则

《行政许可法》对信赖保护原则进行了规定，例如，第 8 条规定"公民、法人或者其他组织依法取得的行政许可受法律保护，行政机关不得擅自改变已经生效的行政许可"。"行政许可所依据的法律、法规、规章修改或者废止，或者准予行政许可所依据的客观情况发生重大变化的，为了公共利益的需要，行政机关可以依法变更或者撤回已经生效的行政许可。由此给公民、法人或者其他组织造成财产损失的，行政机关应当依法给予补偿。"这条规定是对信赖保护原则的确认。虽然行政机关有一定的自由裁量权，但是为了保护行政相对人的利益，应当对行政机关的行政变更行为进行规制，这一规定对政信建设具有里程碑意义。

（三）政府信息公开

政府信息公开是人们充分了解政府日常工作、与政府进行互动的有效途径，同时也是评价政府诚信水平的一个重要维度。与政府信息公开紧密联系的法律法规主要有《政府信息公开条例》《信访条例》《行政许可法》《全面推进依法行政实施纲要》等。

我国在政府信息公开领域取得的一个突破性进展是在 2007 年 4 月发布《政府信息公开条例》。《政府信息公开条例》规定政府应当及时、准确地公开相关信息，其还对政府公开信息的范围、公开的程序和方式进行了规定，同时为了保障公民知情权，其也对政府信息公开的监督和保障制度进行规定。《政府信息公开条例》虽然没有明确对诚实信用原则进行规定，但是其目的在于促进政府信息公开，保障公众的知情权，符合政府诚实守信的要求。

此外，《行政许可法》对政府信息公开进行了规定，例如《行政许可法》规定设定和实施行政许可，应当遵循公开、公平、公正、非歧视的原则，并规定行政机关应当将与行政许可相关的事项、依据、程序等在办公场所进行公示，同时规定对于依法进行听证的事项以及行政机关认为需要听证的事项，行政机关应当向社会公告。《行政处罚法》规定行政处罚应当遵循

公正、公开的原则。《公安机关办理行政案件程序规定》规定办理行政案件应当遵循合法、公正、公开、及时的原则，充分保障人权。《治安管理处罚法》规定实施治安管理处罚，应当公开、公正，尊重和保障人权，保护公民的人格尊严。另外，《道路交通安全违法行为处理程序规定》《机动车驾驶证申领和使用规定》等法律法规中也有涉及政府信息公开的规定。

（四）政府失信惩戒

政府失信惩戒是反映政府诚信立法状况的一个重要指标。我国现有行政法律法规并没有直接对政府失信行为的种类、惩戒方式和程序等进行规定，只有少数行政法律法规在政府行政人员应承担的法律责任部分对行政人员违法失职行为的惩戒方式进行规定。《行政许可法》在行政人员承担法律责任部分规定了对行政人员采取责令改正、行政处分、赔偿损失等惩戒措施的情形。《行政处罚法》同样在法律责任部分规定了对违反规定的行政人员采取责令改正、行政处分惩戒措施的情形。另外《行政复议法》《人民警察法》《行政监察法》《居民身份证法》等中也涉及对政府行政人员的惩戒。从上述内容和方式来看，对政府行政人员惩戒的具体规定相对较少，多是如"有下列情形之一的，由上级行政机关或者有关部门责令改正，可以对直接负责的主管人员和其他直接责任人员依法给予行政处分""若构成犯罪，将依法追究刑事责任"等概括性表述，缺乏相应的细化配套规定。

（五）政府失信赔偿

"有损害就赔偿"，政府一旦发生失信行为，就应当承担相应的失信责任，造成损害的还应当予以赔偿。当前与政府赔偿紧密联系的法律主要有《行政诉讼法》《国家赔偿法》《行政许可法》《行政处罚法》《行政复议法》等。《行政诉讼法》对行政机关及其工作人员侵权赔偿责任予以规定。《国家赔偿法》对国家行政机关及其工作人员的侵权赔偿责任、赔偿范围、赔偿程序及赔偿方式等进行规定。《行政处罚法》规定行政人员因使用或毁损扣押的财务、违法实行检查措施或者执行措施等行为给当事人造成损失的，应当进行赔偿，同时还对行政程序公开、行政人员不得进行限制公民人身自由、行政处罚的听证程序等进行规定。《行政复议法》规定行政复议机关在行政复议过程中应遵循合法、公开、公正、及时便民原则，并且规定了行政复议机关在行政复议过程中应当承担的法律责任。《行政许可法》规定行政机关违法实施行政许可，给当事人的合法权益造成损害的，应当依照《国家赔偿法》的规定给予赔偿。《人民警察法》规定人民警察在执行职务中，侵犯公民或者组织的合法权益造成损害的，应当依照《国家赔偿法》和其他有关法律、法规的规定给予赔偿。当前我国关于政府赔偿的内容多以"行政人员违法实施行政行为，给当事人造成损害，应依照《国家赔偿法》规定给予赔偿"的形式进行规定。

（六）廉洁履职

廉洁履职是对行政人员的基本要求，行政人员的廉洁程度是判断政府诚信水平的一个重要指标。行政人员勤勉履职程度关系到政府诚信水平。政府诚信本身包含对腐败行为的谴责和排斥。《公务员法》《中国共产党纪律处分条例》《行政机关公务员处分条例》等法律法规对廉洁履职的规定有公务员应当遵纪守法，不得不担当、不作为、玩忽职守、贻误工作，不得贪污贿赂、利用职务之便为自己或者他人谋取私利等。《中国共产党纪律处分条例》规定禁止收受可能影响公正执行公务的礼品、礼金、消费卡和有价证券、股权、其他金融产品等财物。《行政机关公务员处分条例》规定不得接受当事人及相关人员的请客送礼、不从事或者参与营利性的经营活动等。一些法律规章文本中规定政府工作人员应当勤勉履行职责，比如《治安管理处罚法》规定公安机关及人民警察应当依法、公正、严格、高效办理治安案件，文明执法，不得徇私舞弊；《消防法》规定住房和城乡建设主管部门、消防救援机构及其工作人员应当按照法定的职权和程序进行消防设计审查、消防验收、备案抽查和消防安全检查，做到公正、严格、文明、高效；《建设工程消防监督管理规定》规定公安机关消防机构实施建设工程消防监督管理，应当遵循公正、严格、文明、高效的原则；等等。

（七）政府监督

当前我国对政府的监督体系包括外部监督体系和内部监督体系。外部监督体系包括政党监督、国家权力机关的监督、司法监督、监察监督、公众监督和社会舆论的监督等。而内部监督体系包括行政监察、审计监督和一般监督。政党监督主要是指中国共产党和各民主党派对行政机关及其公务员的监督。国家权力机关的监督即人民代表大会的监督，人民代表大会的监督具有最高的法律效力，主要进行法律监督和工作监督。司法监督主要是指法院、检察院对行政机关和工作人员的监督，主要通过受理公民、法人及其他组织提出的行政诉讼，对行政机关行政行为的合法性进行审查。监察监督即国家监察部门的监督。公众监督一般是指人民团体和个人的监督。社会舆论的监督主要是指通过新闻媒体对行政机关和公务员进行监督。行政监察即我国政府设立专门的监察机构，通过监察和调查程序对行政机关和公务员的行政行为进行监督检查。审计监督即国务院和县级以上地方政府设立审计机关，审计机关对本级政府和下级政府的预算执行情况进行监督，并执行决算。另外还有政府机关在行政隶属关系之间相互产生的监督。

二　我国政信相关法律制度存在的问题

从以上法律法规可以看出，我国现行的法律法规对政府信用的规定是粗线条的、模糊的。多数法律法规并没有对政府信用进行直接规定，只是在某一条规定中体现政府信用，而且缺乏有关政府信用的实体程序以及必要的惩罚机制，更没有形成一个完整的政府信用相关法律的体系。由于大量政府失信行为没有明确的法律依据，政信行为得不到鼓励，失信行为不受惩罚，这造成地方政府面临"失信成本低，守信成本高"的困境。具体而言，我国政信相关法律体系存在的问题主要有以下几个方面。

（一）政信相关法律体系不健全

完善的法律制度可以对政府失信行为进行防范和惩戒。我国政信领域的立法刚刚起步，还存在许多漏洞，欠缺严谨性和严密性。一是，随着对政府诚信重视程度的提高，我国已经出台了一些与政信相关的法律法规，但是这些法律法规多是对政信的原则性规定，法律的严肃性难以得到保障。若执法者知法而不守法，失信行为频发，就无法取得人们的信任，也无法对社会守信起到很好的引导作用。二是，政信相关法律体系不健全，立法内容缺乏实际操作性，导致出台的相关法律法规无法有效实施。没有完善的法律依据，就会造成政信领域的一些问题，如有些政府工作依然按照领导个人意愿进行，甚至发生政府失信违约行为，因此，要有效规范政府行为，就必须建立完善的政府信用法律体系，使政府在行使行政权力时不能失信并且不敢失信。完善的政府信用法律体系应当包括完善的行政程序制度、信息公开制度、监督制度、失信惩戒制度、信用信息评价和公开制度等。

（二）行政职权界限不明

当前我国行政职权还存在授权模糊、行政职能真空、多头执法、权责不清、互相推诿以及行政职能越位、错位、缺位等问题。同级政府部门以及上下级政府部门之间有些职权行使的界限还缺乏明确性，政府各部门的管理缺乏幅度和层次，政府职权在法律层面上还不具备完整性和协调性。对于行政职权的越位、错位，没有有效的权力制约机制，容易导致政府腐败行为滋生。行政职权存在的这一系列问题也提高了政府失信追责的难度，导致能够发现失信的行为而难以确定失信的责任主体，政府失信成本低、代价小，助长了个别政府的失信行为，同时造成实践中执法难，不少政府失信问题无法得到追究。

（三）政信相关法律表述不清

除了政信法律体系不健全以及行政职权界限不明之外，规范政府行为的

法律表述不清也是我国政信法律制度存在的问题之一。我国当前关于政信的法律表述过于模糊,与政信相关的法律法规在适用范围、时间和期限等问题上不够明确,并且与政信相关的法律法规多是原则性的,缺乏强制执行力和刚性约束力,法律表述不清、适用范围不明导致在实践中无法对政府失信行为进行有效的约束,因此政府在实施行政行为时容易出现一些问题,如滥用自由裁量权、行为的随意性较大等,有可能出现失信行为,损害法律的权威性和公正性。

(四)信息公开制度不健全

(1)法律位阶较低。虽然我国《宪法》规定了保障公民的知情权,但是如果使之成为政府信息公开的法律依据则很牵强。我国现行的《政府信息公开条例》(以下简称《条例》)自2008年5月1日正式施行,由于该条例是国务院颁布的行政法规,因此,在实践中,该条例还要受到上位法的制约。《条例》法律位阶较低造成政府信息公开主体有限,导致《条例》只对行政机关的信息公开形成约束,而难以对司法机关和立法机关形成有效约束。从世界范围的立法和实践来看,政府信息公开的主体除行政机关之外,还包括立法机关和司法机关。由于《条例》位阶较低,未能予以应有的重视,实践中,有些行政机关并未按照《条例》的规定认真履行信息公开的义务,忽视信息公开甚至人为阻碍信息公开。另外,《条例》只规定对行政信息公开,而未将行政决定、行政过程等行政行为的各个环节纳入信息公开的范围。《条例》在立法依据上缺乏约束力,对于政府信息公开制度后续的发展也形成阻碍。

(2)信息公开内容不全面、不明确。现代法治社会要求政府信息公开的内容全面且具体,政府信息公开应当具有全面性和明确性,除了因特殊性质不宜进行公开的信息以外,其他信息均应当进行充分全面的公开。政府信息公开体现的是一种利益的平衡和利益的维护,政府通过公开信息、维护社会和个人利益,同时平衡个人利益、公共利益、社会利益等,保障政府充分遵循公平法治和民主法治的要求,加快建设中国特色社会主义法治政府。然而，当前政府主动公开政府信息的意识还不够，公民主动申请政府信息公开的意识也欠缺。《条例》对不予公开的范围有待进一步明确，不予公开范围未明确，则法律的操作性不强，这使实践中一些政府引用"不予公开"规定，不履行信息公开的义务。政府信息内容不明确、制度不健全，难以满足民众行使知情权的要求，而申请政府公开信息的程序又不健全，导致政府信息公开效率低，公民权益无法得到保障，使政府与民众之间的信息鸿沟不断扩大。政府信息公开不及时、不全面，导致政府与民众的信息不对称，不利于政府信用的建立，民众对于政府的政策不理解、不拥护，造成政府出台的政策难以执行。

（3）救济渠道不畅通。完善的救济制度是政府信息公开制度有效运行的重要保障。公民申请信息公开是行使知情权的体现，政府信息不公开、公开不全面侵害公民的知情权。公民在政府信息公开过程中权利被侵犯时寻求救济的途径就是行政复议和行政诉讼。然而，在实践中，公民的救济渠道并不畅通。由于《条例》位阶较低，公民在依据《条例》寻求权利救济过程中并没有取得很好的效果。公民向行政机关申请信息公开被拒绝后，企图通过行政复议和行政诉讼维护自己的合法权益，但在实践中，行政复议和行政诉讼作为救济手段无法发挥应有的作用，公民在选择行政复议和行政诉讼主张权利时常被法院以不符合起诉条件为由驳回。随着人民维权意识增强，关于申请信息公开的行政诉讼的案件数量增多，在司法实践中，法院和行政机关在信息公开案件立案和裁决阶段往往会超过法定时间，并且在案件调查和审理过程中还需要申请人提交大量的证明材料以及办理大量的手续。另外，根据《条例》的规定，对政府提起信息公开行政诉讼，申请人要证明行政机关的具体行政行为侵害了其合法权益，实践中做到这一点是非常有难度的。这些使申请人寻求救济的难度提高，从而容易打消申请人通过行政复议和行政诉讼途径维护自己权利的念头。

（五）监督制度执行不到位

政府行政人员有时也会出现为自身追求私利的情况，这就需要对政府及

其行政人员加强监督。政府作为行政主体接受外部的各种监督是政府依法依规行使行政权力的重要保障。没有监督或者监督失效，政府及其工作人员的行为就得不到有效约束和限制，容易导致政府违约和失信行为。当前，我国对政府的监督体系包括外部监督体系和内部监督体系。就内部监督体系来说，行政机关自我监督容易导致其因缺乏监督制约而滥用权力，而且关于行政机关自我监督的相关规定缺乏具体性和可操作性。另外，各个监督主体之间的职能分工不明确，缺乏有针对性的监督，难以形成高效、有序的内部监督体系。就外部监督体系而言，其中的公众监督和社会舆论监督力度较为有限。我国当前的行政监督制度更加注重的是内部监督体系，外部监督体系中公众和社会舆论对政府行政行为的监督作用没有得到充分发挥，公众对政府行政行为进行监督的积极性较低，对政府行政行为难以形成有效的制约。司法机关作为外部监督主体，在实践中容易受制于各级政府，在对政府行使行政监督权时缺乏客观性。权力机关是监督机关，其监督力度也在弱化，尤其是在基层，权力机关对政府行政行为几乎是无法监督的。如果行政监督制度发挥不了应有的作用，就会导致政府滥用行政权力而无法得到有效的监督和规制。

（六）失信惩戒制度不完善

当前我国关于政府行政赔偿已经有了相应的规定，然而现有行政赔偿制度仍然存在不完善之处。首先是行政赔偿的范围过于狭窄，赔偿标准较低。我国目前行政相对人主要针对行政机关的具体行政行为寻求行政赔偿，而针对行政机关的抽象行政行为和行政不作为主张的行政赔偿难以得到支持。另外，《国家赔偿法》规定的行政赔偿标准较低，根据《国家赔偿法》的规定，行政相对人在其人身自由受到侵害的情况下有权主张人身赔偿，而行政相对人精神损害的赔偿范围狭小，赔偿标准不明确。其次是行政赔偿的程序不完善，根据当前的司法实践，行政相对人主张行政赔偿的前提是行政机关已经对自身违法违规行为予以承认，而在实践中会出现政府对于自己的违法违规和失信行为选择逃避或者予以否认的情况，这就降低了行政相对人获取行政赔偿的可能性。最后是缺少统一的问责制度，对问责的程序和公开性也缺乏进一步的规定。政府失信行为发生的很大原因在于政府失信得不到相应的惩罚，因此，政府失信惩戒制度缺失成为政府失信行为发生的重要原因。

（七）公务员制度不完善

近年来，我国越来越重视对公务员制度的修订和完善，2018 年 12 月 29 日《公务员法》于十三届全国人大常委会第七次会议表决通过，这对我国公务员诚信建设具有至关重要的意义。但是当前的《公务员法》仍然存在有待完善的地方。首先是当前公务员的考核制度缺乏明确标准，虽然《公务员法》对公务员的考核制度进行了规定，但是考核制度多流于原则性规定，缺乏具体的标准以及量化细则。其次是缺乏公务员的诚信考核制度。虽然《公务员法》对公务员履职尽责、清正廉洁等进行了规定，但是并没有对公务员诚信进行明确的规定，始终将公务员诚信置于道德层面而没有上升到法律高度。

三　完善我国政信相关法律制度的建议

政府的权力来源于人民，我国政府的宗旨是为人民服务。法治政府建设首先要求政府依法行政，政府依据宪法、法律的规定行使权力，在改革发展过程中始终坚持以法律为准绳，始终把握法治精神是建设法治政府的基本要求。由上文分析可知，当前我国政信相关法律体系仍不健全，无法适应当前人民群众对政府信用更高的要求，因此，完善我国政信相关法律制度势在必行。

（一）推动行政程序立法

政信建设需要完善的程序予以保障，行政程序能够对行政权力的行使进行规范，保障政府守信合法。有学者指出，"行政程序法"是规范现代国家行政程序的基本法。我国目前没有一部统一的行政法典，虽然《行政处罚

法》《行政许可法》等对行政行为的程序性问题进行了规定，但是我国没有形成关于行政程序的体系性规定，而且各规定之间的协调性不强。政信的实现要求是行政程序具有公开性和透明性，这要求行政机关以法定的程序和方式行使行政权力，因此有必要尽快制定出台"行政程序法"，使政府行使权力的各个环节都有程序的保障，以有效规范政府行为，制约行政权力，保障政府依法、诚信办事。同时，要将诚实信用原则确立为"行政程序法"的基本原则，除了在总则中对其加以规定外，还应将这一原则贯彻到分则的各个部分；同时还要完善现有法律中的程序性规定，通过总结《行政处罚法》《行政许可法》等法律中程序性规定在实施中存在的问题，对现有法律中程序性规定的不足之处进行完善，使之更具操作性、保障性和明确性，还要将现有的程序性规定与"行政程序法"的规定相衔接，使我国关于行政程序的立法更具统一性、协调性和体系性。

（二）完善行政公开立法

1. 制定"政府信息公开法"

政务透明是西方国家在反腐败工作中总结的成功经验，如美国建立了完善的政府信息公开法律体系，在国家层面颁布《信息自由法》，法律位阶较高，能够对政府信息公开形成很强的约束力。我国的《政府信息公开条例》是由国务院颁布的行政法规，法律位阶相对较低，难以对全国范围内的政府信息公开形成约束。而且《政府信息公开条例》的颁布是时代的产物，随着经济的发展和社会的进步，民众对政府信息公开提出了更高的要求。因此，待时机成熟之时，应由全国人大颁布政府信息公开的统一法律"政府信息公开法"，赋予政府信息公开制度更高的权威性，有效保障公众的知情权和参与权，加大公众监督立法的力度，有效监督政府行为。同时，还要对相关的配套制度进行完善，对与政府信息公开有关的法律法规进行完善，改变其中不符合实际情况的规定，使之与"政府信息公开法"相互衔接、相互协调。各级政府要根据"政府信息公开法"制定对本地方切实可行的法律解释，确保政府信息公开工作顺利进行。

2. 扩大政府信息公开的范围

目前，我国涉及政府信息公开的法律法规中对政府信息公开范围的规定还不够明确，因此需要进一步对政府信息公开的范围进行细化，尤其是对不予公开的内容进行明确规定。防止因范围不明确而导致政府以不予公开为由拒绝公开相关信息，防止政府滥用自由裁量权而缩小政府公开信息的范围。"透明政府"要求政府信息公开是全面的公开，在立法、执法、提供咨询等各个阶段，申请人都可以申请政府公开信息。而基于《政府信息公开条例》位阶较低以及对政府信息公开主体约束力不足等原因，我国难以做到对政府各个行为不同阶段的信息进行公开，且公开的信息较为有限。因此，可以在制定"政府信息公开法"的基础上，扩大政府信息公开的范围，将立法机关和司法机关的信息纳入政府信息公开的范围内，充分保障公民的知情权。

3. 健全政府信息公开的权利救济机制

首先，完善政府信息公开的法律救济制度，可以通过修订与政府信息公开相关的法律法规，如《行政复议法》等，也可以通过采取颁布实施细则的方式细化信息公开的法律救济机制，对违反信息公开规定的部门和人员应承担的法律责任予以细化。其次，畅通政府信息公开的救济渠道，通过设立专门的政府信息公开复审机构处理政府信息公开举报案件。另外，提高司法救济水平，维护公民的合法权益。

4. 加强对违反政府信息公开规定行为的责任追究

加强对违反政府信息公开规定行为的责任追究，首先需要在相关法律法规中完善违反信息公开规定的责任。需要对违反政府信息公开规定的情形以及应承担的责任进行明确规定，完善行政问责制度，以便追究违反政府信息公开责任人的责任，加大处罚力度。同时，可以制定政府信息公开考核制度，将政府信息公开履行情况纳入考核。

（三）健全行政职权立法

政府职权不明容易导致政府在实施行政行为时出现越位、错位、职能交叉

等现象。从源头改变政府职能交叉、职能真空等现象需要在立法中对行政机关授权情形进行明确规定。有明确的法律规定，才能为行政机关行使职权提供明确的法律依据和法律指引。当前，我国在对政府行政职权的规定上存在授权模糊不清的问题，因此，应在立法中对行政机关的行政职权予以明确，并且应重点对现有职权不清的领域予以明确。政府职权的界定和赋予要具有科学性、合理性和协调性。要厘清不同级别之间以及同一级别不同部门之间的职权，并根据职权划分，科学合理地配置行政权力。另外，还可以通过公众的参与，广泛征求公众的意见，合理配置行政职权，加强权力之间的相互制约与监督。

（四）健全政府失信惩戒制度

1. 完善与政府失信惩戒相关的法律规定

诚信本质上属于道德范畴，因此，我国重视对公务员的教育，依靠政府官员的自律，但同时，对行政人员的行政行为进行法律规制也必不可少。如果政府诚信法律制度缺失，失信者、失信行为得不到规制，守信者遭受打击，必将对社会稳定产生影响。政信建设要求将政信原则转化为制度，从而具有强制约束力。我国目前对政府失信行为的追究力度较小，原因在于，当前没有专门对政府失信行为进行惩戒的法律规范，失信成本低，代价小。因此，应当完善相应的法律规定或研究制定政府失信惩戒相关法规，通过法治手段增强政府的守信意识；建立严格的政府失信行为惩戒制度，明确规定政府失信惩戒的内容、程序，明确政府失信的法律边界和问责机制，同时制定严格的政府失信惩戒方式，包括但不限于反省、诫勉、引咎辞职等。还可以将政府失信行为纳入政府工作人员的绩效考核体系，明确政府失信行为的个体责任，这种责任包括党纪、政纪处分，政治责任、法律责任和道义责任等。另外，要严格执行对失信政府工作人员的个人追偿制度，即在发生政府失信行为后，在政府部门承担赔偿责任后，有故意或重大过失的政府工作人员也应依法承担全部或部分赔偿。

2. 完善与国家赔偿相关的法律规定

根据《国家赔偿法》的规定，国家机关工作人员的职务行为可能损害公民、法人或其他组织合法权益的，国家应当依法予以赔偿。《国家赔偿法》相关规定尚存在不完善的地方，有必要对《国家赔偿法》进行完善。首先，扩大国家赔偿的范围。当前《国家赔偿法》规定的赔偿范围较为狭窄，尤其是在精神损害赔偿方面，在政府失信造成行政相对人信赖利益损失的情况下，行政相对人是难以主张精神损害赔偿的，因此要扩大国家赔偿范围，在政府失信造成行政相对人信赖利益损失时，行政相对人不仅有权主张财产损失，还有权主张精神损害赔偿，增加政府失信的成本。另外，对政府工作人员违反职务的行为和侵权行为还应当规定惩罚性赔偿措施，这对规范政府的行为、遏制违法失信行为、维护行政相对人合法权益具有重大作用。同时还应当强化和完善其他单行法律法规关于行政赔偿的相关规定。严格遵循"有权利就有救济""有损害就有赔偿"的原则。确保行政相对人能够得到及时有效的救济和合理的赔偿。

（五）建立政府绩效评估机制

建立完善的政府绩效评估机制，实现对政府的引导和监督，我国可以借鉴国外的先进经验，建立政府绩效评估机制，为公众对政府提供的服务进行评价提供平台。首先，可以建立科学的指标评估体系。科学的指标评估体系能够为政府行为提供良好的指引。其次，政府绩效评估机制应当结合公众评价与上级评价，同时还应当畅通公众沟通、了解、参与政府工作的渠道，加强公众对政府的监督，保障公众对政府的行政行为产生客观有效的评价，通过建立绩效评估机制，促使政府不断提高服务水平，满足公众需要，同时还要提高公众对政府工作的参与度，减少政府失信行为，改善政府和公众关系。

（六）建立政府信用评估机制

当前政府信用评估机制主要涉及官办评估机构和具有国家认定资质的中介机构。由于我国当前政府信用评估发展滞后，政府信用评估尚未引起足够的重视。首先要建立科学的政府评估法律体系，解决信用评估机构的法律地

位问题。近年来，有关政府绩效评估的理论和实践发展迅速，而对地方政府信用的评估却相对滞后。有鉴于此，可以借鉴个人信用和企业信用评估的相关经验，制定政府信用评估相关法律法规，明确规定政府信用评估机构应当具备的资质，并对其合法经营、退出机制等进行明确规定。通过制定有关政府信用的相关法律法规，鼓励政府加强政信建设，规范政府行政行为，提高行政行为的合法性，可以发挥其引导作用。

政府信用评估第一步应当是对政府信息的采集，并将采集的政府信息进行整理，因此需要建立政府信息采集机制。采集的政府信息应当涉及政府失信行为和突出的守信行为。可以通过其他有关部门进行采集，通过听取政府报告的方式对行政机关和公务员的失信行为和突出的守信行为进行采集，还可以通过群众举报以及网络媒体等进行政府信息采集。政府将采集回的信息进行整理，并可以根据所反映问题的失信程度进行分类。信息采集整理完毕后，政府信用管理部门应当将这些信息收录到政府信用信息查询系统，以供公众查询。

（七）完善公务员制度

当前我国公务员制度还存在不完善之处，导致实践中有钻法律漏洞的机会。因此，须完善《公务员法》《行政机关公务员处分条例》《关于实行党政领导干部问责的暂行规定》等相关法律法规，对行政机关以及工作人员的职责进行规定，加强对政府工作人员行政行为的制度约束。完善公务员考任制度，不仅重视人员的考试成绩，还要注重人员的能力以及政治修养，注重对能力与素养的综合考核。设立政绩考评制度和行政奖惩机制，将诚信作为对公务员绩效考核的内容，确保公务员诚信履职。另外，还要加强对政府及其工作人员依法行政、政务公开、廉洁勤政等方面的宣传教育。

（八）加强对政府信用的监督

在完善政府信用法律法规体系的基础上，还应当完善我国的行政监督机制。首先，应当建立完善的行政监督体系，当前我国虽已形成了不同层次、不同功能的多元监督体制，但是各监督主体之间缺乏协调性，许多监督主体缺乏权威性，对行政行为的监督还存在漏洞，监督效果不突出，因此有必要建立全方位、立体式的行政监督体系。其次，建立自上而下的监督与自下而上的监督相结合的机制，以政府自上而下的监督为主。最后，建立内部监督与外部监督相结合的机制，内部监督与外部监督相互配合，以外部监督为主，我国政府遵循公开、民主的原则，自觉接受外部监督。借助互联网平台，加强网络监督，同时加大新闻媒体的监督力度，完善相关法律法规。另外，还应发挥专业化的行业监管机构、消费者保护组织等的监督作用，构建包括专业化的行业监管机构、消费者保护组织、多渠道传媒以及公众在内的现代监管体系。各监督主体应加强配合与信息交流，积极行使和履行监督的权利与职责，对政府行政行为形成有效约束，实现政府信用水平提升。

B.3
政信金融发展报告

郭剑光　蓟红丹[*]

摘　要：　经济发展和城镇化建设使社会公众的公共需求快速增加，对政府的公共产品供应提出了更高要求，在这一背景下，我国政信金融发展起来。"政信金融"是中国特色社会主义市场经济体制下的术语，主要指地方政府等相关主体为了提供公共产品而进行的投资与融资活动，以及金融部门为这些投融资活动提供的资金支持和金融服务。本报告在厘清政信金融在中国背景下的内涵与外延、涵盖范围、刻画维度的基础上，总结了改革开放四十多年来政信金融在中国的发展实践，分析推动政信金融的发展动力，讨论政信金融的发展背景，回顾政信金融的发展历程。由于中国特有的中央和地方之间的财政关系，政信金融的发展也面临一些制约，存在一些问题。本报告根据政信金融发展中存在的问题，提出相应对策建议，指出需要在金融体制和财政体制上进行改革，以促进政信金融更健康地发展。

关键词：　政信金融　政府债务　政府融资　债务风险　央地财政关系

---

* 郭剑光，中央财经大学证券期货研究所研究员、衍生品部主任，中央财经大学金融学院金融工程系副教授，中国期货业协会外聘专家，中国政信金融发展指数编制工作推动者之一；蓟红丹，中央财经大学财税学院在读博士生。

一 政信金融的中国解释

关于"政信金融"一词，在经济学领域较多采用"公共金融"（Public Finance）或"政府金融"（Government Finance）等术语。但是产生于欧美市场经济国家经济体制的"公共金融"或"政府金融"等术语，并不能够准确匹配中国特色社会主义市场经济体制。

相对于欧美国家的政府和公共部门，中国各级政府和公共部门不仅承担宏观经济调控的职能，而且更多地参与到微观经济活动中；此外，在中国的经济体系中还存在较大规模的依托各级政府的信用、财政实力和各种资源，但又不是由政府实施的经济活动。因此，如果仅用公共金融或政府金融来表示中国经济实践中产生的"政信金融"的话，则存在内涵和外延不一致的情况。

有鉴于此，本报告在探讨政信金融发展之前，首先需要厘清"政信金融"这个术语在中国背景下的解释。

（一）内涵与外延

简而言之，在中国的经济实践中，政信金融是财政与金融的融合，产生于但又不限于各级政府及其他公共部门在提供用以满足社会公众需求的公共产品的过程中所开展的经济活动与投融资活动，是相关主体（比如地方政府）为了实现政信目标而发生的投资与融资活动，以及金融部门为这些投融资活动提供的资金支持和金融服务。

具体而言，可以从以下几个方面来界定政信金融。

（1）以行为与活动为导向，而不是以主体类别为导向。

关于公共产品供应以及政府向社会公众提供与承诺相关的活动，在涉及投融资时都可能被纳入政信金融的外延。可以将"政信金融"类比于"创业金融""消费金融"等，这些术语也是以行为与活动为导向来界定相关金融概念的。"政府金融""公共金融"更多地以主体类别为导向，类似于

"公司金融""家庭金融"等金融概念。

（2）政信金融的核心是政府在各类经济活动和金融活动中的信用关系。

从经济意义上看，"政信活动"是指：为了满足社会公众的公共需求，相关主体依托各级政府的信用、财政实力和各种资源向社会公众供应公共产品的经济活动。本报告聚焦政府在各类经济活动和金融活动中的信用关系，即政府与公民和各类组织形成的履职践约、守法守规的关系，以及支撑这一关系形成、存续和发展的能力、资源、制度、文化、环境等要素构成的社会体系和实践业态。

（3）按照广义口径理解与政信金融相关联的公共产品供应。

一般而言，公共产品供应可以包括：提供各种公共服务、生产建设基础设施与民生工程等公共物品以及运营这些公共物品。广义上看，政府将拥有具有公共产权的各种资源、进行资产出租或者投资，这也可以被视为具有特殊表现的公共产品供应行为，政信金融需要分析重要的公共经济活动。

（4）中央政府和各级地方政府是主要的政信金融活动相关主体，但并不仅限于此。

政信金融活动的主体除了中央政府和各级地方政府外，还包括与政府相关联的机构，也即政府对这些机构进行资本投入、提供政府补贴、进行政府采购等，或者这些机构的活动依托政府信用、财政实力和各种资源。因此，相关主体既可以是中央政府和各级地方政府，也可以是政府授权或担保机构等公共部门，或者是一些与公共产品提供相关联的企业，比如特定行业的国有企业，或者产品主要面向社会公众、满足公共需求并且经营获得政府授权的私人企业。

（二）涵盖范围

政信金融产生于政府信用和政信活动，政信活动又主要指向社会公众供应公共产品的经济活动。因此，政信金融的边界和涵盖的范围需要从明确公共需求、公共产品、政信活动主体等方面出发。

一般而言，社会公众的需求可以分为个体的私人需求和集体的公共需求。相对于个体的私人需求，集体的公共需求的特点是受益外部性、整体性和平等性。受益外部性是指公共需求的满足在所有个体之间存在交互影响，任何个体都是整体公共需求的承担者。整体性是指公共需求不能按照个体进行分割，不是个体的私人需求的简单加总。平等性是指与每个个体相关的公共需求是无差异的。

基于公共需求的这些特点，一般而言，在现代市场经济框架下，集体的公共需求的满足并不像个体的私人需求的满足那样通常是由企业按照清晰的权属边界对需求者提供产品，收取费用，而一般由公共部门收取税金从而向社会公众提供公共产品。然而，社会公众的范围是存在层次差异并具有多维度的，既可以按照生活地域划分成不同层级的共同体，也可以按照语言文化、生活习俗等划分成不同类型的共同体。此外，私人需求和公共需求之间的边界并非泾渭分明，具有不同文化传统的国家对于这个界限的认识是有差异的；因此，还有大量介于纯粹公共需求与纯粹私人需求之间的准公共需求。公众范围的多样性和准公共需求产生了政信活动的模糊地带，这也是界定政信活动和公共产品边界与范围的分歧所在。

各级政府作为最重要的公共部门，是政信活动最主要的主体，其主要职能是生产公共物品和提供公共服务以满足特定范围的社会公众的公共需求。同时，政府是由特定范围的社会公众所共有的、具有公共产权属性的资源、资产等要素的代理人，通常这些具有公共产权的资源和资产不仅可以用于生产各种公共产品，也可以用于出租或投资以用于生产进而满足私人需求。

在现实经济生活中，公共服务与公共物品的生产具有多样化的形式，有的是以政府直接生产的形式，有的则是以企业生产、政府采购的形式，有的甚至形成了公共服务与公共物品生产的产业链，产业链涉及各级政府和各种企业。

除了政府以外的其他政信活动的相关主体如何界定？我们可以从国家治理体系多元参与主体的视角出发。从代表特定范围广大公众的各级政府到代表特定范围局部公众的非政府公益组织，再到工商企业组织等主体，它们既是国家治理体系的参与主体，也是不同范围和层级的政信活动的相关主体。

在明确了公共需求、公共产品和政信活动主体的基础上，可以界定政信金融的边界和涵盖的范围。

1. 狭义的窄口径政信金融

政信金融是从主体类型的角度定义的，我们可以界定相对比较狭义的窄口径政信金融：政府及其所属部门以政府信用为基础、为了公共服务供给与基础设施建设等公共物品生产而发生的投融资活动，依托的是中央或地方政府的财政实力、公信力和各种资源。一般而言，政府金融层面的政信金融比较明确，因为政府及其所属部门比较明确、提供的相应公共服务与公共物品的范围比较明确。

2. 广义的宽口径政信金融

因为公共服务与公共物品生产与供应的主体并不局限于政府及其所属部门，所以政信金融的范围可以进一步扩展。广义上的政信金融除了涵盖政府金融的内容外，还可以包括以下内容。

第一，政府及其所属部门为了履行向社会公众提供公共服务与基础设施等公共物品的承诺，通过相关企业而进行的经济活动与相应的投融资活动。比如，一些企业的产品和服务主要面向社会公众的公共需求从而由政府购买，虽然其经济活动与投融资活动并不直接以政府信用为基础，但是这些企业的信用和政府信用以及政府财政实力之间紧密关联，因此也可以纳入政信金融讨论的范围。

第二，一些特殊性质的企业，比如地方国有企业、地方融资平台等为了向社会公众提供公共服务与公共物品而开展的经济活动与相应的投融资活动。

第三，公共金融，也即政府及其部门与所属机构、政府授权或政府担保机构，比如经费补助事业单位、自收自支事业单位等公共部门，为了公共服务供给与基础设施等公共物品的生产而开展的经济活动与相应的投融资活动；提供公共服务但并非政府部门或所属机构的各种非营利性组织为了社会公益性事业而开展的经济活动与相应的投融资活动；企业参与到公共产品供给而发生的经济活动与相应的投融资活动。

（三）刻画维度

根据金融学一般原理，金融活动涉及的内容主要是融资方（也即金融需求者）、资金方（也即金融供应者）和联结双方的融资工具，以及金融活动所发生的融资渠道与相关金融市场。按照这个逻辑，刻画政信金融的维度可以包括以下几个方面。

第一，从融资方看，主要是政府等政信活动主体的经济活动、财政活动、投资与产品经营活动、融资活动、政信融资的融资方风险等方面。

第二，从资金方看，主要是政信金融活动的资金供应及金融机构等相关主体的活动、政信融资的资金方风险等方面。

第三，从金融活动载体看，主要是融资工具与渠道以及相关金融市场、政信融资的金融工具风险等方面。

第四，除了以上几个金融方面的维度外，还有政信金融活动的外部生态环境等其他维度。

政信金融刻画维度所依赖的经济学、金融学、财政学逻辑可以简化为图1。

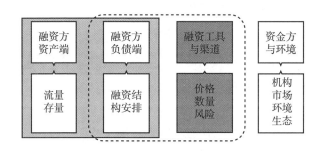

图1　刻画政信金融的逻辑

围绕刻画政信金融的几个维度，本报告将考虑五个具有明确含义的具体指标：政信能力、政信投资、政信融资、政融风险和政融生态。这五个指标的逻辑关系如下。

首先，"政信能力"和"政信投资"两个指标分别从流量和存量方面刻画政信金融活动的主体作为融资方的财务状况，其中"政信能力"主要围

绕政信金融活动主体的收支状况，"政信投资"则刻画政信金融活动主体拥有的、用以产生偿还融资的未来收入的实体资产或财务状况。

其次，"政信融资"和"政融风险"两个指标是联结融资方和资金方关系的指标。从融资方的负债端视角看，需要重点关注的是融资结构安排；从融资工具与渠道方面看，需要重点关注的是各种融资工具与渠道的价格、数量与风险。

"政信融资"以不同的融资工具、从不同的融资渠道进行刻画，一方面反映融资方的负债状况，另一方面反映资金方在不同工具和渠道上投入的资金规模。根据融资结构安排可以分为：（1）债务性融资安排，以债券、金融机构贷款等为代表；（2）结构性融资安排，以信托、融资租赁、资产证券化等为代表，结构性融资安排的一个比较重要的形式是特殊目的载体（SPV）融资，以政府投资基金、地方融资平台、城投公司等为代表；（3）权益性融资安排，以PPP等为代表。

"政融风险"从整体上刻画融资方未来偿还债务的风险，以及在不同融资工具与渠道分项上的风险；此外，"政融风险"还需要刻画整体上和各种融资工具与渠道的融资成本与负担。

最后，"政融生态"刻画的内容包括：政信融资的资金方与各种金融市场所形成的金融环境，以及行政法规、政策、社会信用等金融以外的各种经济、政治、社会、生态环境。

二 政信金融发展实践

总的来说，政信金融在我国伴随着改革开放四十多年来的经济环境变化而发展。首先，在经济发展过程中，公共产品供求不平衡是政信金融产生的根本动力；其次，改革开放过程中进行的市场化改革和政府职能转变，进一步厘清了政府与市场的边界，划分了政府投资与企业投资的范围，为社会资本提供了广阔的投资空间，成为政信金融产生和发展的催化剂；最后，社会资本自身规模和实力的壮大则为政信金融的产生和发展提供了直接源泉。

当然，政信金融的发展最终依托政府信用的发展，反过来，政信金融的发展也能间接促进政府信用提升。一方面，政信金融的发展离不开政信环境的支撑作用，政信金融直接决定各级政府的融资能力、融资规模、融资结构、融资成本和融资风险等。另一方面，政信金融为各级政府履行公共部门的职责、兑现提供公共产品的承诺从而具有良好信用提供了资金保障。

（一）发展动力

经过几十年的建设，我国的主要矛盾发生了变化，人民日益增长的美好生活需要和不平衡不充分的发展之间的矛盾成为主要矛盾。这个矛盾的一个重要表现就是：社会公众的公共需求和当地政府及公共部门所能提供的公共产品之间的不平衡发展。出现这种不平衡的原因可能有：随着经济发展，个体私人需求与公共需求之间的边界发生变化、社会公众范围的地域性边界模糊与层次性边界模糊、经济资源在不同地区分布的不平衡等。

1. 经济发展促进公共需求增长

随着经济发展水平的不断提高和人均收入的增加，不仅个体的私人需求有了更高的要求，而且集体的公共需求在数量和质量方面也有了更高的要求，个体的私人需求和集体的公共需求的边界也在改变。这些变化除了体现对公共部门提供的基础设施和公共服务以外，对环境治理、食品安全、社会治安、教育、医疗、社会保障等方面的公共需求的层次要求更高。

如果用财政支出间接衡量集体的公共需求增长情况，那么根据"瓦格纳法则"，当国民收入增长时，财政支出会以更大的比例增长。财政支出占GDP的比重，随着人均GDP的提高而上升。图2显示的是1994～2016年财政支出占GDP的比重和人均GDP的关系情况。从图2可以看出，"瓦格纳法则"同样适用于我国的发展情况，近年来，我国确实呈现财政支出占GDP的比重随着人均GDP的增长而总体不断增长的趋势。

2. 人口聚集进程推动社会公众对城镇区域范围公共需求增长

改革开放以来，我国人口加速聚集，城镇化进程使居住在城镇的人口规模快速扩大，这也促进了人民群众公共需求的增长。新中国成立至改革开放

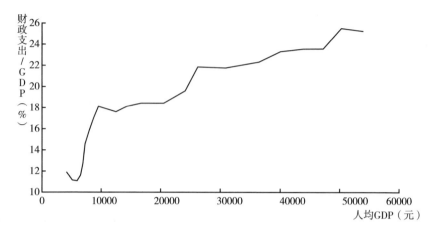

图2　1994～2016年财政支出占GDP的比重与人均GDP增长的关系情况

资料来源：根据国家统计局网站数据整理得到。

以前，我国城镇化建设处于起步阶段，城镇化率从1949年的10.6%提高到1978年的17.9%，用以满足公共需求的基础设施及公共服务供给压力较小。随着改革开放进程逐步推进，我国城镇化进程明显加快，到2017年，城镇化率已经上升到58.52%，城镇化率每年以1个百分点的速度增长。根据纳瑟姆曲线，我国城镇化水平已经超过第一个拐点（30%），预计到2030年达到第二个拐点（70%），在此期间，对于基础设施、公共事业和公共服务的社会需求急剧增长，需要大规模的公共投入。特别是中共中央、国务院于2014年印发了《国家新型城镇化规划（2014—2020年）》，提出建设以人的城镇化为核心的新型城镇化的目标，更加注重内在质量的全面提升。新型城镇化带来了经济上的集聚效应和分工效应、人口城镇化以及保障性住房建设等需求。

3.地方政府提供公共产品面临困境

中国改革开放四十多年来经济发展的实践表明，优质的公共产品供应也是经济持续增长的重要因素。近几十年来经济的快速发展和城镇化建设促进了集体的公共需求的增长，客观上要求各级地方政府相应地增加公共支出以满足公共产品供应的需求，地方政府在区域性公共产品供应上承担重要责任。但是在现行财政体制下，地方政府由于自身财源有限常常难以提供必要的公共产品，甚至出现地区基本公共产品供不应求的情况。这样一来，地方政府不得不寻求外源融资来支持增加公共支出以满足日益增长的公共需求。地方政府作为公共物品和公共服务的主要提供者，承担着筹集资金和公共产品供给的双重责任。

4. 地方政府土地财政的兴衰改变了城镇建设的融资方式

在很长一段时间，随着分税制改革以及"营改增"的逐步实施，地方政府财政收入来源逐渐减少，土地财政逐渐成为地方政府收入的主要来源，土地财政收入占地方财政收入的比重由 2001 年的 16.6% 逐渐提高到 2011 年的 59.9%。① 然而，近年来，由于征地补偿及相关成本大幅增加以及土地资源的稀缺性，土地出让收益不断下滑，2017 年，国有土地使用权出让金收入仅相当于一般公共预算收入的 29%②，这一趋势意味着地方政府不能再像过去那样依靠源源不断的土地财政收入为城镇化建设提供资金。

5. 公共需求与公共产品供给之间的不平衡促进政信金融产生和发展

面对经济发展和城镇化建设引致的日益增加的公共产品和服务需求，仅仅依靠政府部门的财政投入是远远不够的，这难免造成需求大于供给的供需不平衡状态。曾经有学者对城镇化进程中居民对基本的社会性公共服务的消费需求与政府部门免费提供的公共服务之间的缺口进行了测度，得出2016 ~ 2020 年我国基本公共服务供给缺口估计值（见表 1）。从其测算结果来看，我国基本公共服务存在较大缺口，且这一差值呈逐渐扩大的趋势。然而，这反映的仅是政府部门提供的部分公共产品和服务，若从整体来看，实际的缺口可能更大。对这一缺口进行估计的意义在于告诉我们，随着公共产品和服务需求不断增加，光靠政府的财政收入和内源融资不可能完全满足，地方政府必须寻找能吸引社会资本加入的市场化外源融资途径。

---

① 据各级地方政府 2001 年以来的年度财政预决算数据测算。

② 数据来源：财政部预算司网站全国决算数据。

表1　2016～2020 年我国基本公共服务供给缺口估计值

单位：亿元

年份	公共服务总需求估计值	公共服务总供给估计值	供给缺口
2016	42621.61	23477.09	19144.52
2017	44173.69	25587.92	18585.77
2018	45725.76	27879.08	17846.69
2019	61232.23	30339.95	30892.28
2020	75392.22	33002.35	42389.87

资料来源：曾世宏《中国城市化进程中公共服务供给缺口的治理逻辑》，经济管理出版社，2017。

自我国实行分税制以来，地方政府财政收支缺口不断扩大。1994 年以前，地方政府财政支出和收入基本持平。1994 年以来，虽然地方政府财政收入和支出均呈现大规模增加的趋势，但财政收入增长的速度远远不及财政支出的增长速度，二者之间的差额越来越大，到 2016 年，地方财政收支缺口高达 73112.01 亿元（如图 3 所示），这意味着当年将近一半的支出需要地方政府自行解决，地方政府财政自给能力的减弱需要采取市场化的融资方式来弥补。

这种不平衡成为政信金融发展的推动力。在社会主义市场经济环境下，各级政府的财政收入在短期内存在波动性，并且，长期而言，可用于投资的数量有限，导致公共产品供应紧缺。各级政府及其他公共部门通过合理的政信金融的融资方式，不仅可以有效避免税收等财政收入的波动性以及财政收支的不均衡变化，也可以促进地区经济建设中对基础设施投资的速度加快，保证长期建设项目资金稳定，以有效解决在提供公共产品过程中面临的资金短缺问题。最后还能调节不同层级、不同区域政府在财权、事权之间的不平衡。

（二）发展背景

改革开放过程中进行的市场化改革和政府职能转变，成为政信金融产生和发展的催化剂，社会资本自身规模的扩大和实力的壮大则为政信金融的产生和发展提供了直接源泉。

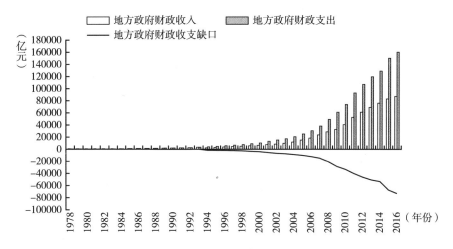

图3　1978～2016年我国地方政府财政收支缺口情况

资料来源：根据国家统计局网站数据整理得到。

1. 市场化改革提供了宽松的政策环境

我国在1993年中共十四届三中全会上通过的《中共中央关于建立社会主义市场经济体制若干问题的决定》中提出，发挥市场机制在资源配置中的基础性作用，还区分了政府投资和社会投资的边界，将投资项目划分为公益性、基础性、竞争性三类。其中，基础性项目以政府投资为主，并广泛吸引社会资本参与投资。这一划分奠定了政府与市场、中央与地方投资边界的理论基础。2004年，《国务院关于投资体制改革的决定》发布，提出合理界定政府投资范围，确立企业的投资主体地位，放宽社会资本的投资领域等内容。这两个政策文件为社会资本进入一些基础性、准公益性公共投资领域提供了政策依据。党的十八届三中全会提出要发挥市场在资源配置中的决定性作用，市场在资源配置中的作用从"基础性"升级到"决定性"，是经济体制改革的重大突破。同时，金融市场改革使财政与金融得以不断结合，地方政府在政策许可范围内，能够通过发挥自身信用资源优势，在借鉴国际金融创新产品的基础上不断探索地方政府投融资平台、政府与社会资本合作（PPP）、政府投资基金等市场化融资方式。

2. 国家治理体系与治理能力现代化建设和政府职能转变扩充了市场空间

党的十八届三中全会首次提出推进国家治理体系和治理能力现代化的目标，在实现这一目标的过程中，加快政府职能转变是关键所在。政府职能转变意味着要重新定义政府的角色，明确新形势下政府应该做什么、不应该做什么，进而有效解决目前在公共服务方面存在的越位和缺位问题。通过实现政府职能转变，政府将逐渐从生产者的角色中分离出来，更多地转变为规划者和授权者，将更多的公共服务生产任务向私人部门转移。在政府角色的转变过程中，公共产品和服务呈现多主体供给模式，一些实力雄厚的私人资本逐渐参与到 PPP、政府投资基金等中来，以弥补地方政府在基础设施建设等方面资金不足的情况。

政府治理能力乃至国家治理能力是社会公众对政府和国家履职践约等方面的综合评价指标，政府信用和国家信用是其中的重要内容。近年来，我国政府越来越重视以自身信用的建设来促进国家治理能力的提升。2014 年，国务院印发《社会信用体系建设规划纲要（2014—2020 年）》，开始全面推动包括政府信用在内的社会信用体系建设，"信用中国"网站监测 262 个地级市的综合信用指数，各类地方政府信用评级报告也不胜枚举。这一系列增强政府信用的举措，为地方政府以信用资源为依托进行市场化融资提供了基础，地方政府债券、PPP、政府投资基金等的信用融资规模屡创新高。

3. 社会资本规模的壮大是政信金融产生和发展的直接源泉

政信金融的实质就是地方政府凭借自身信用引导社会资本投入基础设施、公共服务供给中所采用的市场化融资手段。如果说市场化改革和政府职能转变是政信金融产生和发展的催化剂，那么社会资本规模的扩大和实力的增强则是政信金融产生的直接源泉。在政信金融这个概念中，社会资本是核心要素之一，没有来自社会的源源不断的资金支持，政信金融活动就无法开展。近年来，在改革开放、创新驱动等发展战略的支持下，包括国有资本、民营资本在内的社会资本规模逐渐扩大，在基础设施建设、固定资产投资等领域发挥着重要作用。一方面，国有资本因具有资金实力雄厚、资质良好等优势成为地方 PPP、政府投资基金项目的首选，截至 2018 年第二季度，在

866 个 PPP 落地示范项目中，国有资本占社会资本的 54.2%，民营、港澳台、外商和其他资本合计占 45.8%①。另一方面，民营资本在固定资产投资方面占据绝对的主导地位。表 2 显示的是 2006~2016 年我国内资企业固定资产投资资本类型结构，从中可以看出，民营资本在内资企业固定资产投资中占据较大比重，且近年来呈现不断增加的趋势，2016 年的贡献度甚至超过了 3/4。因此，国有资本、民营资本等社会资本的发展壮大为政信金融的产生及发展提供了不竭的资金源泉。

表 2 　 2006~2016 年我国内资企业固定资产投资资本类型结构

单位：亿元，%

年份	内资企业固定资产投资	国有资本投资		民营资本投资	
		投资额	占比	投资额	占比
2006	99139.9	37844.42	38.17	61295.49	61.83
2007	123970.04	44825.35	36.16	79144.7	63.84
2008	157421.4	56679.26	36.00	100742.15	64.00
2009	209111	80000.05	38.26	129110.99	61.74
2010	260914.4	95635	36.65	165279.5	63.35
2011	292768.3	95356.01	32.57	197412.25	67.43
2012	353871.73	111205.42	31.43	242666.3	68.57
2013	424136.1	126388.75	29.80	297747.35	70.20
2014	489033.6	143748.63	29.39	345284.94	70.61
2015	539323.05	158552.78	29.40	380770.27	70.60
2016	580396.13	139920.73	24.11	440475.41	75.89

注：表中内资企业固定资产投资＝全社会固定资产投资－港澳台商投资－外商投资；为了更好地展示民营资本的投资情况，将国有企业、集体企业、股份合作、联营、全社会固定资产投资并入国有资本投资部分，将有限责任公司、股份有限公司、私营、个体以及其他全社会固定资产投资并入民营资本投资部分。

资料来源：根据国家统计局"按登记注册类型分全社会固定资产投资"年度数据整理得到。

① 《2018 年第 2 期季报》，财政部政府和社会资本合作中心网站，http://www.cpppc.org/zh/pppjb/7191.jhtml。

（三）发展历程

在改革开放之前，我国实行的是计划经济体制和统收统支的财政制度，城镇化建设资金以中央财政拨款为主，各级地方政府只是经济建设的执行者，并不是责任主体，基本没有融资的需求和压力。改革开放之后至分税制改革以前，在财政包干制下，地方政府承担一部分公共支出责任，开始探索利用自身信用资源开展债务融资活动，是政信金融的萌芽阶段。

自1994年实行分税制以来，地方政府在城镇化建设过程中，面临资金短缺的巨大压力。地方政府开展公共投资活动的资金缺口不断扩大，催生了进行市场化融资的需求。

在此期间，我国同时也进行金融体制的市场化改革，这也为地方政府融资提供了契机。地方政府开始利用自身的信用资源进行政信金融实践，相继开启了"地方政府投融资平台 + 市政资产信托计划 + 民间资本融资""城投债 + 政府信托 + 政府投资基金 + 地方政府债券试点""地方政府债券 + PPP + 政府投资基金"等政信金融的发展历程。

1. 债务融资 + 地方政府投融资平台萌芽（1978～1994年）

改革开放初期，为了促进经济体制改革，我国财政体制开始由统收统支向财政包干制转变。这一时期，虽然中央对地方下放了财权和事权，但地方政府财政收支较为平衡，"财政包打天下"的局面并未发生实质性转变，并未产生额外的市场化融资需求。自1980年以来，我国财政体制逐渐调整为"分灶吃饭"体制，划分了中央和地方的预算范围，明确地方基本建设和公共事务等城镇化建设支出划归地方支出。在公共支出责任的地方化增加地方政府财政压力的同时，正在进行的金融体制改革为地方政府进行融资提供了契机。随着国有专业银行体系的初步建立和国际市场的开放，地方政府凭借自身信用通过向银行借款和向国外机构贷款等债务融资方式筹集了大量资金。尤其是1988年以来，我国进行投资管理体制改革，基本建设项目实行"拨改贷"，地方政府借此成立了一些投资公司，通过政府增信的方式，依托这些融资机构向银行贷款以获得城镇化建设所需资金。于是，这一阶段，在财政金融体制改革和相关政策的驱动下，地方政府除在预算内投入资金以外，凭借自身信用通过贷款、吸引外资和自筹资金的方式筹集了大量城镇化建设资金，弥补了自身财政实力的不足。1984～1993 年基础设施建设资金融资结构见表3。

表3　1984～1993 年基础设施建设资金融资结构

单位：亿元

年份	国家预算内投资	银行贷款	外资	自筹和其他投资
1984	403.95	78.59	22.94	235.67
1985	381.18	187.92	73.52	431.75
1986	417.39	200.13	109.54	449.05
1987	438.52	255.46	139.01	510.11
1988	381.66	284.66	218.31	689.67
1989	323.33	293.00	221.45	713.94
1990	363.59	378.62	224.05	737.54
1991	348.45	527.04	239.09	1000.32
1992	307.87	831.48	334.15	1539.16
1993	431.76	1117.55	456.15	2599.82

资料来源：引用自巴曙松、杨现领：《新型城镇化融资与金融改革》，中国工人出版社，2014。

2. 地方政府投融资平台 + 市政资产信托计划 + 民间资本融资（1994～2009年）

在这一阶段，分税制改革和银行体制改革催生了地方政府开展政信金融活动的需求，而 1997 年亚洲金融危机对地方政府产生的经济恢复和建设融资压力则进一步推动政信金融方式发展。

1994 年以来，随着分税制改革的实施，地方政府的财政收入不能满足城镇化建设的大规模投资需求。我国银行体系改革不断深入，加大了对不良贷款的清理力度，1995 年《担保法》和 1996 年《贷款通则》实施，彻底堵住了地方政府向银行获得信用贷款的融资渠道。再加上为应对 1997 年亚洲金融危机的巨大冲击，我国急需通过加大政府投资力度来复苏经济，地方政

府的支出压力骤然增大。这一系列政策和事件倒逼地方政府寻找新的融资渠道，借鉴国际金融创新产品，积极探索信用融资方式。

（1）地方政府投融资平台

为了避开地方政府不能直接向银行贷款的限制，地方政府绕其道而行之，以财政拨款或注入土地等形式组建各种类型的投融资平台，这些投融资平台在地方政府自身信用资源的隐性担保下获得银行贷款并根据政府意愿投资相应的项目，满足了城市基础设施建设的资金需要。这种共同使用政府信用资源和企业信用资源的贷款方式称为"打包贷款"，但因具有违规担保之嫌，于2006年被叫停。后来，地方政府将担保改为向投融资平台提供财政补贴、购买服务等信用保证机制，投融资平台再以相应的合同、权益等向银行进行质押并获得贷款。

随着地方政府投融资平台的逐渐成熟，一些地方性的城投公司开始探索市场化融资方式。1997年，广州地铁建设债券的发行标志着城投债登上历史舞台，拓宽了地方政府的融资渠道。但在此期间，由于没有相关政策的支持，城投债发行规模较小。

（2）市政资产信托计划

20世纪末，随着我国实行信托与银行业、证券业分业经营的政策，地方政府将自身信用资源与信托产品结合，开辟了融资新渠道。2002年推出的上海外环隧道项目资金信托计划是我国《信托法》出台后首个真正意义上的信托产品，也是我国第一个市政资产信托计划。这种信托计划在政府重大项目信用的担保下在资金安全性和收益性方面具有一定的优势，有的信托计划甚至还有地方政府出具的承诺函做担保，一经推出就受到投资者的追捧。此后，北京CBD开发、长春生态环保投资、上海磁悬浮交通投资等项目也相继推出信托计划，成为地方政府进行信用融资的重要方式。

（3）民间资本融资

随着我国社会资本投资领域的放宽和民间资本的壮大，地方政府开始探索引入民间资本来弥补公共投资缺口。一方面，采用BOT等特许经营方式吸引民间资本参与基础设施建设；另一方面，依托政府信用，发挥政府资金的杠杆效应，吸引大量民间资本成立创业投资引导基金、产业投资基金，来支持创业企业、中小企业以及重点产业的发展。

3. 城投债＋政府信托＋政府投资基金＋地方政府债券试点（2009～2014年）

为了应对2008年全球金融危机产生的影响，中央政府实施了刺激实体经济的"四万亿元计划"，同时要求地方政府投入配套资金2.4万亿元，使地方政府的融资压力再度升级。尽管财政部为地方政府代发了2000亿元的地方政府债券，但是对于地方政府而言，仅仅是杯水车薪。限于1994年《预算法》的规定，地方政府一般不能作为发债主体发行地方政府债券，地方政府急需在现有融资渠道基础上另辟蹊径。

（1）城投债

2009年中国人民银行和银监会联合发文，支持地方政府投融资平台通过发行企业债等方式拓宽融资渠道。于是，地方政府通过投融资平台发行城投债的方式扩大了融资规模。这一期间，地方政府投融资平台通过银行贷款、发行城投债等债务融资方式为地方政府筹集了经济发展、建设的大量资金，但同时也增加了地方政府债务。审计署2013年的全国政府性债务审计结果显示，在政府负有偿还责任和或有债务中，融资平台公司债务分别占37.44%和41.33%。自2010年开始，为了控制地方政府债务风险，国务院、财政部、银监会（银保监会）等部门相继出台多个文件加强对地方政府投融资平台的清理整顿工作，但效果并不明显。

（2）政府信托

政府信托指各级地方政府投融资平台与信托公司在基础设施、民生工程等领域合作开展的业务。信托公司发行信托计划，向社会募集资金，提供给地方政府投融资平台，以用于基础设施建设，投融资平台以经营收入、公共设施收费等作为还款来源。如果投融资平台无法清偿到期债务，则地方政府一般承诺以财政补贴或未来预算资金偿付的方式还款。政府信托业务由于具有地方政府还款承诺的信用背书，自推出以来受到众多投资者青睐，在2012～2013年呈现爆发式增长。

（3）政府投资基金

随着金融衍生和金融创新以及财政与金融之间的协调和配合，政府投资基金这一新型政府投融资方式逐渐兴起。政府通过设立参与投资基金，可以凭借政府信用发挥"四两拨千斤"的作用，引导社会资本流向对我国经济社会发展至关重要的创新企业、中小科技企业、优先发展产业、基础设施和公共服务领域，为地方政府引入大量资金，缓解了地方政府的财政收支压力。自2008年以来，我国开始重视政府投资基金的融资作用，先后出台多项政策来促进和引导政府投资基金发展。

（4）地方政府债券试点

地方政府债券以地方政府信用担保，以当地的税收能力作为还本付息的保障，作为当期公共支出的来源，成为地方财政的重要来源。地方政府债券在完善分级财政管理体制、缓解地方财政资金短缺问题、规范地方政府融资渠道、完善资本市场体系等方面具有重要意义，其在发达经济国家已经有几十年的历史。2009年以来，为了缓解地方政府的财政压力，我国开始了地方政府债券试点工作，依次经历了代发代还—代发自还—自发自还的改革路径。

4. 地方政府债券＋PPP＋政府投资基金（2014年至今）

2014年9月，《国务院关于加强地方政府性债务管理的意见》出台，强调剥离地方政府融资平台的融资功能，地方政府不得依靠投融资平台新增政府债务。至此，地方政府通过投融资平台贷款和发债的融资渠道被堵住。不仅如此，在监管新政的"打击"下，政府信托业务也失去了政府信用的保障，对投资者的吸引力有所降低，业务规模逐渐萎缩。中国信托业协会的数据显示，传统政信合作资产占信托业务资产的比重2014年以来呈总体下降趋势，特别是2016年第一季度之后，就停止了扩张的步伐。至此，我国地方政府凭借以地方政府债券为主、PPP和以政府投资基金为辅的政信金融结构来筹集地方基础设施建设和公共服务所需的资金。

（1）地方政府债券

在此期间，地方政府投融资平台融资和政府信托业务融资的渠道被堵，地方政府自行发行债券的新纪元开启。2014 年修正的《预算法》规定，在国务院批准下，省、自治区、直辖市等地方政府可以通过发行地方政府债券的方式筹措建设投资的部分资金。该法明确清晰地赋予了省级地方政府举借债务的合法地位，实现了地方政府首次以自身信用资质直接向市场获得债券融资的机会。自 2015 年以来，地方政府债券发行规模不断扩大，地方政府债券余额节节攀升，从 2015 年的 3.84 万亿元已经提高到 2018 年 7 月的 16.64 万亿元（如图 4 所示），成为地方政府开展信用融资的主要方式之一。

（2）PPP

PPP 的实质其实就是政府与社会资本之间的一种合作关系，而这种合作关系建立在双方互相信任的基础上，强调政府和社会资本必须遵循契约精神，双方按照协议约定履行相关责任，共享相关利益并分担一定的风险。通过 PPP 引入社会资本，政府可以在较长时间内分摊城镇化建设等重大基础设施项目的建设成本，而无须一次性拿出巨额资金。这样，通过公共服务成本与收益的代际匹配，缓解了财政约束问题，从而在一定程度上化解了地方政府的债务风险问题。自 2014 年大力推广 PPP 以来，PPP 受到政府部门和社会资本的追捧，在深度和广度方面都得到了巨大的发展，在 2017 年下半年转入高质量规范发展阶段。全国 PPP 综合信息平台项目管理库数据显示，截至 2018 年 9 月 20 日，PPP 入库项目总数已达到 7771 个，入库项目金额达 115534.60 亿元。

（3）政府投资基金

自 2014 年以来，政府投资基金成为我国各级政府广泛使用的投融资工具，近年来呈加速增长之势。这引起了财政部和国家发改委的高度重视，两部委分别从不同角度加强了对政府投资基金的引导和管理，推动政府投资基金快速发展。据清科研究中心统计，截至 2018 年 9 月，我国政府投资基金（包括创业投资引导基金、产业投资引导基金、基础设施投资引导基金等）已设立 1933 只，将以少量的政府资金撬动总目标规模达 111746.95 亿元的资金。

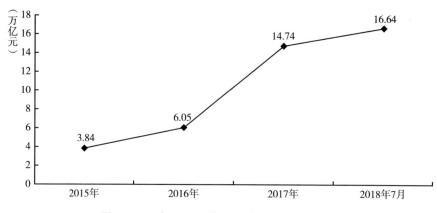

图4　2015年至2018年7月地方政府债券余额

资料来源：根据财政部网站数据整理得到，http：//yss.mof.gov.cn/zhuantilanmu/dfzgl/。

三　政信金融发展中存在的主要问题

在政信金融呈现蓬勃发展之势的同时，部分地方政府过于乐观地估计了当地经济发展的前景，或者忽视了国家发展和宏观经济可能出现的周期性波动，部分地方行政官员"好大喜功"的决策缺乏有力的激励约束，或者地方政府官员的变迁导致出现"新官不理旧账"的现象等，种种原因使政信金融面临各种形式的风险，不仅危及地方财政的稳健性，也成为国家宏观经济和金融运行发生系统性风险的源头。

（一）地方政府债务规模大幅攀升

当前政信金融领域出现的各种问题集中体现在近年来地方政府债务规模不断扩大，甚至个别地方政府债务规模扩大的趋势已背离经济基本面。

1. 地方政府债务成为政府债务的主要构成部分

在中央与地方财政关系上，地方政府债务和中央政府债务都是政府债务的组成部分，两者其实没有本质区别。不过，由于统计口径和资料限制，可比的地方政府债务和中央政府债务数据十分少见。财政部于2018年披露了中国政府债务的总体情况。截至 2015 年末，中国纳入预算管理的中央政府债务为 10.66 万亿元，地方政府债务为 14.76 万亿元；截至 2016 年末，中央政府债务为 12.01 万亿元，地方政府债务为 15.32 万亿元。[①] 截至 2018 年末，中国地方政府债务 18.39 万亿元，加上纳入预算管理的中央政府债务 14.96 万亿元，两项合计，中国政府债务为 33.35 万亿元。[②] 按此数据计算，中国政府债务中，地方政府债务的比重已经超过 50%，由此看出，地方政府债务已经成为中国政府债务的主要来源。

2. 近年来地方政府债务规模扩大

根据本报告前文对政信金融范围的界定，地方政府债务是指地方政府（含政府部门、机构和所辖事业单位）直接向外界非政府机构（个体）借入或提供担保借入的债务，包括三部分：（1）地方政府负有偿还责任的债务，按照债权债务关系，这部分债务需由财政资金偿还；（2）地方政府负有担保责任的债务，这部分债务由政府提供担保（通常是给与政府关联的机构，比如地方融资平台，提供担保），一旦被担保人无力偿还，政府作为担保人需承担连带责任的债务；（3）地方政府承担一定救助责任的债务，对于这部分债务，虽然政府不负法律偿还责任，但是如果债务人出现偿债困难，那么政府可能需给予一定救助。通常认为，后两类债务属地方政府或有债务。

图 5 中的数据为 1996~2016 年按照第一个口径（由财政资金偿还的债务）统计的地方政府债务。可以看到，无论是从债务还是从债务率（即地方政府债务余额除以同期 GDP）来看，2008 年都是一个重要的时间窗口。在 2008 年之前，地方政府债务水平比较低，相对规模也不算大；然而 2008 年后，为了应对国际金融危机对我国经济的负面影响，地方政府债务水平和相对规模迅速提高和扩大。

2011 年，审计署按照全口径统计，首次对地方政府债务进行了清查。清查结果表明，2010 年底，地方政府债务余额为 10.7 万亿元，包括地方政

① 数据来源于中华人民共和国财政部网站公开信息。
② 《中国政府债务风险总体可控》，https：//baijiahao.baidu.com/s？id=1635962387534608605&wfr=spider&for=pc。

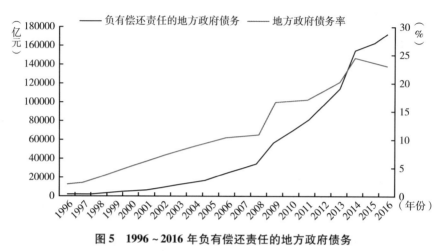

图5 1996~2016年负有偿还责任的地方政府债务

资料来源：根据历年《中国财政年鉴》《中国统计年鉴》和审计署的政府性债务审计报告整理。

府负有直接偿还责任的债务 6.7 万亿元、地方政府担保的或有债务 2.3 万亿元、可能承担一定救助责任的债务 1.7 万亿元。2013 年，审计署再次按照全口径统计清查地方政府债务。清查结果表明，2012 年底，地方政府债务余额为 15.9 万亿元，包括地方政府负有直接偿还责任的债务 9.6 万亿元、地方政府担保的或有债务 2.5 万亿元、可能承担一定救助责任的债务 3.8 万亿元。2013 年 6 月底，地方政府债务余额为 17.9 万亿元，包括地方政府负有直接偿还责任的债务 10.9 万亿元、地方政府担保的或有债务 2.7 万亿元、可能承担一定救助责任的债务 4.3 万亿元。图 6 列示了 2010~2014 年全口径地方政府债务，地方政府债务和债务率的上升趋势都很明显。

（二）作为政信金融的主体，地方政府的投资缺乏约束

从改革开放之初到 20 世纪 90 年代，作为宏观调控的主体，中央政府要平衡"保增长"和"防风险"双重目标，实际上一直在严格控制地方政府的"投资饥渴症"。

2008 年国际金融危机后，地方政府主导型债务（基础设施投资）增长迅速，直接推动地方政府债务增加。从图 7 可见，2009 年，资本形成总额

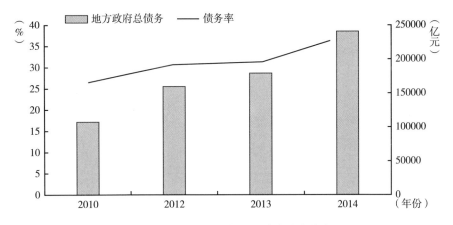

图6　2010～2014年全口径地方政府债务

资料来源：2010 年数据来源于《全国地方政府性债务审计结果》（中华人民共和国审计署审计结果公告，2011 年第 35 号）；2012～2013 年数据来源于《全国地方政府性债务审计结果》（中华人民共和国审计署审计结果公告，2013 年第 32 号）；2014 年数据来源于《关于提请审议批准 2015 年地方政府债务限额的议案的说明》。

对 GDP 的贡献率为 92.3%，拉动 GDP 增长率增长 8 个百分点；2010 年，资本形成总额拉动 GDP 增长率增长 5.6 个百分点。可见，中国采取投资驱动策略维持经济增长。

　　如图 8 所示，近年来，基础设施投资一直占城镇固定资产投资完成额的较大比重。基础设施既是一种生产性资产，又是一种消费性资产，直接用于消费过程，具有很强的公共产品特性，通常基础设施投资主要由地方政府主导。然而，基础设施投资往往规模较大，地方政府的当期财政投入无法满足巨大的资金需求，只能通过为基础设施建设融资来解决。地方政府通过债务融资进行投资的基础设施项目完工后成为公共资本，可以增加社会资本存量，提高私人资本的效能和增加边际产出，促进区域经济长期增长。因此，原本用于应对国际金融危机的快速有效的地方政府主导型债务——基础设施投资增长模式逐渐常态化。

　　基础设施建成之后发挥效益的年限为十几年甚至几十年，为了使基础设施受益年限和债务还本付息年限之间实现较好的"期限配比"，债务还本付息期限也会为同样的期限，这样无疑扩大和增加了债务规模和债务风险。

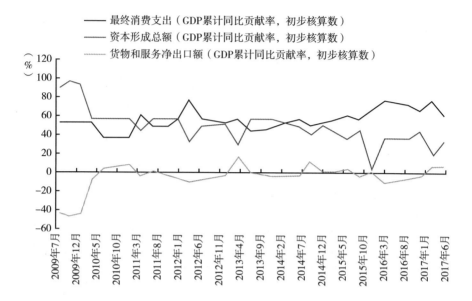

图7 2009～2017年最终消费支出、资本形成总额、货物和服务净出额的GDP累计同比贡献率（初步核算数）

资料来源：根据历年《中国统计年鉴》整理得到。

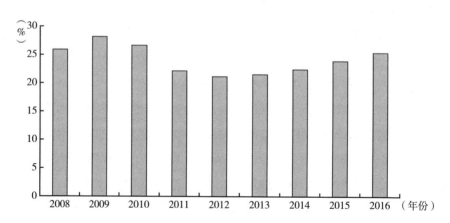

图8 2008～2016年城镇固定资产投资完成额中基础设施投资占比

资料来源：根据历年《中国统计年鉴》整理得到。

（三）现行财政体制下，央地之间政策博弈影响政信金融发展

由于地方政府融资平台资金运作不规范，中央政府从 2010 年开始重视地方债务风险，由财政部、中国人民银行、银监会（银保监会）等部门发文对地方政府融资平台进行规范和监管。自 2010 年起，银监会（银保监会）对城投企业贷款实行名单制以加强对风险的监控，收紧银行贷款渠道。地方政府和平台公司的博弈策略又是对融资方式的创新。这些平台公司从对银行贷款的依赖转向以土地作为资产进行抵押获取信托贷款；或以与地方政府签订的回购协议作为政府信用背书，从信托公司募集资金；或以城投企业为主体发行城投债进行融资。2010 年以后，城投债发行规模急剧扩大。短短几年，地方政府债务，特别是隐性债务变成一个全社会关注的焦点。

2014 年 9 月，《国务院关于加强地方政府性债务管理的意见》印发，意在剥离地方政府投融资平台公司的政府融资功能。其中最主要的措施就是将地方政府债务与地方融资平台债务区分开，进一步明确了地方政府只能通过发行政府债券方式举债。融资平台等表外融资受到全面监管。然而，由于强化了地方政府预算约束，影响地方政府资金来源，2014 年下半年，政府财政支出增速大幅下滑。与此同时，2014 年下半年，全国土地出让收入大幅减少。"保增长"的目标受到严峻挑战。2015 年 5 月，《国务院办公厅转发财政部人民银行银监会关于妥善解决地方政府融资平台公司在建项目后续融资问题意见的通知》强调对投融资平台在建项目进行融资支持，放松了对投融资平台运作的资金约束。

四　对未来政信金融发展的政策建议

地方政府的政信金融活动一方面为地方发展提供支撑，另一方面在缺乏系统的制度约束的条件下，也带来了债务率高企等金融风险。既要促进地方经济发展，又要防范系统性风险，因此必须合理界定政府职能，有所为，有所不为，让市场在资源配置中发挥决定性作用；理顺中央和地方政府的财政

关系，匹配财权和事权；推动政信金融规范发展，将政信金融的发展奠定在信用经济的基础之上，创新政信金融工具，杜绝信用滥用，防控系统性风险，确保地方经济健康可持续发展。

因此，在政策法规的规范性方面，国家近年来出台了一系列促进政信金融合法有序发展的文件，为各地政信金融活动在保持与国家总体发展战略和阶段性调控措施一致的条件下更加健康、稳步发展提供了良好的外部生态环境。

此外，根据经济发展的阶段性要求，国家也在调整央地之间的财政收入分配体制。2019 年 9 月 26 日，《国务院关于印发实施更大规模减税降费后调整中央与地方收入划分改革推进方案的通知》发布。按照这个方案，未来我国将在保持现有财力格局总体稳定的条件下，建立更加均衡合理的分担机制，稳步推进健全地方税体系改革。改革的原则是调动中央与地方两个积极性，稳定分税制改革以来形成的中央与地方收入划分总体格局，巩固增值税"五五分享"等收入划分改革成果；按照深化增值税改革、建立留抵退税制度的要求，在保持留抵退税中央与地方分担比例不变的基础上，合理调整、优化中央与地方间的分担办法；适时调整、完善地方税税制，培育、增加地方税税源，将部分条件成熟的中央税种纳入地方收入范围，增强地方应对更大规模减税降费的能力。

具体而言，主要改革措施如下。

1. 保持增值税"五五分享"比例稳定。2016 年，《国务院关于印发全面推开营改增试点后调整中央与地方增值税收入划分过渡方案的通知》确定了 2 ~ 3 年的过渡期。根据这一方案，在到期后继续保持增值税收入划分"五五分享"比例不变，即中央分享增值税的 50%、地方按税收缴纳地分享增值税的 50%。进一步稳定社会预期，引导各地因地制宜地发展优势产业，鼓励地方在经济发展中培育和拓展税源，增强地方财政的"造血"功能，营造主动有为、竞相发展、实干兴业的环境。

2. 调整完善增值税留抵退税分担机制。建立增值税留抵退税长效机制，结合财政收入形势确定退税规模，并保持中央与地方"五五"分担比例不变。为缓解部分地区留抵退税压力，增值税留抵退税地方分担的部分（50%），由企业所在地全部负担（50%）调整为先负担15%，其余35%暂由企业所在地一并垫付，再由各地按上年增值税分享额占比均衡分担，垫付多于应分担的部分由中央财政按月向企业所在地省级财政调库。合理确定省级以下退税分担机制，切实减轻基层财政压力。

3. 后移消费税征收环节并稳步下划地方。按照健全地方税体系改革要求，在征管可控的前提下，将部分在生产（进口）环节征收的现行消费税品目逐步后移至批发或零售环节征收，拓展地方收入来源，引导地方改善消费环境。

参考文献

［1］《政府信用融资研究》课题组编著《政府信用融资研究》，中国金融出版社，2016。

［2］巴曙松、杨现领：《新型城镇化融资与金融改革》，中国工人出版社，2014。

［3］封北麟：《城镇化、地方政府融资与财政可持续》，经济科学出版社，2017。

［4］曾世宏：《中国城市化进程中公共服务供给缺口的治理逻辑》，经济管理出版社，2017。

［5］刘志昌：《国家治理与公共服务现代化》，浙江人民出版社，2015。

［6］叶响裙：《公共服务多元主体供给：理论与实践》，社会科学文献出版社，2014。

［7］毛腾飞：《中国城市基础设施建设投融资问题研究》，中国社会科学出版社，2007。

［8］尹恒：《防范地方政府债务风险与高质量发展》，《中国经济报告》2018年第8期。

B.4
政信文化建设研究报告

王 莹*

摘 要： 当前我国面临的政信风险不容忽视，合理运用政信资源、化
解政信风险势在必行，在这一过程中，政信文化的重要性得
以凸显。本报告从大历史的研究视角出发，提出我国政信体
系的构建要从政信文化发端，从政信文化破题。政信文化体
系的构建，应根植于中华优秀传统文化，着力于引导和增强
文化自信，以深层次的源动力推动政信实践创新发展。同时，
政信文化建设应做到制度化，使诚信教育与诚信文化建设真
正落到实处，收到实效。

关键词： 政信文化 大历史 文化自信

一 政信文化的内涵及作用

（一）文化的内涵

文化之根本是其道德内涵，它包括了内在的价值观，以及外显的和内隐
的行为及思维模式。中华文化在人类历史上是最完善、连续和具有深刻内涵
的。具体来说，"文化"一词在中国传统语境下的基本内涵包括中华历朝历

---

* 王莹，中央财经大学政信研究院副院长、研究员，主要研究方向为政信文化、社会信用体系
建设，参编"中国 PPP 蓝皮书"《中国 PPP 行业发展报告》。

代文明产品,即人文产品,包括思想、宗教、文学、艺术、服饰、建筑、民俗等的流传、积淀及相关记载;以及在中华五千年历史演进过程中有序积淀和历经锤炼的华夏民族精神、民族性格及独特的民族韵味,包括道德标准、文化底蕴、思想内涵等,如儒家的"忠""义""富贵不能淫,贫贱不能移,威武不能屈"的气节等。

(二)政信文化的内涵阐释与践行要义

1. 中华传统文化对于诚信内涵的论述

"信"人之言也。人之言必真如誓,舍此则不立。甲骨文的"言"由"舌"和"一"组成,"舌"讲话之意,"一"代表本、原始,故而必为真。"一"还有直而不疑、不假的意思,即人讲出的话应该直截了当,不说谎,真实可信如同发誓,言出必行,承诺兑现,不欺骗、不造假,诚实可靠,所谓"信誓旦旦""人无信不立",有信才有德,失信则德亏。

在我国传统文化中,诚信被提到了制约"人道"、通于"天道"的本根地位。孟子曰:"诚者,天之道也;思诚者,人之道也。"在《春秋繁露》中,董仲舒把"信"与仁、义、礼、智并列为五常,视为基本的社会行为规范,加强了"信"在中国传统道德规范中的地位。北宋周敦颐建立了"以诚为本"的道德本体论思想体系,他认为"诚"既是宇宙的精神本体,又是道德的本原;背离了"诚"则不仅违背了人性,而且违背了天道。在这一根本精神的基础上,成熟意义上的"天人合一"伦理精神模式最终确立。周敦颐"以诚为本"的思想在现代社会有了新的诠释,"诚信"核心价值观历尽各朝各代,经久不衰。

在古代诸子百家中,道、儒、墨、法等诸家都有关于诚信的论述,可以说都是今天诚信理念的文化本源。在诸子百家中,儒家对诚信的论述是最有体系的。孔子视政治中的根本问题为道德问题,在《论语·为政》中开宗明义,"为政以德,譬如北辰,居其所而众星共之"。意思是说,政事要围绕道德展开,道德是核心,是根本的原则和宗旨,就如北极星,经常处于一定的位置,不变不动,满天的星辰都会以北极星为中心,围绕它而运转。"为政以德"在不同的政治思想家那里,有不同的表达方式,如孔子称为

"有道"、孟子称为"仁政"，墨子的"兼爱"、荀子的"王制"中，也有浓重的道德和为政的成分。

"以德配位"，历代圣王皆以正心修身为本，"正心以正朝廷，正朝廷以正百官，正百官以正万民，正万民以正四方"。① 如《贞观政要》是唐太宗君臣政论、讨论治国要领的史书，被视为古代帝王教科书。《贞观政要·诚信》里面记述了唐太宗以诚信行于天下，实行政治教化，而不用诈骗的行为损坏社会风气的事例。

曾子曰："士不可以不弘毅，任重而道远。"在中国的历史中，作为传统社会精英阶层的士大夫，以学者加官员的身份，传承中华文化、承担社会责任，成为国家和社会的中流砥柱，文天祥的"留取丹心照汗青"、岳飞的"精忠报国"、范仲淹的"先天下之忧而忧，后天下之乐而乐"、陆游的"位卑未敢忘忧国"，还有"富贵不能淫，贫贱不能移，威武不能屈"的儒家气节等，对后世乃至今天的社会影响深远。最为难能可贵的是，在国家危难时他们倾尽一己所有践行了古圣先贤的教诲，真正做到了知行合一。他们对天命的顺应，对使命的担当，对天下苍生的悲悯，对浩然正气的秉持，是古往今来政信文化精神的体现。

2. 现阶段政信文化的内涵阐释

在我国现阶段所处新的历史方位下，政信文化是指与政信相关的伦理道德、风俗习惯、价值观等柔性规范。从伦理视角来看，政信文化主要包含诚信、公正、责任、忠诚等伦理要素。

诚信是政信文化的核心要素，在中西方信用文化体系中，都非常重视诚信，其内涵一是信守承诺、说过的话要兑现；二是说真话、做真事，不做假。这是政信文化的伦理基础和道德底线。公正是政信文化重要的价值判断，即要求政府把实现公共利益作为一切行为的出发点和落脚点，秉持公平、公正的执政理念，制定公平、公正的制度、规则和公共政策，并且在政策的执行过程中，保障基本权利和义务得到公平分配。责任意指政府对其服

① 语出西汉董仲舒《举贤良对策》。

务的人民负责，体现了忠诚、良知、德行等因素，责任意识的强弱和政府信用的高低有着密切联系。忠诚是政信文化得以建立与维系的内在动力，是国家公务人员重要的职业道德要求和人格规范。

3. 更高层次的守信

在我国现阶段，实现中国梦和中华民族伟大复兴的历史进程中，中华传统文化的复兴至关重要，因为文化是一个民族的灵魂，文化在则民族在。从这个角度上说，认同炎黄子孙的身份，接续中华文化薪火传承，守住中华民族本根，是每一个中国人天经地义之本分，而恪守本分、完成使命即是更高层次的守信。以中华传统文化中的"善"为例。古语云"百善孝为先"，孝敬和赡养父母是每个人天经地义的本分，也是对人之品行的重要评价。舜在年轻时以孝行闻名，被尧帝立为继承人；儒家讲"修齐治平"；汉朝时孝子会被推举为官；等等。因此，对天经地义本分的认识和完成，是更高层次的守信。反之，如果一个人不孝顺父母，其真正的"信"则无以体现，充其量可能只会有些小信、小义。

社会主义核心价值观包含了国家、社会和公民个人三个层面的价值目标、价值取向和价值准则。公民个人层面的内容包括：爱国、敬业、诚信、友善，其中，爱国是第一位的。而没有文化自信就没有爱国根基，真正读懂中华五千年历史文化，才会发自内心地爱我们的国家。从这个角度说，更高层次的守信是爱国的真实体现，也是政信文化的重要内涵。

（三）对诚信内涵的认识还需深化和拓展

一个社会的诚信水平不可能脱离整体道德水准而单方面得到提升，而应在整体道德升华的基础上得到全方位的提升。因此，诚信还与其他品行相关联，对信用内涵的认识还需深化及拓展，才能将其更好地运用于实践，指导和推动实践向纵深发展。

具体来讲，诚实守信还应包含以下几个重要方面的内涵。

（1）人格一致。最终创造出信用和信任的是人格上的一致，人格一致的人，其行为与其信仰和价值观是和谐的。

（2）谦虚。谦虚的人坚守的是原则，而不是自我；配合整体，弥补不足，强调团队合作，而不是凸显个人；勤于实践好的想法，而不仅仅是为了展示；以开放的心态接受新的真理，而不是捍卫固有的错误立场。

（3）勇气。勇气可以为其他人带来保障，即使是在困难的情况下也能够做正确的事情。春秋时齐太史兄弟不畏强暴，前赴后继，秉笔直书，为后世留下了确凿可信的历史资料，铸造了中国历代史家的传统品格。其义举被载入史册，为历代所传诵，成为勇气的典范之一。

二　政信文化的重要作用

政信文化在当前我国经济社会发展中具有更加突出的重要性。正如文化是一个国家、民族的灵魂，政信文化是政信的灵魂。政信文化对政信体系的规范运行起着引领和推动作用，政信体系的其他制度要素如政信金融、政信法律、政信生态等在根本上由政信文化涵养和生发。同时，政信文化对社会信用文化有导向性作用，对于提升政府公信力、民众归属感，推动市场经济公平、公正机制的建立，达到互惠共赢，都非常重要。

从传统文化的角度去看，政信文化的重要作用更能体现出来。中华文化是道生文化，非常推崇"道"，注重事物本质和内涵的表达，"道法自然""大道无形"等理念深入人心。道，是灵魂、是内涵。在政信体系当中，政信文化即是承载了"道"的作用。如果将政信体系发展实践比作金字塔，则政信文化就是金字塔的最顶端，它统领、贯通以下各个层次、各个要素。有道、有灵魂，才能够触及事物的深层次和本质，再加上其他政信制度要素在术的层面的推动，就能够在政信发展实践中不断排除干扰、破除阻力往前推进（如图1所示）。

而如果缺少最顶层的制度设计，则会导致政信发展实践进行到一定程度时，难以向纵深推进，因为此时是更深层次的因素在起作用，而现有的设计触及不到这个层次，破除不了由深层次而表面化的干扰、阻碍因素，从而导致举步维艰。如图2所示，图中白色的三角区域即因深层次的阻碍因素导致无法突破而反映在表层的干扰和阻力，从而使政信实践无法向纵深推进。

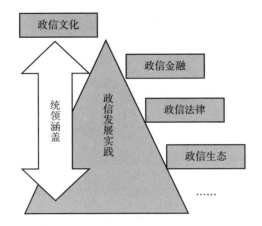

图 1　政信体系示意

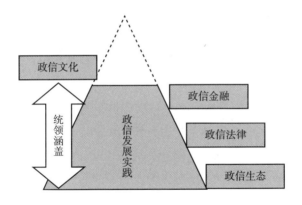

图 2　政信发展阻碍示意

三　我国政信文化建设实践

（一）诚信文化建设部署及制度建设

2018 年 3 月 22 日，著名国际公关公司——爱德曼国际公关公司携手清华大学国家形象传播中心联合发布了《2018 年度爱德曼信任度调查中国报告》。该报告显示，2018 年中国民众对政府的信任表现非常突出，信任度高

达84%，居全球首位。这表明，我国政信文化建设取得了显著成效，政信文化的引领作用将得到进一步提升。具体说，我国诚信文化建设部署及制度建设经过了如下历程。

1986年，党的十二届六中全会通过了《中共中央关于社会主义精神文明建设指导方针的决议》，对社会主义精神文明建设做出了部署，"诚实守信"作为社会主义道德的要求，首次进入社会主义精神文明建设的纲领性文件中。

1996年，党的十四届六中全会通过了《中共中央关于加强社会主义精神文明建设若干重要问题的决议》，全面部署社会主义精神文明建设，再次强调"诚实守信"的道德意义，并且将"诚实守信"作为职业道德的一项重要规范，纳入精神文明建设的总体部署中。

2001年9月，《公民道德建设实施纲要》问世，这是中国第一部以公民为主体的道德建设纲要。"诚信"进入公民道德基本规范，这是中央文件第一次使用"诚信"这一专业术语。

2002年11月，党的十六大将"诚实守信"写入政府工作报告之中，并强调社会主义道德教育以诚信为重点，"弘扬爱国主义精神，以为人民服务为核心、以集体主义为原则、以诚实守信为重点，加强社会公德、职业道德和家庭美德教育"。

2006年10月，党的十六届六中全会通过《中共中央关于构建社会主义和谐社会若干重大问题的决定》，提出"加强政务诚信、商务诚信、社会诚信建设，增强全社会诚实守信意识"。这表明党中央对诚信建设有了清晰的领域意识，开始形成系统化诚信建设的布局思路。

2011年，党中央完成了诚信文化建设的系统性布局。党的十七届六中全会通过的《中共中央关于深化文化体制改革推动社会主义文化大发展大繁荣若干重大问题的决定》，把诚信建设纳入社会主义文化大发展大繁荣的总格局中，要求"把诚信建设摆在突出位置，大力推进政务诚信、商务诚信、社会诚信和司法公信建设，抓紧建立健全覆盖全社会的征信系统，加大对失信行为惩戒力度，在全社会广泛形成守信光荣、失信可耻的氛围"。更重要的是，《中共中央关于深化文化体制改革推动社会主义文化大发展大繁荣若干重大问题的决定》把诚信建设提升到社会主义文化建设的重要位置，提高到国家文化软实力的高度。

2012 年 11 月，党的十八大提出社会主义核心价值观，将"诚信"作为社会主义核心价值观的重要内容，再次重申诚信建设的系统性："深入开展道德领域突出问题专项教育和治理，加强政务诚信、商务诚信、社会诚信和司法公信建设。"至此，诚信作为社会主义核心价值观的重要内容融入社会生活的各个领域，诚信文化建设进入新阶段。

自 2011 年 11 月党的十七届六中全会确立诚信系统性建设之后，诚信建设始终是社会主义道德建设的重点。2013 年 12 月，中共中央办公厅印发《关于培育和践行社会主义核心价值观的意见》，该《意见》中强调"以诚信建设为重点，加强社会公德、职业道德、家庭美德、个人品德教育，形成修身律己、崇德向善、礼让宽容的道德风尚"。2014 年 1 月，国务院召开"部署加快建设社会信用体系"的常务会议，落实中央诚信建设的精神，制定了《社会信用体系建设规划纲要（2014—2020 年）》。2014 年 8 月，中央文明委发布《关于推进诚信建设制度化的意见》，明确规定通过曝光失信当事人、限制严重失信者高消费行为等手段打击失信行为。这是我国第一份强调从制度层面推进国家诚信建设的中央文件。2016 年 5 月，国务院发布《关于建立完善守信联合激励和失信联合惩戒制度加快推进社会诚信建设的指导意见》，建立健全了社会诚信奖惩制度，使诚信建设更加具体可行。2016 年 9 月颁发《关于加快推进失信被执行人信用监督、警示和惩戒机制建设的意见》，进一步完善了失信惩戒制度。2017 年 10 月，党的十九大报告提出"推进诚信建设制度化"。这意味着，诚信建设由注重教育转向教育与制度建设并重，是我国诚信文化建设实践的一大突破。

（二）习近平总书记的相关重要论述

党的十八大以来，习近平总书记对诚信问题做过深刻论述，从战略高度为新时代中国的政信文化建设提供了基本遵循，即在传承中华优秀传统文化

的基础上，以制度推进政信文化建设，达到增强国家文化软实力、建设社会主义文化强国的目的。

1. 历史维度：传承中华优秀传统文化

习近平总书记高度重视中华传统文化在建设社会主义文化强国、实现中华民族伟大复兴中国梦中的作用。他指出："中国优秀传统文化的丰富哲学思想、人文精神、教化思想、道德理念等，可以为人们认识和改造世界提供有益启迪，可以为治国理政提供有益启示，也可以为道德建设提供有益启发。"① 而且习近平总书记对如何合理利用中华传统文化做了详细的阐述。

在习近平总书记关于文化发展繁荣的系列重要论述中，多次强调文化自信问题，把对它的认识提升到了一个新的高度、新的境界。习近平总书记指出"中国有坚定的道路自信、理论自信、制度自信，其本质是建立在5000多年文明传承基础上的文化自信""文化自信是更基础、更广泛、更深厚的自信""我们要坚定中国特色社会主义道路自信、理论自信、制度自信，说到底是要坚持文化自信。"②

2. 价值维度：以诚信促进党的建设、社会建设及国家形象建设

习近平总书记强调"各级领导干部要以身作则、率先垂范，说到的就要做到，承诺的就要兑现"③ "领导干部要把深入改进作风与加强党性修养结合起来，自觉讲诚信、懂规矩、守纪律，襟怀坦白、言行一致，心存敬畏、手握戒尺，对党忠诚老实，对群众忠诚老实，做到台上台下一种表现，任何时候、任何情况下都不越界、越轨"④。

---

① 《十八大以来，习近平这样为传统文化"代言"》，新华网，http：//www.xinhuanet.com/politics/2017 - 05/29/c_ 1121054808. htm。

② 《文化自信——习近平提出的时代课题》，新华网，http：//www.xinhuanet.com/politics/2016 - 08/05/c_ 1119330939. htm。

③ 《习总书记对领导干部责任担当提了哪些要求？》，中国共产党新闻网，http：//cpc.people.com.cn/xuexi/n/2015/0901/c385474 - 27536627. html。

④ 《习近平强调"领导干部要心存敬畏"有何深意》，中国共产党新闻网，http：//cpc.people.com.cn/n/2013/0904/c241220 - 22806887. html？ from = singlemessage。

习近平总书记在对外交往中大力宣传中华民族的诚信品格，强调诚信在国际交往中的重要地位，以此树立良好的国家形象。2015年访问印度尼西亚时，习近平总书记指出："人与人交往在于言而有信，国与国相处讲究诚信为本"。[①] 2014年在纪念和平共处五项原则发表60周年大会上，习近平总书记引用"凡交，近则必相靡以信，远则必忠之以言"，阐述中国坚持按照"亲、诚、惠、容"的理念，深化同周边国家的互利合作。

四　当前政信文化建设存在的主要问题

1. 政信文化建设的根基不牢

当今很多国人对中华传统文化知之有限，对其精要更是知之甚少。真正读懂中华五千年历史文化，才会发自内心地热爱我们的国家；而没有真正了解民族传统文化，就很难能够有真正的尊严感和自信感。今天我们不仅要实现物质的发展，更要强调对自己民族文化的自信心，因为如果抛弃了传统文化的根，实质上就放弃了民族血脉的传承。缺乏文化自信，不能以纯正的中华传统文化做引导，政信文化建设的根基就不牢固。

2. 缺少顶层设计，政信文化教育、建设流于表面，实效不明显

当前的政信文化教育、建设虽然取得了一定成绩，但因缺乏顶层设计，流于表面，难以触及深层次因素，实际效果不明显。如2013年8月，习近平总书记在全国宣传思想工作会议上的讲话中指出，"信仰缺失问题需引起高度重视"。"精神空虚、信念动摇，心为物役，信奉金钱至上、名利至上、享乐至上，心里没有任何敬畏，行为没有任何底线"[②] 等表现在一些人身上仍有表现。信仰一旦缺失就容易导致道德崩塌、信任缺失等，在政信领域，就表现为政务失信行为等。

---

①《习近平的邻国观：以地利尽人和，以义利促发展》，人民网，http://politics.people.com.cn/n/2014/0822/c1001-25519638.html。

②《补一补"信仰之钙"》，《解放日报》2013年9月6日。

3. 政信文化建设缺乏制度保障

长期以来，我国政信文化建设比较注重道德教育层面，但在相应的制度建设方面力度还不够，缺乏对政信主体的硬约束，不能做到标本兼治。例如，很多地方未能依据《国务院关于加强政务诚信建设的指导意见》确立符合本地实际的推动政信文化建设的相关制度文件等，缺少制度保障，政信文化建设效果不理想。此外，在政信文化制度建设中，还需要找到解决实际矛盾和问题的制度切入口，搭建价值法则与政信文化沟通的制度平台，同时建立健全保证制度规章得以贯彻实行的组织体系。

五 政信文化建设建议

（一）引导和推动文化自信，构建政信文化体系

1. 政信文化体系建设应根植于中华优秀传统文化

政信文化建设是政信体系建设的基石和重要内容，政信体系的构建要从政信文化发端，从政信文化破题。"不忘初心，方得始终"，始终秉持初心，这是最高层面的守信、最重要的守信。如果只是在企业和个人层面谈论信用建设，触及不到这个层面可能还不会有太大的影响，但在政府这个层面谈信用建设就必须触及和涵盖这个命题，否则顶层设计是缺乏高度、没有根基的，推进到一定程度就会发现无法再继续深入。

那么这里所讲的"初心"到哪里去找？——大历史。中华文明绵延五千年不绝，薪火相传，是因其深深烙印在每个中国人思想中而引发内心共鸣，从而将所有中国人连成一体，成就中华民族的民族精神和民族文化。政信文化的落脚点就在于此。其中关键一点是，政信文化所根植的"中华文化"须是优秀的中华传统文化；变味了的，不具备华夏文化博大内涵和深远渊源的文化，从根本上没有发展的生命力；此外，中国五千年流传的文化中也存在糟粕，需要推陈出新。我们所推崇的中华传统文化包含敬畏自然、珍惜生命、重德行善等精神，并由此达致人与自然、人与社会、人与人之间和谐共处。

（1）中华传统文化这根脉络，贯穿整部中华历史，是中国、中华民族等概念的核心意义所在。中华传统文化注重事物本质和内涵的表达，讲求境界的提升，合于自然规律、体现在道德、伦理、生活方式等各个方面。

（2）德是根本、是源头。中国历朝历代都把道德作为社会建设的重中之重，提倡重道义而轻利益，重精神而轻生死。德是根本、是源头，舍本逐末一直是中国传统文化的大忌。所以中国传统文化宣德，重德向善维系中华民族走过五千年的历程。政府在做顶层设计时，肩负着归正自身及引导大众的责任，弘扬纯正的传统文化，复兴中华传统文化的精髓，发挥引导经济社会发展的根本作用。

2. 以文化自信助推诚信文化体系建设

构建政信文化体系很重要的一点，就是引导和推动文化自信。回归中华五千年大历史的文化本源，以深层次的动力推动信用体系建设、创新实践发展。在每一个层面回溯本源、呵护根本，这样信用体系建设的创新发展才有了深层次、持久的动力。

政信体系建设的每个层面都需要回溯文化，文化是根基、本源，是为政信体系生长、创新、发展提供滋养的土壤。没有良好的文化、没有使命感，很难走得远，即使一时热闹，也只会昙花一现；有良好的文化、有使命感，即使一时困难，信念的力量也会助其走出困境。

（二）政信文化建设应做到制度化

《社会信用体系建设规划纲要（2014—2020年）》中提到，社会信用体系建设"以树立诚信文化理念、弘扬诚信传统美德为内在要求"，内在要求是基础，是根基。只有真正达到了信用体系建设的内在要求，落实其他各个方面的举措才有了坚实的基础和真实的意义。十九届四中全会对文化方面的制度建设更是给予了高度重视，全会决定就"坚持和完善繁荣发展社会主义先进文化的制度，巩固全体人民团结奋斗的共同思想基础"做出具体部署。

从制度的思想内涵来看，它具有一定的价值引导力，这是制度柔性的一

面，其本质也是一种文化软实力。制度的设计离不开文化。比如，我们讲要坚定中国特色社会主义道路自信、理论自信、制度自信、文化自信，说到底是要坚定文化自信。因为道路的开辟、理论的创立、制度的设计，其本质都是建立在五千年文明传承基础上的文化自信。

在本源上解决问题，使加强政信文化教育、树立诚信文化理念、弘扬诚信传统美德真正落到实处，收到实效。政信文化教育与建设应该制度化，具体来说，可以从以下几个方面入手。

（1）以社会主义核心价值观引领政信文化建设，推动政信文化教育常态化、制度化，把政信文化教育作为基础性工程、战略性任务，做到常态化开展、制度化推进。

（2）完善弘扬政信文化的法律政策体系，把政信文化教育融入法治建设和社会治理，体现到国民教育、精神文明创建、文化产品生产创作全过程，增强全社会对诚信文化理念的认同感、归属感和自觉践行力。

（3）推进中华优秀传统文化传承发展工程，为国家立心、为民族立魂，真正把优秀传统文化的精神标识提炼出来、展示出来，把优秀传统文化中具有当代价值、世界意义的文化精髓提炼出来、展示出来，守住中华文化本根，传承中华文化基因。

（4）健全政信文化建设志愿服务体系，创新工作体制机制，有效调动各种资源和力量，推动志愿服务制度化、社会化、专业化。

（5）完善政信文化建设长效机制，大力弘扬中华民族重信守诺的传统美德，广泛宣传普及与市场经济和现代治理相适应的诚信理念、规则意识、契约精神，开展形式多样的主题实践活动，推动全社会的诚信意识和信用水平不断提高。

（三）回归人类文明的核心价值理念是政信文化体系建设的着力点

1.建立诚信的关键在于道德标准的整体提升

中华传统文化讲"以道统术"，道在先，术在后。对于发生的问题，首先从"道"上考虑，从解决根本问题入手，同时辅之以"术"的手段处理表面现象，是为"正道"。

政信文化体系建设要做得扎实、务实，操作层面的工作固然非常重要，但更为重要的是表层之下真正和持久起作用的深层因素——人心。信用的伦理道德属性，决定了信用的问题说到底是人的问题。政信文化体系建设的基础在于社会整体的道德水平，社会的诚信水平不可能脱离整体道德水准而单方面得到提升，而是在整体道德升华的基础上得到全方位的提升。因此，我们首先要找准着力的对象和方向，即以人为主体，再深入人与人之间的各种组织，而其维系的灵魂在于"人心"，表现出来的是"伦理道德""诚信"这些本质问题。在这方面，在政信文化体系建设中，政府的责任应该是提升整体社会的道德水平。

诚然，人心的改变是最难的，但是一旦人心归正，其焕发的正面能量是巨大的、不可估量的，其示范效应也是连锁的、倍增的。筑牢根基，才能使社会信用体系建设真正地支持国家经济发展，净化社会环境。只有发自内心地遵从，才能真正规范和约束人的行为。

2. 以人类文明的核心价值理念规范和归正人心

在政信文化体系建设中，其着力点应放在引导回归人类文明共有的优秀成果和价值理念上面，具体来说，可以从以下几个方面入手。

（1）重塑诚信品质。诚信文化包含了对中华优秀传统文化的传承，以社会主义核心价值观以及人类文明共有的优秀成果和价值理念如诚实、善良、宽容等来规范和归正人心及行为，引导公众重建道德，重拾信仰。

（2）倡导内向思维。"行有不得，反求诸己"，当我们形成内向思维，人人向内自省、自制，并在日常生活、工作中予以落实，才会逐渐看到事物更深层的因素，而不被表象所迷惑，才能把事情向纵深推进。

（3）做到知行合一。在政信文化体系建设中，作为参与者和推动者首先应具有不功利、不焦躁的沉稳心态，不被暂时的、表面的因素困扰；其次，逐渐建立起源自内在的真正强大的信心，相信诚实守信是最好的策略；再次，"不以善小而不为，不以恶小而为之"，每一个点滴的进步都在推动整个社会诚信水平、道德水平的提升，从而推动政信文化体系建设向前发展；最后，要做到知行合一，"内化于心，外化于行"，使诚实守信内化于心，变成自觉行动。

参考文献

［1］谢德荪：《源创新：转型期的中国企业创新之道》，五洲传播出版社，2012。

［2］章政、田侃主编《中国信用发展报告（2014～2015）》，社会科学文献出版社，2015。

［3］翟学伟主编《中国社会信用：理论、实证与对策研究》，中国社会科学出版社，2017。

［4］骈宇骞译注《贞观政要》，中华书局，2011。

［5］文天译注《史记》，中华书局，2016。

［6］陈磊译注《资治通鉴》，中华书局，2016。

［7］尚玚：《试论中国儒家"诚信"思想的理论、困境及完善》，《政治与法律》2007年第5期。

［8］〔魏〕王弼注：《老子道德经注》，楼宇烈校释，中华书局，2011。

［9］陈晓芬译注《论语》，中华书局，2016。

［10］郭丹译注《左传》，中华书局，2016。

［11］李山、轩新丽译注《管子》，中华书局，2019年。

B.5
政信生态发展报告

温来成 李婷*

摘　要： 本报告回顾了我国近年来政信生态发展的状况，分析了存在
的问题，并提出了相应的对策建议。本报告对政信生态发展
现状的探究主要从行政效率、金融生态环境和社会信用环境
三个方面来进行。在行政效率方面，各省区市行政经费支出
占一般公共预算支出的比例较高；在金融生态环境方面，贷
款余额及金融机构数量都呈上升趋势；在人力资源方面，金
融机构从业人员的学历水平不断提升；在金融市场方面，债
券市场、信贷、信托等市场得到较快发展；在社会信用环境
方面，东部发达地区的信用水平总体高于中西部地区。上述
政信生态发展实践中，也存在诸多问题，如行政效率有待提
升、信贷结构不合理、债券市场违约率上升，以及社会信用
体系建设区域不平衡等。在此基础上，本报告在提高行政效
率、优化信贷结构、化解债券市场风险、培养信用建设人才、
平衡区域社会信用发展差距等方面提出了相应的对策建议。

关键词： 政信生态　政信监管　行政效率　金融生态

---

* 温来成，中央财经大学中财－中证鹏元地方财政投融资研究所执行所长、财税学院教授、博
士生导师，研究方向为财政投融资、城市公共管理；李婷，中央财经大学财税学院博士研究
生，内蒙古财经大学财税学院讲师，研究方向为财政政策、财政投融资。

一 政信生态发展实践

政信生态是政信体系建设的重要内容，其由与政信相关的政策法规、政信监管、行政效率、金融生态环境和社会信用环境等构成。政信生态环境中各构成要素互为依赖、相互作用、平衡共生，共同构成一个系统性政信生态链。近年来，我国在政信生态方面，进行了一系列的改革探索，特别是在关乎政信生态发展质量的重点领域。例如，在金融生态环境方面，地方政府作为地区金融生态环境的重要参与主体，为实现国家治理现代化、确保政信生态健康发展提供保障，政府治理水平成为地区金融生态环境评价中最为关键的一个因素；同时，地方的政信金融环境也与当地的金融机构、金融人才和金融市场的发展密不可分。在社会信用环境方面，为了激发地方经济发展活力，优化地区政信生态环境，国务院已经牵头组织开展建立营商环境评价机制，在多个地区也建立了廉洁高效的政务环境和诚信规范的市场环境；再者，在现代市场交易规则下，信用状况差已经成为制约我国市场经济发展的一个薄弱环节，全面推进社会信用体系建设，可以改善和优化营商环境；社会信用环境的改善和优化，客观上可以提高企业对地方政府的满意度和信赖度的提升。2014 年，国务院发布了《社会信用体系建设规划纲要（2014—2020 年）》，开始全面推动社会信用体系建设。

政信生态的各个影响因素间是相互影响，共同作用的。在本报告中，为分析影响政信生态的主要因素，重点选取行政效率、金融生态环境（金融机构、金融人才、金融市场）、社会信用环境等指标来分析我国政信生态建设情况。

二 行政效率

衡量政信金融生态环境和社会信用环境，都离不开评价地方政府的治理水平，地方治理水平较高，则会有力地维护当地金融生态环境健康运行，为社会创造良好的信用环境，为企业创造良好的营商环境。本报告中，行政效率指标用"地方政府的行政经费支出占一般公共预算支出的比重"来测量。这一比重越高，说明地方政府的行政效率越低，地方政府的治理水平受限，进一步影响政信金融生态环境和社会信用环境的建设和发展。

根据 2007 年政府收支分类科目改革后的科目进行统计，本报告对省级行政经费支出的统计，采用一般公共预算支出项目中的"一般公共服务"、"外交"和"公共安全"三项之和来分析。[①] 地级市（自治州）一级行政经费支出的统计采用一般公共预算支出项目中的"一般公共服务"和"公共安全"之和来进行分析。

（一）省级政府行政效率

2014～2018 年，全国 31 个省区市（不含港、澳、台，余同）的行政经费支出占一般公共预算支出的比例情况如表 1 所示。

表 1　2014～2018 年全国 31 个省区市行政效率

单位：%

地区	行政经费支出/一般公共预算支出				
	2014 年	2015 年	2016 年	2017 年	2018 年
北京	12.2000057	10.80346	11.3316	14.0849	13.7700547
天津	10.3092176	10.40017	9.9907	12.6865	15.0681886
河北	15.4978299	14.03362	14.6851	15.0731	14.6887025
山西	12.9239486	12.2496	13.7013	14.111	14.2591698
内蒙古	12.3201666	11.46355	12.1189	13.2287	12.4904273
辽宁	13.2262833	13.68325	14.5947	14.0939	14.566519
吉林	14.0094396	12.9309	12.9944	13.6065	13.9160173
黑龙江	12.4328086	10.53583	11.2837	10.8266	11.8635805
上海	10.1504233	08.54453	9.2393	8.9673	9.3310934
江苏	15.7041942	14.0964	15.585	16.3809	16.7288449
浙江	17.4128852	15.16706	16.9027	17.4424	17.2613109
安徽	12.6015737	11.37906	11.3211	11.4715	12.0838691

---

① 庄颜：《我国政府消费成本控制研究》，《山东社会科学》2019 年第 3 期，第 114～119 页。

续表

地区	行政经费支出/一般公共预算支出				
	2014 年	2015 年	2016 年	2017 年	2018 年
福建	14. 6680981	13. 35273	13. 9362	15. 1759	15. 8975643
江西	13. 8388235	13. 73967	13. 9847	14. 3385	14. 5719821
山东	15. 4082797	14. 10738	14. 9063	15. 3762	15. 732762
河南	16. 1698478	14. 65493	14. 8831	15. 4269	15. 5431977
湖北	17. 3788798	14. 89326	15. 4497	15. 9734	16. 0947443
湖南	17. 406495	15. 80999	15. 9232	16. 287	16. 2639496
广东	18. 1004606	14. 4487	16. 4629	17. 09	18. 5135855
广西	17. 1909799	15. 15948	16. 0788	15. 0458	15. 8286792
海南	16. 3611399	15. 45549	15. 6602	14. 4608	14. 0808845
重庆	13. 5577217	12. 49262	12. 792	12. 4667	12. 8050298
四川	13. 1662697	13. 23053	13. 8867	14. 546	14. 6835952
贵州	17. 2310037	16. 36147	16. 3306	15. 8898	15. 4914428
云南	13. 9516176	13. 39174	15. 3543	16. 6829	16. 9495459
西藏	19. 7138784	22. 40601	20. 4014	20. 6	19. 9367731
陕西	13. 318612	12. 4868	13. 2285	13. 6382	14. 3290636
甘肃	16. 0496402	13. 35594	14. 2002	14. 4536	14. 0473937
青海	11. 5924389	11. 63903	12. 618	13. 9757	13. 3401723
宁夏	10. 9270828	10. 39271	10. 9379	10. 9806	11. 2546333
新疆	16. 4965233	16. 25627	16. 6633	21. 7854	20. 4718252

资料来源：根据 2015～2019 年《中国统计年鉴》数据计算整理得出。

党的十八大以来，我国进行了行政体制改革，我国绝大多数省区市行政经费支出在 2015 年出现下降趋势，但是自 2016 年后，行政经费支出又呈现出一定的回升态势。2018 年，我国近一半省区市的行政经费支出占一般公共预算支出比重又达到了 15% 以上，这个比重仍高于很多市场经济国家①。从省级层面行政效率这个指标来看，我国地方政府的治理水平和行政效率仍有进一步提升的空间。

---

① 陈共所编著《财政学》教科书中数据显示，日本、英国、韩国、法国、加拿大、美国的行政经费支出占比分别为 2.38%、4.19%、5.06%、6.50%、7.10%、9.9%。

（二）市级政府行政效率

本报告对市级政府行政效率的衡量，通过对 2017 年 207 个地级行政区[①]行政效率的统计计算进行，相关结果见表 2。

表 2　2017 年 207 个地级行政区行政效率*

单位：万元，%

地区		行政经费支出	一般公共预算支出	占比
河北省	石家庄市	1343000	8067000	16.6481
	唐山市	1013140	6626000	15.2904
	邯郸市	864503	5339000	16.1922
	邢台市	442000	4197000	10.5313
	保定市	682343	6093000	11.1988
	张家口市	715724	4711000	15.1926
	承德市	481197	3308000	14.5465
	衡水市	445141	2983000	14.9226
山西省	太原市	728489	4790600	15.2066
	大同市	419736	3255052	12.8949
	阳泉市	179708	1058000	16.9856
	长治市	392499	2685000	14.6182
	晋城市	259469	1787000	14.5198
	忻州市	431326	2907000	14.8375
	临汾市	497436	3350000	14.8488
内蒙古自治区	包头市	431969	3303000	13.0781
	鄂尔多斯市	667160	4771000	13.9837
吉林省	长春市	1292189	8757334	14.7555
	吉林市	448532	4012191	11.1792
	四平市	263208	3038035	8.6638
	辽源市	122809	1226718	10.0112
	通化市	297852	2545814	11.6997
	白山市	208440	186336	11.1862
	松原市	265764	272965	9.7362
	白城市	215207	2563527	8.395
	延边朝鲜族自治州	396707	3698600	10.7259

[①]　地级行政区，包括地级市、地区、自治州、盟，介于省级行政区与县级行政区之间，截至 2019 年底，我国共有 333 个地级行政区，包括 293 个地级市、7 个地区、30 个自治州、3 个盟。

续表

地区		行政经费支出	一般公共预算支出	占比
辽宁省	沈阳市	1346454	8480000	15.878
	大连市	1340552	9198000	14.5744
	鞍山市	411197	2629000	15.6408
	抚顺市	237409	1819000	13.0516
	本溪市	213360	1348000	15.8279
	丹东市	280365	1982000	14.1456
	锦州市	311741	2375708	13.122
	营口市	285256	2078000	13.7274
	阜新市	185568	1457354	12.7332
	辽阳市	243944	1478000	16.505
	盘锦市	265888	1840000	14.4504
	铁岭市	325402	1896468	17.1583
	朝阳市	279798	2318000	12.0707
	葫芦岛市	315126	1944000	16.2102
黑龙江省	哈尔滨市	987127	9585000	10.2987
	齐齐哈尔市	421434	4639000	9.0846
	鸡西市	190240	1845000	10.3111
	大庆市	153631	1111987	13.8159
	伊春市	177171	1512444	11.7142
	牡丹江市	436129	2946000	14.8041
	黑河市	151599	1481757	10.231
	绥化市	275488	2550843	10.7999
	大兴安岭地区	107115	882841	12.133
江苏省	南京市	2047900	13539600	15.1253
	无锡市	1416000	9893500	14.3124
	徐州市	1185200	8271200	14.3292
	常州市	979200	5517000	17.7488
	苏州市	2439810	17715000	13.7257
	南通市	1188800	8101000	14.6785
	淮安市	2612400	14525100	17.9854
	扬州市	3548000	15005900	23.6448
	镇江市	2138100	13865900	15.4198
	泰州市	2847400	14770500	19.2778
	宿迁市	2163900	14244800	15.1908

续表

地区		行政经费支出	一般公共预算支出	占比
浙江省	杭州市	2256139	15409156	14.6415
	宁波市	2350737	14106049	16.6647
	温州市	1461991	7616108	19.196
	嘉兴市	843021	4947026	17.041
	绍兴市	892624	4698303	18.9989
	金华市	1009405	5366856	18.8081
	舟山市	344568	2586044	13.3241
	台州市	1049246	5630966	18.6335
	丽水市	635215	3786403	16.7762
安徽省	合肥市	1060388	9653444	10.9846
	芜湖市	447031	4632994	9.6489
	蚌埠市	317839	2977139	10.676
	淮南市	323083	2332828	13.8494
	马鞍山市	331668	2276986	14.5661
	淮北市	197779	1527736	12.9459
	铜陵市	198610	1602757	12.3918
	安庆市	430733	3730200	11.5472
	黄山市	282319	1857265	15.2008
	滁州市	381651	3810834	10.0149
	阜阳市	585023	5154240	11.3503
	宿州市	412645	3459208	11.9289
	六安市	511993	3753587	13.6401
	亳州市	365133	3250253	11.234
	池州市	150891	1436093	10.507
	宣城市	273183	2733264	9.9948
福建省	福州市	1195960	9408200	12.7119
	厦门市	1400665	7970976	17.5721
	漳州市	579068	4307100	13.4445
	宁德市	401437	2965500	13.5369
江西省	南昌市	683904	6542800	10.4528
	景德镇市	243575	1921244	12.678
	萍乡市	291678	2234800	13.0516
	九江市	584249	5282700	11.0597
	新余市	123383	1619700	7.6176
	鹰潭市	109267	1283534	8.513

续表

地区		行政经费支出	一般公共预算支出	占比
江西省	赣州市	634109	7764400	8.1669
	吉安市	422213	4351200	9.7034
	宜春市	430260	4813000	8.9395
	抚州市	324502	3550000	9.1409
	上饶市	450480	5508214	8.1783
山东省	济南市	1493350	8341000	17.9037
	青岛市	2315139	14030000	16.5013
	淄博市	776848	4462000	17.4103
	枣庄市	401261	2452845	16.359
	东营市	444955	2776600	16.0252
	烟台市	1055660	7080700	14.909
	潍坊市	1005177	6784000	14.8169
	济宁市	905764	5697300	15.8981
	泰安市	463731	3560000	13.0262
	威海市	506903	3595600	14.0979
	日照市	293231	2322800	12.624
	莱芜市	136502	887700	15.377
	临沂市	847312	5896000	14.371
	德州市	566675	3605700	15.7161
	聊城市	606198	3806000	15.9274
	滨州市	474186	3295900	14.3871
	菏泽市	594245	5095600	11.6619
河南省	郑州市	1847200	15149500	12.1931
	开封市	783000	3348000	23.3871
	洛阳市	879800	5493500	16.0153
	平顶山市	538600	3175900	16.959
	安阳市	552700	3166000	17.4574
	鹤壁市	189700	1224100	15.4971
	新乡市	670900	3679500	18.2335
	焦作市	436600	2394400	18.2342
	濮阳市	416800	2623900	15.8848
	许昌市	619100	2852000	21.7076
	漯河市	307700	1751000	17.5728
	三门峡市	432300	2128100	20.3139
	南阳市	891900	5840600	15.2707
	商丘市	713000	4633100	15.3893
	信阳市	707400	4462100	15.8535
	周口市	729300	5133400	14.207
	驻马店市	699600	4770600	14.6648

续表

地区		行政经费支出	一般公共预算支出	占比
湖北省	武汉市	2467144	17186173	14.3554
	宜昌市	702760	4938300	14.2308
	荆门市	393104	2675200	14.6944
	荆州市	393148	3289900	11.9502
	咸宁市	390300	2261000	17.2623
湖南省	长沙市	2153269	11865700	18.147
广东省	广州市	2082400	21859900	9.5261
	韶关市	357200	3109000	11.4892
	深圳市	2836300	45947000	6.173
	珠海市	488800	4938900	9.8969
	汕头市	397200	3319400	11.966
	佛山市	1140900	7759200	14.7038
	江门市	393400	3353700	11.7303
	湛江市	348000	4502900	7.7284
	茂名市	326500	3819200	8.5489
	肇庆市	324800	3718289	8.7352
	惠州市	627100	5540100	11.3193
	梅州市	607000	6297856	9.6382
	汕尾市	220300	2513721	8.7639
	河源市	384000	2828000	13.5785
	阳江市	185700	1933000	9.6068
	清远市	352500	3057000	11.5309
	东莞市	644100	6573920	10.2874
	中山市	232200	2349028	9.8472
	潮州市	132700	1398492	8.9234
	揭阳市	275800	2759023	10.2847
	云浮市	253500	2674048	9.2838
广西壮族自治区	南宁市	1046179	6463100	16.187
	柳州市	562621	3742800	15.0321
	北海市	302163	1575400	19.1801
	贵港市	332293	2339256	14.2051
	河池市	448797	3290500	13.6392
	来宾市	261042	1791800	14.5687

续表

地区		行政经费支出	一般公共预算支出	占比
海南省	海口市	287434	1983183	14.4936
	三亚市	173129	1300212	13.3154
	三沙市	12768	331732	3.8489
四川省	成都市	1926630	17567000	10.9673
	自贡市	370907	2229000	16.6401
	攀枝花市	235100	1368400	17.1806
	泸州市	522481	3689580	14.161
	德阳市	383398	2402000	15.9616
	绵阳市	574113	3650643	15.7264
	广元市	292679	2507000	11.6745
	遂宁市	315861	2304000	13.7092
	内江市	322535	2175100	14.8285
	乐山市	439707	2815700	15.6163
	南充市	585559	4588000	12.7628
	眉山市	403281	2255000	17.8839
	宜宾市	506617	3705400	13.6724
	广安市	338713	2660796	12.7298
	达州市	411332	3891551	10.5699
	雅安市	214643	1372800	15.6354
	巴中市	319660	2814800	11.3564
	资阳市	274787	1803000	15.2405
	阿坝藏族羌族自治州	226265	2416681	9.3626
	甘孜藏族自治州	402994	3433265	11.7379
	凉山彝族自治州	691210	4798500	14.4047
贵州省	贵阳市	1285236	5780800	22.2328
	遵义市	954362	6365781	14.9921
云南省	昆明市	1446252	7759000	18.6397
陕西省	西安市	1476463	10450925	14.1276
	铜川市	177336	1169875	15.1585
	宝鸡市	398931	3015755	13.2282
	咸阳市	484934	3465492	13.9932
	榆林市	849792	5551430	15.3076
	安康市	420057	2744518	15.3053
甘肃省	兰州市	930052	4293600	21.6614

地区		行政经费支出	一般公共预算支出	占比
宁夏回族 自治区	银川市	340802	2189993	15.5618
	石嘴山市	80049	577491	13.8615
	吴忠市	113566	816720	13.9051
	固原市	88058	894072	9.8491
	中卫市	51115	597937	8.5486
新疆维吾尔 自治区	乌鲁木齐市	841684	4585800	18.3541

＊其中将数据缺失的地级行政区进行了剔除。

资料来源：根据各省区市 2015～2018 年统计年鉴整理得出。

通过表 2 可以看出，对我国 207 个地级行政区 2017 年的行政效率进行统计，仅有 9% 的地级行政区的行政经费支出比重低于 10%，而有近一半的地级行政区的行政经费支出比重高于 15%。由此可见，我国地级行政区的行政经费支出占一般公共预算支出的比重仍然较高，行政效率不高是制约地方政府实现现代化治理的重要障碍，政府现代化治理水平仍有进一步提高的空间。

三　金融生态环境

对于金融生态环境，本报告主要从金融机构、金融人才、金融市场三个方面进行考察。

（一）金融机构发展实践

金融机构的发展情况是衡量金融生态环境的一个重要指标。在本报告中，这一指标主要以"年末金融机构各项贷款余额（或存款）"进行衡量。中国人民银行发布的《2018 年金融机构贷款投向统计报告》显示，2018 年末，金融机构人民币各项贷款余额为 136.3 万亿元，同比增长 13.5%，增速比上年末高 0.8 个百分点；全年增加 16.17 万亿元，同比多增 2.64 万亿元。

1. 省级银行业金融机构发展实践

2014～2017 年全国 18 个省区市①银行业金融机构发展情况如表 3 所示。

表3　2014～2017 年全国 18 个省区市银行业金融机构发展情况*

单位：万元

地区	年末金融机构各项贷款余额			
	2014 年	2015 年	2016 年	2017 年
河北省	275938000	321514000	373520000	423756845
山西省	164327453	184586645	202285781	224638999
内蒙古自治区	149471000	171406700	193547583	214560300
辽宁省	330235000	362828000	386856000	412787000
黑龙江	133917000	162149000	177250000	192084000
江苏省	663458000	788663400	857702200	1040073400
浙江省	685663200	740702000	799260500	886064700
山东省	500586400	554370000	617269000	675760000
河南省	272283000	319878693	365011700	417433100
湖北省	242399600	283389000	345307200	395711100
湖南省	203563900	237385800	272155100	315326900
重庆市	206307000	229552100	255241700	278718900
云南省	180109000	208428600	230562800	253989300
西藏自治区	16187200	21203300	30457728	37284938
陕西省	191740500	220968400	260293841	302938494
青海省	41717297	49880118	55797561	62224893
宁夏回族自治区	45784900	51178200	56678900	63326100
新疆维吾尔自治区	116713900	130410000	145527100	168710000

* 表中部分缺失原始数据通过预测法予以补齐。

资料来源：根据 2015～2018 年《中国统计年鉴》整理得出。

从表 3 可以看出，自 2014 年以来，18 个省区市的金融机构年末各项贷款余额总体呈上升趋势。金融机构的稳步发展可以反映出地方金融生态环境的不断改善，而地方政府是地方金融生态环境的重要构建者，所以也可以反映出地方政府治理水平的提高。各项贷款余额流向主要是支持企业发展，不断上升的贷款余额也说明了企业营商环境的改善。因此，从整体上来分析，

---

①　由于数据缺失，本报告仅观察 18 个省区市的金融机构发展情况，这 18 个省区市涵盖了东、中、西部地区，故不会影响最终分析结果。

我国金融生态环境呈稳步发展的态势，同时，营商环境日趋完善，反映了政府政信生态环境的大幅度改善。

2. 市级银行业金融机构发展实践

本报告对 2014～2017 年地级行政区进行数据分析整理，去除无效数据，最终整理得出我国 23 个省区、153 个地级行政区银行业金融机构的发展情况，具体如表 4 所示。

表4　2014～2017 年 153 个地级行政区银行业金融机构发展情况*

单位：万元

地区		年末金融机构各项贷款余额			
		2014 年	2015 年	2016 年	2017 年
河北省	石家庄市	50989203	61211043	71758899	76364000
	唐山市	25604500	35145500	36672600	38308000
	秦皇岛市	12575800	13018900	13169400	14668000
	邯郸市	14389500	17683500	21312700	23192000
	邢台市	7179400	7680200	8850600	9955000
	保定市	8739800	11204100	13127900	15930000
	张家口市	6092400	6947800	8696000	15537000
	承德市	6633400	7589800	7860400	8760000
	沧州市	7304300	8463900	9618500	10527000
	廊坊市	8221700	10748400	15167100	19127000
	衡水市	4464900	5403000	6949000	8471000
山西省	大同市	10327509	11816094	12257116	13564758
	朔州市	5129284	5586016	5773309	6093849
内蒙古自治区	呼和浩特市	51459000	60739000	70518000	81923000
	包头市	18340900	20394800	24030500	26438200
	乌海市	5400900	5390900	5338900	5439200
	赤峰市	10480700	11926300	13815000	16490300
	通辽市	7358700	8237200	9917100	10893300
	鄂尔多斯市	25887252	27020246	29097655	30787976
	呼伦贝尔市	7332200	8923200	10749800	11029300
	巴彦淖尔市	6377100	6823400	7594100	8552000

地区		年末金融机构各项贷款余额			
		2014 年	2015 年	2016 年	2017 年
内蒙古自治区	乌兰察布市	4943800	5598200	6137000	6802300
	兴安盟	3592600	5047500	6451400	7219200
	锡林郭勒盟	5792900	5934500	6270800	6620300
	阿拉善盟	2504800	3028300	3689500	4124300
辽宁省	沈阳市	100269000	113438000	125696000	136543200
	大连市	99264000	106961000	110048000	129834000
吉林省	长春市	74755000	89351000	99218000	102345000
黑龙江省	哈尔滨市	72675000	84923000	90487000	99683000
	齐齐哈尔市	11638000	14076800	15608300	15753600
	鸡西市	4535000	5623000	6578000	7757000
	双鸭山市	5274000	6398000	7598000	8686000
	佳木斯市	7885000	10287000	14587000	17420000
	牡丹江市	5889000	6012000	6234000	6459000
	黑河市	3316000	3987000	4568000	5852000
江苏省	南京市	163286000	182178000	216812800	245782500
	无锡市	86696200	93322700	103829300	110985100
	徐州市	27247917	30699020	36202100	41732000
	常州市	47897400	53545800	60431600	66792000
	苏州市	172479400	192001000	219244400	239866200
	南通市	51303800	59972400	68354644	78334900
	连云港市	15493400	17810500	20469300	24333200
	淮安市	16175500	18647600	23042200	27892900
	盐城市	25679800	30774768	36993200	42723100
	扬州市	27324200	30957700	35081300	40077600
	镇江市	26798300	29826000	34443600	38640200
	泰州市	27515100	32280800	36567900	41738500
	宿迁市	14830500	16967000	19603700	22234500
浙江省	杭州市	213168315	233279520	261689982	292709406
	宁波市	136106100	149669200	158067600	171252900
	温州市	685663200	740702000	799260500	86041100
	嘉兴市	43931600	47183500	51852269	59739000
	湖州市	23249500	25098300	27403590	32668200
	绍兴市	58233946	59472120	61111742	66767600
	金华市	56471800	60416200	61673953	66815600
	衢州市	14544600	15840200	16524498	19219800
	舟山市	14160300	14583800	14840103	16936900
	台州市	49122400	54296000	57589217	63666800
	丽水市	14044944	4918101	15434467	17220600

地区		年末金融机构各项贷款余额			
		2014 年	2015 年	2016 年	2017 年
福建省	厦门市	58241000	67147000	77450000	88230000
	宁德市	13178947	13922971	14899528	15713664
江西省	九江市	11098000	14519000	17545800	20735100
山东省	济南市	85083000	96742000	113702000	129765000
	青岛市	97201000	107720000	118917000	139932000
河南省	郑州市	108683000	126503000	154224000	179923600
	开封市	8644100	10180600	11885400	13673500
	洛阳市	22999600	26356800	30119000	34742800
	平顶山市	12423100	14052600	15894100	17265100
	安阳市	8788300	10096400	11607900	13008800
	鹤壁市	4383400	4846000	5368300	5931500
	新乡市	11750700	12761500	13395400	15037200
	焦作市	8539800	9445800	10872400	12235000
	濮阳市	4613600	5433500	6357900	7443200
	许昌市	11662000	13570200	14642200	16148100
	漯河市	4201800	5041800	6412300	7135600
	三门峡市	5870400	6717600	7011200	7711800
	南阳市	15525300	17231600	18853300	21279500
	商丘市	10071900	11377500	12885500	14321900
	信阳市	11077400	12909400	14426900	15821900
	周口市	8183400	9179700	9764000	10986600
	驻马店市	9393500	11146700	12276400	14186300
湖北省	武汉市	144634000	160183000	193863000	222876000
	荆州市	5043900	5722600	5938100	13890200
广东省	广州市	226883000	261370000	288855000	301234000
	深圳市	226711000	282237000	351655000	439383000
	惠州市	21768000	24643500	31551300	38186400
广西壮族自治区	南宁市	70914600	82286600	94237900	104704400
	柳州市	17702600	20320800	22739000	24594900
	桂林市	13857000	15748900	18595800	21457600
	梧州市	6202700	6656100	7219200	7875200
	北海市	4340200	4841300	5351500	6545200
	防城港市	3802100	4253400	5114700	6297600
	钦州市	5243700	5471300	5949800	6611300

续表

地区		年末金融机构各项贷款余额			
		2014 年	2015 年	2016 年	2017 年
广西壮族自治区	贵港市	5469200	596710000	6838500	8145100
	玉林市	7478700	8436800	10149400	12050500
	百色市	6733300	7116600	8150800	9222900
	贺州市	2790000	3101300	3703600	4546800
	河池市	4671800	5051800	5750400	6601900
	来宾市	3301500	3585000	4054600	4671400
	崇左市	3357200	3730600	3902300	4493300
海南省	海口市	10327509	11816094	12257116	12440390
四川省	成都市	197790000	219706000	250092000	298372000
贵州省	遵义市	12657400	19254800	26189500	32647300
云南省	昆明市	102013200	119402400	135203200	147893500
	曲靖市	11369800	12625600	12994800	13834000
	玉溪市	7771700	8462300	9035000	9968900
	保山市	4473900	5508900	5990900	6911200
	昭通市	5337700	6167300	6458200	7147200
	丽江市	3829500	4143100	4305700	4661600
	普洱市	4756700	5483000	6018400	6845300
	临沧市	3773100	4321000	4433500	4598700
	红河哈尼族彝族自治州	8959500	9984400	11455300	12551900
	文山壮族苗族自治州	4735400	5679600	6402400	7473000
	西双版纳傣族自治州	2677100	3151800	3505600	3728600
	大理白族自治州	7903800	9076800	10508500	12057700
	德宏傣族景颇族自治州	3285300	3828600	4106300	4362300
	怒江傈僳族自治州	903100	1075600	1143900	1266000
	迪庆藏族自治州	1517800	1697600	1788100	2287200
甘肃省	兰州市	56127200	68920200	84015600	98732300
	嘉峪关市	3789200	4254500	4887728	5512300
	白银市	2532849	2989308	3312979	3862710
	天水市	3698723	4217311	4933550	5423800
	武威市	3876521	4213379	4605900	5098700
	张掖市	2134245	2556300	2918253	3321300
	平凉市	1989839	2028600	2094700	2134800

地区		年末金融机构各项贷款余额			
		2014 年	2015 年	2016 年	2017 年
甘肃省	酒泉市	2678748	3075667	3377286	3801900
	庆阳市	2498723	2866982	3151561	3508700
	定西市	1298764	1547998	1722170	1998700
	陇南市	1321234	1684511	1959200	2237800
青海省	西宁市	34588136	42308339	46334281	51091458
	海东市	1736254	2298734	2896541	3448435
	海北藏族自治州	364758	489143	595673	739615
	黄南藏族自治州	309382	371045	443195	531063
	海南藏族自治州	601987	712758	808037	984189
	果洛藏族自治州	137847	153693	176636	218164
	玉树藏族自治州	1398493	188120	234221	319124
	海西蒙古族藏族自治州	4239420	4468150	4308977	4892844
宁夏回族自治区	银川市	31859330	36539817	40765663	44603100
	石嘴山市	4186300	4245900	4228300	4713800
	吴忠市	4304800	4609700	5003900	5861400
	固原市	1874100	2062200	2647600	3594800
	中卫市	3560400	3720500	4033400	4552900
新疆维吾尔自治区	乌鲁木齐市	45023300	49574300	52872000	62357800
	克拉玛依市	4172000	5097300	5945000	5327700
	昌吉回族自治州	6653700	8978600	10331200	11276900
	博尔塔拉蒙古自治州	998700	1457600	1905400	2507400
	巴音郭楞蒙古自治州	5284900	5938000	6555000	7991400
	阿克苏地区	5698700	6274400	7074200	9295100
	克孜勒苏柯尔克孜自治州	602300	727500	851900	1166700
	喀什地区	4284300	5647800	7281300	7975100
	和田地区	1039400	1699100	2276200	3091900
	塔城地区	2537800	2972800	3390300	3755900
	阿勒泰地区	1784700	2276700	2606000	3221100

＊其中将数据缺失的地级行政区进行了剔除。

资料来源：根据 2015～2018 年各省区市统计年鉴汇总整理得出。

通过表 4，我们可以看出，地级行政区的银行业金融机构发展情况与省级银行业金融机构的发展情况是类似的，同样呈现平稳的上升趋势。各地区

金融机构的良好发展有利于当地金融生态环境和营商环境的改善也从一方面反映了当地政信生态环境的优化。

（二）金融人才发展实践

本报告在衡量地区金融人才的发展时采用了"金融机构本科及以上从业人数"这一指标。这一指标数值越高，说明当地金融从业人员的学历层次越高，从而从一方面说明当地的金融生态环境越好，有利于政信生态环境的进一步完善。重视金融人才特别是高层次金融人才的发展，不仅可以为地方政府的金融创新工作提供必要的智力支持，同时也有利于推动当地金融业的高质量发展，是实现政信生态良性发展的基石。

省级银行业金融机构本科以上从业人数情况见表5。

表5　2015～2018年31个省区市银行业金融机构本科及以上从业人数

单位：人

地区	2014 年	2015 年	2016 年	2017 年	2018 年
北京	138104	182523	196231	208498	222029
天津	28517	46962	60946	73628	69229
河北	88521	115753	123423	131694	146742
山西	49986	65104	61846	67355	84474
内蒙古	36257	44781	41727	41756	58997
辽宁	78211	100665	96549	105536	115600
吉林	36726	45777	43730	42753	54536
黑龙江	54082	72377	77369	84960	88172
上海	105695	130573	135319	130316	135568
江苏	106627	135649	131499	139779	159964
浙江	121482	163718	175821	183969	182584
安徽	56521	73977	72269	76525	97846
福建	52735	69178	63704	64773	81337
江西	38967	48669	47183	47697	58368
山东	124251	160839	163876	166196	188636

地区	2014 年	2015 年	2016 年	2017 年	2018 年
河南	76728	94253	109504	108063	114457
湖北	57558	75343	73759	76893	80934
湖南	71601	93042	97038	102646	112239
广东	138082	178297	187622	177953	248875
广西	37638	51359	49232	51719	63267
海南	10984	15850	15969	17910	20289
重庆	42279	51395	53342	55072	57159
四川	77488	100115	103022	108403	131459
贵州	26732	33463	33873	34797	35854
云南	32339	38506	36052	36059	42660
西藏	3019	3473	3631	5133	4145
陕西	51414	69662	74588	81704	87741
甘肃	23130	28927	27656	30241	31142
青海	7161	8725	7996	8032	9367
宁夏	10899	14577	15042	15017	16485
新疆	28415	34921	34323	35817	38655

资料来源：根据 2015 ~ 2019 年《中国人口和就业统计年鉴》数据整理得出。

从表 5 可以看出，我国各个省区市银行业金融机构本科及以上从业人员的数量总体呈上升趋势。从学历结构看，从业人员学历层次高，就会为金融机构注入更多的智力支持，从而可以促进金融市场的发展；从另一方面来看，当地银行业金融机构从业人员学历层次高，说明政府为吸引高层金融人才制定了较多的支持政策，从中也可以看出地方政府治理能力的提升。地方金融生态环境的不断优化，促进了地方政信生态环境的改善。

（三）金融市场发展实践

地方政信生态环境的发展离不开当地金融市场的发展，当地金融市场规模适宜、结构合理，则表明其政信生态环境也会处于较好的发展态势。一方面，地方金融市场的发展离不开当地政府信用软环境的支撑，政府信用直接影响着地方政府的融资能力、融资规模、融资结构和融资成本。另一方面，

良好的金融市场发展环境也为地方政府更好地履行职能、实现现代化治理，提供了充足的资金保障。而地方金融市场发展可以通过债券市场、私募市场、信托市场来反映，具体分析如下。

1. 债券市场

中国债券市场自1981年恢复发行国债开始，经历了较为曲折的探索阶段和快速发展阶段。近年来，我国债券市场的发展实践情况主要有如下几个方面特点。

首先，债券市场的功能不断完善。据统计，2018年底，我国的债券托管余额为86.4万亿元，在世界上居于第三位。其中发行各类债券43.6万亿元，同比增长7%左右。从参与主体的类型来看，主要的参与主体不断丰富，交易额呈现递增的趋势。2018年底，我国银行间债券市场的参与主体约为2.5万家。[①] 债券市场功能的不断完善，也反映着我国地方政府信用水平的不断提升，地方金融生态环境的不断优化。

其次，加大了对实体经济的支持力度。在企业债券融资领域，2018年我国共计发行2.48万亿元的债券，占社会融资规模的13%。同时还出台了涉及13个省区市、35家企业的各种支持民营企业融资的工具，共计发行债券融资额为229亿元。随着绿色债券市场的不断发展，2018年共计发行了128笔绿色债券，债券融资额为2219亿元，同时，绿色债券托管额为6316亿元。在支持创新企业发展方面，在银行间市场共计发行了13只专项债券融资工具，规模为191亿元。[②] 政府支持企业创新创业，代表地方政府在充分履行职能的过程中，也不断提高自身的信用水平，金融生态环境的不断优化也能确保实体经济实现可持续发展。

再次，债券市场的对外开放程度持续提高。《全国银行间债券市场境外机构债券发行管理暂行办法》的出台，明确规定了境外机构在银行间市场发债，要按照规定发行条件、申请注册程序等规则进行。2018年全年共发

---

① 荣艺华：《2018年金融市场回顾》，《中国金融》2019年第4期。
② 荣艺华：《2018年金融市场回顾》，《中国金融》2019年第4期。

行 58 只"熊猫债",发行额为 956 亿元。① 在 2018 年,中国人民银行的 200 亿元央行票据在香港地区顺利发行。② 在债券市场的投资领域,规范简化境外机构投资者备案管理,明确相关的优惠税收政策来支持境内债券市场的发展,人民币跨境支付系统覆盖全球各个时区,国内外投资环境都有了较大的改善。截至 2018 年底,我国银行间债券市场有 1186 家境外机构投资者进入,债务额为 1.73 万亿元,同比增加 47%。③ 我国境外投资机构不断增加,一方面,可以充实我国的资本市场,为金融市场注入更多的资金;另一方面,也体现了我国深化金融服务业改革的力度,整个投资环境不断优化,金融生态环境持续健康发展。

最后,债券市场的制度建设不断加强。债券市场的法制化环境不断完善,建立了比较统一的执法机制。在招标阶段,引入弹性机制,对国债预发行阶段实行履约担保,拓宽了地方债发售的渠道,对于短期融资债券加强管理,对于跨境债券产品也出台了一些规范性文件。在交易环节,推出了债券匿名拍卖的业务,同时第三方回购交易机制的引入、对信用评级进行合法合规管理等方面的相关政策文件的出台,将债券市场的评级内容进行了统一的管理。法制环境的不断优化,为金融市场的准入、退出和公平竞争提供了必要的准绳;金融生态环境可以通过法律的相关规定来进行自我调节,为金融主体创造良好的司法及执法环境;债券市场的法制化也体现出政府与企业关系的界定,为金融机构创造良好的政策环境。因此,债券市场的法制化水平离不开政府信用体系建设的完备程度,同时也对金融生态环境优化起到助推的作用。

2. 私募/VC 市场

私募和 VC 作为投资基金的两个重要组成部分,是当前我国创新资本形

---

① 其中包含了"一带一路"的四个沿线国家阿联酋、菲律宾、新加坡和匈牙利在内的企业发行的 71.6 亿元额度。资料来源:荣艺华《2018 年金融市场回顾》,《中国金融》2019 年第 4 期。

② 资料来源于中国人民银行和香港金融管理局签署的合作备忘录中的内容。

③ 《央行发布 2018 金融市场运行情况投资者数量进步增加》,http://bond.10jqka.com.cn/20180418/c603974295.shtml。

成的两个工具，是推动金融资源配置和民营经济发展的催化剂，是激励金融机构创新的重要方式。这两种方式有利于初创期的中小微企业，为新经济发展提供战略支持，促进地方新经济增长。其发展离不开地方政府信用支持。因此，私募股权和 VC 市场发展良好，则金融机构的创新方式更加灵活，可为地方经济发展融入更多资金，拓宽中长期资金来源，促进各地金融服务水平的提高。

私募股权投资主要针对一些非上市企业的权益性投资，主要通过私募方式进行，通过上市、并购、回购等方式出售股份并获得相关的利润。创业投资主要是以高新技术和知识为基础，由专业人士进行评估后，将资本投入有竞争潜力的企业中，投向生产与经营技术密集的产品和服务领域。当前，我国私募股权市场投资交易规模呈现上升趋势。根据贝恩公司发布的《2019年中国私募股权市场报告》，2018 年中国私募股权市场投资交易规模达到940 亿美元，成为亚太区私募股权市场增长的核心驱动力。大型与中型规模的成长型投资交易额也创下历史新高，交易总量较上一年下降 13%。① 私募股权市场投资退出交易额呈上升趋势。私募股权投资市场活跃度不足。2019年一季度，投资规模与 2018 年同期相较下降近一半，整体市场发展态势低迷②。在市场经济条件下，鼓励私募股权和创业投资基金的发展，有利于完善金融市场投资结构，健全金融市场交易体系，减少政府生态信用风险损失，保证金融生态的多元化发展。股权投资作为一种金融工具，其在政府监管下良好运作，即可以实现盈利目标，还可以减轻政府财政压力。

3. 信托市场

政府信托自推出以来，由于有政府出具的"承诺函"保驾护航，受到众多投资者青睐，在 2012～2013 年呈现爆发式增长。但 2014 年以来在财政部等部门严查地方政府违法违规举债和担保的监管新政打击下，政信信托业

---

① 《2018 年，中国私募股权市场有何变化?》，https：//zhuanlan.zhihu.com/p/63599072。
② 《2019 年一季度 VC/PE 成绩单：募资低潮延续科创板落地迎新生机》，《证券时报》，https：//www.sogou.com/link? url = hedJjaC291OcfjqcYo81yaOqHowjh3K6o4DbnAK2yyOphVU8r0zJxg。

务失去了政府信用的保障，对投资者的吸引力有所降低，业务规模逐渐萎缩。据中国信托业协会统计，政府信托期末余额占信托资产期末余额的比重从 2010 年三季度的 12.9% 下降到 2019 年一季度的 4.52%，近年来呈现逐渐下滑趋势。[1] 因此，政府信托业务在失去政府出函、财政担保的融资优势后，正在积极探索转型升级业务模式。政信信托等方式一方面离不开政府的信用，但如出现违约，则会对政府信用造成不良影响，因此，在规范金融市场发展环境的过程中，要协调好政府和金融机构的利益划分，政府不能"过度担保"而埋下风险隐患。

四 社会信用环境

在市场经济体制下，信用经济发挥着重要作用，诚信守约是市场经济健康发展的根基。在当前我国市场经济的发展过程中，随着社会秩序的规范，也就要求信用经济活动要更加合理有序。在金融市场上，信用问题和金融业务的联系最为密切，社会信用秩序是否良好直接影响金融环境的好坏。当前，我国的金融环境一定程度上存在信用程度低的问题，如果一个地区的信用程度越低，则从一个方面说明当地的诚信意识较差。同时，如果一个地区社会化信用环境差，则会导致当地资金外流，对当地经济发展造成阻力。因此，为构建一个良好的金融市场体系，应该重点加强社会信用体系的构建，为地方创造一个良好的社会信用环境和金融生态环境，从而促进地方经济的发展。在国务院办公厅颁布的 2019 年第 35 号文件[2]中规定，对于社会信用必须要创新监管方式和监管理念，建立一个涵盖事前、事中和事后的全程监管机制，不断加强和提高监管能力和监管水平，从而确保市场秩序的规范，为经济高质量发展奠定基础。

---

① 中国信托业协会，http://www.xtxh.net/xtxh/statistics/45321.htm。
② 关于加快推进社会信用体系建设、构建以信用为基础的新型监管机制的指导意见。

当前我国信用行业主要由全国性公共模块①、地方性信用服务平台②、市场化模块③三部分构成。社会信用环境的发展直接影响政信生态环境。对于社会信用环境发展，本报告直接采用"信用中国"④上发布的城市信用综合指数进行考察。如果综合指数排名靠前，则可以说明当地政信生态环境发展情况较好。

1. 直辖市、省会城市、副省级城市社会信用环境

根据2019年"信用中国"的统计，全国城市信用状况监测评价统计报告显示，直辖市、省会城市、副省级城市（共36个）综合信用指数情况（排名前20）如表6所示。

表6　全国直辖市、省会城市、副省级城市综合信用指数（前20名）

信用排名	城市名称	综合指数
1	北京市	89.85
2	上海市	89.83
3	福州市	89.78
4	杭州市	89.57
5	厦门市	89.35
6	南京市	88.81
7	广州市	88.79
8	青岛市	88.70
9	重庆市	88.63
10	郑州市	88.48
11	合肥市	88.09
12	大连市	87.84
13	成都市	87.78
14	南宁市	87.72
15	武汉市	87.59

① 由中国人民银行在银行间设立的企业征信系统、个人征信系统两个平台和国家工商总局的全国企业信用信息公示系统。

② 各级政府部门主导推动的区域性信用平台，包括与信用服务相关的政务信息系统。

③ 主要由评级公司、资信调查公司以及担保公司等构成。

④ 信用中国，https：//www.creditchina.gov.cn/。

续表

信用排名	城市名称	综合指数
16	济南市	86.53
17	深圳市	85.36
18	昆明市	85.27
19	天津市	84.76
20	沈阳市	84.31

资料来源：根据"信用中国"城市信用整理得出。

社会信用环境对金融生态环境具有广泛的影响，良好的社会信用环境是金融生态环境有序运行的基础，社会信用环境建设水平的高低直接反映金融生态环境的好坏。从表6可以看出，当前我国的信用环境在区域上，主要表现为东部地区整体环境较为良好，而中西部地区的信用环境稍微薄弱。因此，要科学推进区域金融生态环境建设，加快社会信用体系建设，改善社会信用环境。同时，这也离不开地方政府的治理，政府要充分引导，加强社会信用体系构建，营造良好的社会氛围，完善信用风险防范机制。

2. 地级市（不含省会城市和副省级城市）社会信用环境

根据2019年"信用中国"的统计，全国261个地级市（不含省会城市和副省级城市）综合信用指数排名前50名如表7所示。

表7 全国261个地级市综合信用指数排名（前50名）

信用排名	城市名称	综合指数	所属省区市
1	威海市	89.43	山东
2	苏州市	89.39	江苏
3	芜湖市	89.90	安徽
4	烟台市	88.23	山东
5	衢州市	87.95	浙江
6	珠海市	87.47	广东
7	潍坊市	87.39	山东
8	泸州市	87.33	四川
9	淮北市	87.28	安徽
10	宿迁市	87.26	江苏

续表

信用排名	城市名称	综合指数	所属省区市
11	温州市	87.25	浙江
12	宜昌市	87.11	湖北
13	丽水市	86.88	浙江
14	嘉兴市	86.86	浙江
15	咸宁市	86.83	湖北
16	无锡市	86.64	江苏
17	鞍山市	86.62	辽宁
18	萍乡市	86.50	江西
19	宿州市	86.48	安徽
20	淄博市	86.29	山东
21	肇庆市	86.25	广东
22	荆门市	85.77	湖北
23	湖州市	85.77	浙江
24	保山市	85.44	云南
25	辽阳市	85.15	辽宁
26	佛山市	85.02	广东
27	莆田市	84.99	福建
28	绵阳市	84.89	四川
29	惠州市	84.80	广东
30	三门峡市	84.72	河南
31	克拉玛依市	84.59	新疆
32	赣州市	84.41	江西
33	榆林市	84.38	陕西
34	临沂市	84.25	山东
35	金华市	84.20	浙江
36	柳州市	84.12	广西
37	马鞍山市	84.11	安徽
38	齐齐哈尔市	83.99	黑龙江
39	常州市	83.92	江苏
40	安庆市	83.91	安徽
41	漯河市	83.70	河南
42	南平市	83.55	福建
43	新余市	83.39	江西
44	泉州市	83.30	福建

信用排名	城市名称	综合指数	所属省区市
45	德州市	82.76	山东
46	淮安市	82.68	江苏
47	黄石市	82.66	湖北
48	台州市	82.66	浙江
49	天水市	82.65	甘肃
50	舟山市	82.62	浙江

资料来源：根据"信用中国"城市信用整理得出。

从表7可以看出，全国地级市的信用排名情况，排名前十的城市都位于东中部地区的省份，同时山东省有3个城市排名前十，这与其良好的人文环境是分不开的，因此政信生态的良好发展除了受政治经济因素的制约，人文因素也是其中一个重要因素。从排名前50的城市来看，也是广东和山东这两个东部省份的城市居多。排名前50的城市中，仅有6个城市属于西部省份。因此，从地域情况来看，东部地区的信用排名情况要优于西部地区。

五　政信生态发展存在的主要问题

（一）行政效率方面的主要问题

党的十八大以来，中央政府提出了"八项规定"，以改进工作作风，同时加大了对贪污腐败问题的查处力度，行政管理费的大幅增长得以遏制；各级政府的行政经费支出有所压缩，特别是"三公经费"支出，行政经费的公开透明力度逐步加强。我国的行政效率有所提升，但仍存在如下几个方面的问题。

1. 行政经费占比有上升的苗头

政府的社会信用除了具有经济价值外，还具有社会价值，良好的政府信用可以减少交易成本，促使行政效率提升。反之，不良的信用则会增加交易成本，特别是政府的内部成本将增加，要督促、监察违法行为，还要花费更

多的时间、人力和物力，加大政府财政支出，影响经济的正常运行。通过上述数据分析也可看出，我国行政经费管理改革仍有很大的空间，自2017年起，省级行政经费支出占一般公共预算支出的比重仍有上升的苗头。虽然我国一直在进行政府机构的精简，但是整体来讲，机构臃肿、行政机构层级较多、行政机构公职人员监督体制不完善等，都会导致政府部门的行政经费支出过高。过高的行政经费开支不利于政府社会信用生态体系的建设和完善。在行政经费使用上，仍然存在各种浪费，甚至违规违纪行为。这也从一个侧面表明，我国政府行政效率的提高还有较大空间，成为今后政信生态建设的一个重要任务。

2. 地方政府行政经费的公开力度不足

当前，我国中央本级政府已经公开了"三公经费"的具体使用方向及相关数据，还对车辆购置数量以及公务接待等进行了详细说明。但地方政府对行政经费的公开程度不高。从上述的数据分析中可以看出，2017年，我国地级市的行政经费公开比例仅为60%①。再者，从部门预算的编制角度上看，预算科目的公开还有必要进一步公开到项级科目。在地方政府，特别是基层政府，部门预算的公开程度还有待进一步提高，对于行政经费的使用情况要列明详情及具体使用方向。行政经费支出越公开透明，越能反映政府履行职能的规范。

（二）金融生态环境方面的主要问题

当前我国金融生态环境整体平稳健康发展，但是具体分析，仍存在以下几个方面的问题。

1. 信贷资源配置结构不合理

上述分析数据显示，我国金融机构的年末贷款余额呈现上升趋势，但信贷资源长期以来都是流向大企业。当前，在新时代经济背景下，虽然对中小微企业的融资给予各种政策支持，但是仍然很难全面解决中小企业的信贷问

---

① 根据上述数据计算得出：207/333 = 62.16%。

题。同时，在农村金融机构中，由于面临的客户群体的限制，通常以传统的存贷款业务为主，中间业务和表外业务不多，导致城乡金融机构的资金配置不合理，农村的金融机构仍面临很大的经营压力。

2. 金融人才区域分布不合理，复合型人才缺乏

自改革开放后，我国金融业领域有了较为显著的创新和发展，政府也逐步加大对金融行业以及金融人才的关注。在金融人才的培养方面也采取了多项措施。例如，在金融教育事业方面，国家加大支持力度。建立了多层次的金融教育体系，加强金融从业人员的教育和培养，积极引进国外优秀人才，学习国外先进的金融理念。虽然在金融行业领域有较多的进展和创新，但是在金融人才培养方面还有进一步提升的空间。

当前，银行业金融机构的金融人才流向，与流入地经济发展水平有着很大的关系。由于我国东、中、西部地区发展不平衡。因此，拥有高学历的金融人才大都有留在东中部较发达地区发展的倾向，就业人才的数量也将直接影响整个行业的水平。根据前文的数据分析，也可验证此结论。本科以上的金融业从业人员大都集中东部地区，或者省会城市，金融人才的区域分布不平衡将制约金融行业的整体和均衡发展，也会影响该地区的政信金融生态环境的构建与完善。

此外，随着当前新技术、新方法的不断出现，在金融领域也开始呈现新的研究视角。这也使得当前金融人才结构面临更加复杂的问题，对金融人才的知识结构和能力要求也在不断提升。因此，金融发展需要更多拥有合理知识结构的复合型金融人才，如当前需要拥有计算机技能与互联网应用、信息分析处理、模型模拟、外语、市场调研分析等能力的复合型人才。良好的金融生态环境离不开人力资本的支持，在互联网和大数据技术普及的今天，要更加注重对复合型人才的培养，这样才能实现地区金融机构的科技创新，确保金融生态环境良性发展。同时，在金融领域，高级管理人才、研究型人才、专业化人才不足，导致金融市场的整体创新性不强。因此，要重视对高层次金融专业人才的培养，对于新兴的金融产业领域，应给予大量培训，努力开发金融人才资源，使之在金融发展中发挥中流砥柱的作用，为金融市场

领域的技术创新提供必要的智力支持，为地区发展创造高质量的金融生态环境。

3. 金融市场主要问题

（1）债券偿付期集中违约风险较大

进入 2019 年，债券违约继续密集来袭。据统计，截至 2019 年 7 月 31 日，已有 47 家公司发行的 98 只债券违约，违约金额达到 548.85 亿元[①]。债券集中到期，特别是在当年经济下行压力的影响下，有些地方政府资金运转困难，在偿还债务的过程中存在违约风险。债券的集中违约风险加大，无疑会对地方政府的金融生态环境造成较大的冲击，使政府信用生态环境体系构建出现障碍。

（2）债券投资结构不合理

地方政府债券在中央国债登记结算有限责任公司进行托管，但是，每月公布的"主要券种投资者持有结构"数据中并未披露地方政府债券的持有者结构。从地方政府债券的实际投资者结构来分析，商业银行是最大的持有人，在市场经济流动性较强背景下，地方政府债券的投资结构不够合理，过度依赖于商业银行，如果发生风险，则财政风险和金融风险会一并爆发。因此，地方政府债券一旦发生违约风险，地方政府信用必然会受到影响，不利于政信生态体系的完善。

（3）私募/VC 市场主要问题

首先，当前的私募股权市场，过度使用私募工具情况依然存在。规则的缺失可能导致私募股权市场为不法人群所利用。当前，我国金融市场体系发生重大风险的可能性依然存在。在金融市场体制改革中，私募股权作为一个重要的工具也会和金融环境的好坏联系在一起。当前在金融行业专业人才和管理人才依然不足的前提下，私募股权行业既要处理好行业内部产生的矛盾，还要关注金融风险的周期性影响，调整投资范围，降低系统性金融风险

---

① 《2019 年债券违约密集来袭，违约金额已超 500 亿》，http：//www.sohu.com/a/33259534 7–1000/3011。

发生的概率，为地方金融市场创造良好的资金运行环境，确保地方政府信用生态体系的构建。

其次，要密切配合当前的政策来规划未来私募股权行业的发展。在私募股权行业发展过程中，难免会在磨合过程中出现目标不一致的情况。例如，在基金市场上，政府型和市场型基金出现过矛盾。政府型基金不同于以营利为目的的市场型基金，因此，需要两者相互配合，搭配使用。在金融市场领域，政府信用主体在发挥作用时要把握好分寸，同时确保相关政策可以为金融市场提供必要的制度保障。

（4）信贷、信托市场主要问题

如前所述，我国目前信贷、信托市场发展较快，有力支持了国民经济和社会发展的需要，同时，还存在一些较为明显的问题。例如，信贷结构和风险管理存在较大问题。近年来，我国信贷规模增速较快，总量上能满足国家经济社会发展的需求，但在结构方面，还有待进一步优化。在信贷风险控制方面，有的银行资产信息不真实，其不良率指标可信度低，受相关法律制度等多重因素制约，银行信贷风险管理的任务十分繁重。同时，受地方政治生态影响，信托项目违约风险较大。在 2018 年政信信托违约项目中，较为典型的一类就是"新官不理旧账"。地方政府应正确处理好与金融部门之间的关系，明确自身职能定位，为金融市场提供良好的运行环境。

此外，地方政府财务不透明，如地方财政收入、债务率、城投公司资产、担保抵押等情况不透明，缺乏第三方监督机制，也是政信信托发展过程中的一大制约因素，地方政府应创设良好的信用环境，以为金融机构的发展营造优越的制度保障环境。

4. 社会信用环境主要问题

（1）社会信用体系在欠发达地区缺失

社会信用缺失加剧政信业态潜在风险。虽然当前社会信用体系已经基本建成，但仍存在诸多问题，同时，各个区域间也没有形成信息互通的信息管理系统。由于我国区域经济发展不协调，经济发展较好的地区也是信用环境

较好的区域，信息公开性较强，而经济欠发达地区的信用缺失，也导致地方经济发展受阻，甚至造成资金外流的不良趋势。

（2）社会信用体系建设顶层设计不够完善

2018 年以来，在国务院有关文件及国家发改委、中国人民银行等部门的推动下，我国社会信用体系建设取得了一定的进展，企业信用、个人信用、政府信用和司法信用等体系逐步建立，并开始发挥作用。但是目前社会体系建设缺乏统一的主管部门、统一的管理标准，没有相应的法律法规来对其进行规范，社会信用体系的应用范围不够广泛。同时，还易出现社会信用信息泄露的可能。

（3）缺少专业人员从事信用建设工作①

当前专门从事社会信用信息建设的人才不足，对信用信息的管理及建设分工不明确，很多基础性工作开展得不够深入，社会信用体系基础不牢，在下一步的深入工作中还存在较大的困难和风险。

六 政信生态发展的对策建议

针对上述我国政信生态发展各个方面依然存在的问题，结合我国经济社会发展对政信生态建设的需要，现阶段政信生态建设需要做好以下几方面的工作。

（一）努力提高行政效率，加强政信生态建设

1.提高政府行政经费支出的透明度

首先，提高政府行政经费开支明细的公开力度。随着我国预算管理体制的逐步完善，要加大政府行政经费的公开力度，提高支出透明度，加强监管，合理使用行政经费，提高财政资金使用效率，既解决地方政府收支矛

---

① 李响：《浅析网络社会诚信体系建设的现状、问题和对策》，《品牌与标准化》2016 年第 1 期，第 80 ~ 81 页。

盾，又有利于政信生态建设。

其次，完善我国的预算管理体制。在预算管理的过程中，要规范财政支出的具体使用情况，明确规定预算资金的使用并加强法制建设，对于不遵守预算、违规使用资金的情况要进行严厉查处，并追究当事人的责任，防止行政经费支出挪作他用，或者挪用其他资金用于行政经费支出。

2. 建立行政经费控制目标责任制

鉴于我国目前行政经费支出水平较高的状况，可在今后一定时期内，如5～10年，明确降低行政经费支出的目标，如行政经费占本级财政支出的比例，或者占GDP的比例等，并作为政府行政管理体制改革和党政干部考核的重要指标，最终达到降低行政经费支出、提高行政效率、完善政信生态的目的。

3. 完善相关立法工作

当前，我国对于行政经费支出的使用没有一部完整的正式法规，只是在行政单位使用资金的过程中有些管理办法，或者零星的分散改革措施予以支持。因此，要加强行政经费管理使用的立法，尽快在中央政府和地方政府出台法律法规，规范资金的使用。加快行政经费具体科目的法规体系的构建，除了要有一部专门的行政经费管理法规外，还要对支出项目各个方面的具体用途做出明确的规定。

4. 利用当前数字化信息平台，加快建立第三方监督机制

在当前互联网＋大数据背景的影响下，政府部门要逐步公开行政经费支出的使用情况，可建立专门的第三方监督平台，适时动态监督经费的使用，并利用数字化信息平台的优势，适时分析各个单位和部门的资金使用状况，加强动态监督检查机制。当发现问题时，及时进行追踪，从源头上防控经费问题。同时，社会公众还可以发挥其监督人的角色，在信息公开共享的条件下，纳税人的知识储备和意识也在不断提高，可以监督财政资金的具体使用，加强对行政经费支出的监督力度。

（二）加强金融监管，为政信生态建设创造有利条件

加强金融监管，规范金融业发展，及时查处违法违规活动，抑制过度投

机行为，保障金融业良好运行秩序，回归金融业服务实体经济的本源，实现金融业与国民经济之间的良性循环。同时，加强监管法律制度建设，消除监管空白点，强化互联网金融活动监管，为金融创新和发展创造良好的条件，构建优质的政信生态。

（三）加强金融人才建设，为政信生态发展提供动力

1. 推动金融人才在不同区域间的合理流动

针对当前我国区域经济发展不协调的现状，利用地区的优惠政策，例如买房贷款政策、人才引进政策等，促使高素质人才流动到不同的地方去开展金融工作，培养高水平的金融人才队伍，从而形成全方位、全覆盖、多层次的金融人才体系。鼓励金融机构人才到各基层开展工作，做好人才的培养、使用、考核、评价、激励等政策的服务体系。

2. 大力培养高水平的创新型金融人才

创新型高层金融管理人才，是我国金融企业在国内外激烈市场竞争中生存、发展的根本。在人才培养的各个环节都要加大投入力度，创新人才培养模式，提高人才培养质量。在培养、引入相关领域高水平的金融人才的同时，还要重视后续的金融人才的专业继续教育问题，全面加强对金融人才的专业培养。

（四）加快金融市场发展，优化政信生态

1. 促进债券市场发展，提高直接融资水平

在债券市场发展中，需要加强监管，规范行业的自律行为，形成完善的交易机制、完整的预防机制。首先，加强债券市场管理，控制市场风险，降低违约率。从近年来债券市场发展情况看，需要加强债券发行审核、信息披露，适当控制债券市场增长速度，提高债券市场质量，管控市场风险，降低债券违约率，为国家经济社会发展服务。其次，优化债券投资者结构。适当压缩商业银行认购比例，鼓励资管公司、保险公司等各类机构和个人，以及境外合格投资者投资债券市场，实现投资者的多元化，分散债券市场风险。

最后，优化国债和地方政府债券的结构，增加短期国债品种，完善交易制度，改善政府债券在二级市场上的交易流动性，提高债券市场的整体流动性。

2. 进一步发展私募/VC市场，丰富资本市场体系

我国的私募股权行业正处在一个快速发展的过程中，需要重点从以下几个方面进一步规范。首先，进一步加强法律制度建设，为行业发展提供明确的制度规范，条件成熟时将现行部门规章上升为国务院的行政法规。其次，加强私募基金管理，依法打击集资诈骗、操纵市场等违法违规行为，保护投资者合法权益，维护经济社会正常秩序。再次，努力增加私募基金来源。由于私募股权投资和VC市场上的投资周期相对较长，在我国当前的经济社会发展中，可以适当安排养老基金、社保基金这种注重长期回报的基金作为私募股权投资的来源之一。最后，利用互联网技术建立多层次的资本市场。由于当前VC市场创业企业的复杂多样性，建立一个统一的多层次的资本管理市场。完善各个板块市场之间的转接方式，使得创业投资企业在退出时可以更加灵活，从而形成市场化的资本运作机制。充分利用市场的优胜劣汰功能，将有资质的企业留在资本市场让其顺利发展。

3. 加强信贷、信托市场监管，完善政信生态环境

首先，继续加大调控力度，优化信贷结构，配合国家供给侧结构性改革战略，逐步缓解中小微企业融资难、融资贵的问题。用市场化方式加大对产能过剩行业企业的兼并、重组力度，尽快清理各类"僵尸"企业，减少其对信贷资源的占用，降低银行不良资产率。同时，加强政府政策性融资担保公司功能，较大程度地解决融资贵、融资难问题。加快地方政府投融资平台转型，逐步扭转银行信贷偏好国企的倾向。其次，依法加强信托市场管理。特别是涉及地方政府隐性债务的信托项目管理。对于政府投融资平台公司利用信托计划进行房地产开发、棚户区改造等项目，进行严格监管，防止出现违约或者形成地方政府隐性债务。再次，尽快公布各级政府综合财务报告、资产负债表，加大财政预决算公开的力度，提高政府财务透明度，为有关金融机构判断国有企业、地方政府投融资平台资信状况提供参考。尽管在法律上国有企业、地方政府投融资平台都是独立法人，其融资负债不属于政府债

务，但由于这类企业和政府之间存在千丝万缕的关系，必要时会得到政府的救助，政府财政状况也是这些企业取得信贷的重要参考。

（五）加强社会信用体系建设，为政信生态发展提供支撑

1. 创新社会信用理念、缩小区域社会信用差距

加强企业信用、个人信用和政府信用等社会体系建设，进一步完善企业、个人和守信激励与失信联合惩戒措施，树立诚实守信的社会环境；并充分发挥东部发达地区企业信用、个人信用和政府信用等社会体系建设的示范效应，带动中西部地区社会信用体系建设，从而提升全国的社会信用水平，构建良好的政信生态环境。

2. 加快社会信用立法工作的建设

在进一步贯彻落实《中华人民共和国政府信息公开条例》《征信业管理条例》《全面推进依法行政实施纲要》《国务院关于加强政务诚信建设的指导意见》《社会信用体系建设规划纲要（2014—2020 年)》等规章制度的基础上，加快推进《信用法》《公共信用信息管理条例》等立法工作，健全与完善我国的政信法律法规，为社会信用体系建设提供一个良好的顶层设计，提高政信法制保障水平。

3. 加快社会信用专业人才队伍建设

根据我国社会信用体系建设的需要，加快社会信用专业人才的培养步伐，既包括本科、硕士和博士的学历教育，也包括在职培训、自学等非学历教育，尽快培养一支专业从事社会信用管理工作的专业人才队伍，为社会提供征信、信用查询、信用咨询、信用研究、信用教育等专业服务，适应中国特色社会主义市场经济发展，满足社会信用体系建设和政信生态环境建设的需要。

参考文献

[1] 庄颜：《我国政府消费成本控制研究》，《山东社会科学》2019 年第 3 期。

［2］荣艺华：《2018 年金融市场回顾》，《中国金融》2019 年第 4 期。

［3］李响：《浅析网络社会诚信体系建设的现状、问题和对策》，《品牌与标准化》2016 年第 1 期。

［4］徐晓善、李昕明：《互联网金融与社会信用体系建设的关系探究》，《现代经济信息》2017 年第 24 期。

［5］张平：《化解当前中国各类金融债务风险的政策与措施》，载《中国经济改革研究基金会 2015 年研究课题汇编》，2016。

［6］宋小宁、陈斌、梁琦：《区位劣势和县域行政管理费增长》，《经济研究》2015 年第 3 期。

［7］朱小川：《我国地方政府债券的制度选择》，《证券市场导报》2014 年第 1 期。

［8］彭珊：《基于金融功能视角的绿色金融发展研究》，《金融与经济》2019 年第 7 期。

［9］钱立华、方琦、鲁政委：《中国绿色金融发展新趋势》，《金融博览》2019 年第 8 期。

［10］中国人民银行西宁中心支行征信管理处课题组，魏平：《信用建设的区域差异及影响》，《青海金融》2018 年第 3 期。

［11］谢新水、吴芸：《新时代社会信用体系建设：从政府赋能走向法的赋能》，《中国行政管理》2019 年第 7 期。

［12］胡楠：《论政策性金融债券市场化对我国金融市场作用》，《现代商业》2018 年第 30 期。

［13］《银行业金融机构从业人员行为管理应以风险为本》，《中国战略新兴产业》2018 年第 6 期。

B.6
政信能力建设研究报告

赵全厚 许 静*

摘　要： 本报告对我国的政信能力发展实践进行总结分析：物质资源方面，政府资产规模日益扩大，财政收入对财政支出的覆盖程度提高和平衡能力增强，为政信能力构建提供了坚实的基础；精神资源方面，财政管理更趋科学化，法律制度更加健全，政府信息公开度和承诺保障度等均有所提升。但同时，随着我国经济下行压力的增大，地方财政收入增速下滑，政府债务风险日益突出，影响财政可持续发展能力；对政府工作监督约束的相关制度建设尚不完善，法律规定太过宽泛；政府财政管理能力相对于国家治理现代化的要求仍显不足；等等。本报告针对这些尚存的问题提出相关建议：物质资源建设方面，要注重对政府自主财力的培育，加强政府资产管理和投资绩效管理，严格管控政府债务，提高债务资金使用效率；精神资源建设方面，要提高财政管理能力，加强行政法律体系建设，保障公共政策的稳定性、连续性，推进政务公开，在构建透明政府的过程中，努力实现依法决策、科学决策、民主决策，进而提高公众满意度。

关键词： 政信能力　政府资产　政府负债　政府开放度　公众满意度

---

* 赵全厚，中国财政科学研究院金融研究中心主任、研究员、博士生导师，2009 年入选"新世纪百千万人才工程"国家级人才，2010 年开始享受国务院政府特殊津贴，主要研究方向为公债理论与公债管理、科技创新的公共政策、地方财政管理、财政绩效管理等；许静，中国财政科学研究院研究生院博士研究生。

一 政信能力的基本框架

（一）政信能力的基本构成和范围界定

政信能力是政府维持自身信用的基础所在。在已有的学术研究中，广义的政信能力往往被界定为政府基于对自身职责的理解，履行契约的能力，突出体现了政府在制定市场经济规则及参与市场经济活动时所应当恪守的信用。狭义的政信能力则更多地关注政府对其债务的偿还能力和治理能力，突出对政府财政能力的考量。

政府信用能力建设是一个长期、复杂的过程，是在庞大的组织体系和系统环境中，多重因素相互影响、互相作用的一种结果，不仅受到行政主体、政府组织及其利益的影响，而且还将受到社会基础性制度、文化、外部监督机制等各种信用环境因素的影响。因此，本文从物质和精神两个层面搭建政信能力框架，既考察狭义概念强调的财政能力，又对广义概念中包含的政信软实力进行多角度论述，以期较为全面地看待我国的政府信用能力建设工作。

社会的发展依赖社会所拥有的物质资源和精神资源。人类的社会生产活动将物质资源（包括自然资源和人力资源）转变为经济资源。通过税收等财政手段，政府汲取一部分经济资源并以此为基础履行相应职责，即形成所谓的财政资源。财政资源又分为政府资产和政府负债两部分，两者共同构成政信物质资源的净值。精神资源则可以为物质资源的配置、利用提供一定的行为准则和秩序，无形中引导、调节组织与人、人与人之间的关系，与物质资源共同推动社会良性发展。而政信精神资源就属于其中的重要组成部分。对于政府而言，物质资源和精神资源是其履行职能的一体两翼，二者缺一不可，且处于一个相互影响的动态过程中，这种双向互动推动政信能力的形成与构建。因此，政信能力的构成要素可以概括为两个方

面：一是政府所掌控的物质资源，这些资源是政信能力的基本支撑，具有工具价值性；二是政府构建的精神资源，政府在实现和维护公共利益过程中的公共精神具有道德价值性。只有将工具价值性与道德价值性相统一，才能全面、准确地刻画政府信用。简而言之，政信能力＝政信物质资源＋政信精神资源。

更为具体地看，政府信用实际上衡量的是政府履行与维护其应有的公共职责、承诺的意愿和能力。因此，其最核心的特点是公共信用。以此为标尺，政信物质资源的主体指的就是拥有一定公共权力并主要由税收等公共资源支撑，从事非市场生产、承担为社会提供货物和公共服务职能的公共部门。这些主体的资产和负债构成政信物质资源，是政府满足社会成员需求的硬实力之基础。物质资源发挥什么作用、如何发挥作用、如何优化配置进而提高使用效率？政府作为统筹规划者，其权威性、影响力与号召力毋庸置疑，直接决定其履职效果。首先，政府应当具备良好的专业胜任能力，这是执行能力提高的关键所在，也是政府发挥财政治理作用的应然要求；其次，政府应当在宪法、法律、法规以及法律精神等一定的约束下履行职责，使人们形成对法律和制度的信仰，进而通过法律、制度来体现政府信用；再次，政府应当将满足社会成员需要所实施的措施、方式等信息，以及政府的行政法规、规章、规范性文件、政府机构职能、人员配置及行政程序等予以公开，以便于公众查询，这是其存在价值的体现，应当为成员所了解，也便于公民知晓和参与政府决策；最后，政府对所做承诺的保障程度和实现程度，是公众考核政府的最终评判标准，这直接决定公众对政府信用能力的感知度和满意度。因此，政信精神资源主要体现在以下几个方面：财政管理能力、政府信用约束制度健全性、政府开放度、承诺的保障程度及政府行为满意度（见图1）。

（二）政信物质资源

政信物质资源涉及资产和负债两端。政府债务增长的现金流需要政府依托公共权力和公共资产获得的收益来冲抵，包含税收收入、资产持续带来的收入和资产变卖的一次性收入等，也即，基于政府公共权力的非市场性收入和基于市场规则的公共资产带来的收入在一定程度上体现了政府偿还到期债务的保障程度。

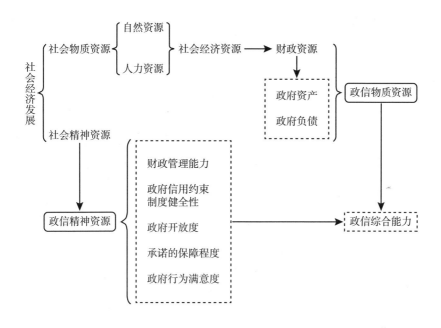

图 1　政信能力的要素框架

1.政府资产

关于政府资产，目前国际上尚没有被普遍认可的一致定义。《国民账户体系（2008）》将资产定义为："资产是一种价值储备，代表经济所有者在一定时期内通过持有或使用某实体所产生的一次性或连续性经济利益。它是价值从一个核算期向另一个核算期结转的载体。"[①] 该规则主要适用于国家资产负债表，其主体范畴是整个国家，除政府外，还包括公司和住户。《国际公共部门会计准则》（IPSAS）的主要适用主体是政府，该准则将资产定义为："资产作为过去事项的结果而由主体控制，并且所带来的未来经济利

----

① 联合国等编《国民账户体系（2008）》，中国统计出版社，2012。

益或服务潜能被预期会流入主体的资源。"① 国际货币基金组织编制的
《2001 年政府财政统计手册》也有对政府资产的定义,认为"政府核算中的
所有资产都是经济资产,这些资产是具有以下特点的实体:机构单位对这些
资产行使单个或集体所有权;这些资产的所有者通过在一定时期内持有或使
用这些资产获得经济利益;这些资产能以货币计量"②。上述规范尽管在适
用主体和推广度上不尽相同,但是对于我们界定政府资产的范畴具有重要的
参考价值。

我国目前对政府资产还没有一个完整清晰的定义,已有的对政府资产的
定义散见于财务会计规章制度中。其中,与政府主体更为相关的是《政府
会计准则——基本准则》中对资产的定义:"资产是指政府会计主体过去的
经济业务或者事项形成的,由政府会计主体控制的,预期能够产生服务潜力
或者带来经济利益流入的经济资源。"其中,"服务潜力是指政府会计主体
利用资产提供公共产品和服务以履行政府职能的潜在能力,经济利益流入表
现为现金及现金等价物的流入,或者现金及现金等价物流出的减少"③。这
个定义反映了对政府资产公共性、服务性、收益性等特征的关注。2017 年,
《中国政府资产负债表 2017》发布,④ 报告按照主要体现经济利益还是服务
潜能将政府资产划分为财力性资产和服务性资产。财力性资产包含国有经济
资产、资源性资产和无形资产,服务性资产包含金融资产、固定资产和无形
资产。本报告认为这样的划分大致符合准则对政府资产的定义和特征界定,
但是针对本报告所论述的政府信用,还有以下几点需要略做说明。一是,税
收收入、费用收入等财政收入以存款等形式反映在资产账户当中,流动性较
大,变现能力较强,从更广义的视角来看,其属于政府资产,是政信物质资

---

① 《国际公共部门会计文告手册 (2008)》,财政部会计准则委员会译,中国财政经济出版社,
2009。

② International Monetary Fund, *Government Finance Statistics Manual 2001*, http: // www. imf.
org/external/pubs/ft/gfs/manual/, 2001.

③ 《政府会计准则——基本准则》,中华人民共和国财政部令第 78 号,2015。

④ 中国社会科学院财政税收研究中心"中国政府资产负债表"项目组、汤林闽:《中国政府
资产负债表 2017》,《财经智库》2017 年第 5 期。

源的重要组成部分。二是，在我国公有制背景下，大量资源性收入、国有土地收入，以及公共服务部门的经济收入等都成为政府依赖的资源。其中，资源性收入由政府财政预算管理，公共服务部门的经济收入虽然没有被纳入财政分配机制中，但依然在事实上成为政府履职的公共资产支撑。因此，应当重视对这些资产的考察。三是，国有经济中由政府持股形成的国有竞争性经营主体，并非直接提供公共产品和服务的公共部门，且其经营目标以市场化营利为主，因此不宜将其划入政府信用所讨论的政府资产主体范围当中，但是这些机构在经营过程中的红利和利润，甚至资产处置收入，可以成为现实的或潜在的政信资产。

2. 政府负债

政府负债是政信物质资源的另外一个组成部分。《国际公共部门会计准则》将政府负债定义为："政府主体因过去事项而承担的现时义务，该义务的履行预计将导致未来经济资源的流出。这种现时义务既包括合同或法律规定的法定义务，也包括政府公开承诺或发布政策而承担的推定义务；政府或有负债是指政府主体因过去的交易或者事项形成的潜在义务，或不是很可能导致经济利益或服务潜力流出主体或该义务的金额不能可靠计量的现时义务。"[①] 上述定义较为全面地涵盖了政府承担的各项法定和推定义务，并能够区分一般性政府负债和或有政府负债，更为清晰地反映各类政府负债的风险程度。借鉴财政风险矩阵理论，可以进一步将政府负债分为直接显性负债、或有和隐性负债两部分。

在《中国政府资产负债表2017》中，直接显性负债包含国债余额、地方政府负债中的直接显性负债、国务院部委所借外债、中资金融机构承担的外国政府贷款。或有和隐性负债包括准公共部门发行的债券，例如政策性银行发行的债券、中国铁路总公司发行的铁路建设债券，地方政府担保和救助类负债，国有金融机构的不良资产等。关于准公共部门发行的债券，以政策性

---

① 《国际公共部门会计文告手册（2008）》，财政部会计准则委员会译，中国财政经济出版社，2009。

银行为例，我国有国家开发银行、中国进出口银行、中国农业发展银行三家政策性银行，主要承担中央政府定向信贷支持的职责，其贷款业务的开展不依赖存款，实质上可以视为央行的延伸。由于央行本身不可能具体实施对诸如西部大开发、棚户区改造工程的信贷支持，但中央政府的政策需要具体的资金落实，于是其通过政策性银行向这些领域投放资金，因此，这些政策性银行天然具备政府信用的背书。本报告讨论的是政府公共权力链接下的债务对应纳税人形成的收入支撑，准公共部门发行的债券符合公共信用特征，因此属于本报告讨论的政府负债范畴。而对于政府作为出资人的竞争性领域中的国有企业，并非公共服务的直接提供者，且具有市场盈利能力，其形成的债务更多地涉及在我国特殊的政治经济环境下，利用公众的刚性兑付预期产生的泛政府信用，而非政府信用。这部分债务主要应该采取提质增效或有进有退的办法来解决，在出资限额之外，尽可能少地占用纳税人的税收资源。这类国有企业也应该上缴部分利润，用于政府实现公共目的，如化解债务风险等。

概而言之，直接显性负债、准公共部门发行的债券及直接提供公共服务的国有企业的债务，属于本报告讨论的政府负债范畴。地方政府担保救助类负债、国有金融机构的不良资产及其他竞争性国有企业的负债则不属于本报告所讨论的内容。

（三）政信精神资源

政府行为是由诸多复杂、细小的行政行为构成的，从实然性角度看，政府履约的行为和能力是公众对政府信用评价和认知的核心部分，也即其对物质资源的使用成效。然而，仅仅从这个角度出发尚不足以全面、立体地评价政府信用。政府信用的构建还应当包含精神层面的资源，应在财政管理能力、政府信用约束制度健全性、政府开放度、承诺的保障程度及政府行为公众满意度五位一体的综合框架下透视政府的多项职能落实情况。政信精神资源框架的构建有利于政信物质资源使用效率提升，当公众对政府行为的满意度、信任感、获得感增强后，政府的行为成本和制度成本会有所下降，物质资源范围内涵式扩大，并反过来再次促进精神资源构建，提升政信能力，形成良性循环。

1. 财政管理能力

按照公共财政的要求，财政管理指的是把属于人民的财产从存量到流量都管起来，做到依法合理征收、使用，并在公共领域内公平分配、合理配置。良好的财政管理能力能够提高对公共资源的使用效率，减少浪费并杜绝各种形式的腐败，营造良好的社会经济环境。因此，科学化、精细化、高水平的财政管理能力，对于政信能力的建设具有重要的意义。

财政管理的两大组成部分是资产管理和预算管理。资产管理侧重于实物形态的管理，旨在维护国有资产的安全和完整，提高国有资产的配置和使用效益，为行政单位履行职能提供物质保障；预算管理侧重于价值形态的管理，财政预算是政府活动计划的反映，体现了政府及其财政活动的范围、政府在特定时期所要实现的政策目标和政策手段等。[1] 这两者密不可分且互相影响。一方面，有效的资产管理工作能够提供准确、及时、完整的资产基础信息和财务管理数据，有利于深化和细化部门预算改革，实现部门预算编制的科学性。另一方面，建立、完善资产配置、使用和处置的管理制度，加强对资产收支两端的全过程管控，严格把握成本，管好资产，推动提高预算资金的使用效益。因此，提高财政管理能力，应当双管齐下。资产管理着重从源头上满足资产形成的客观需要，预算管理着重促进科学编审预算计划，科学、准确地安排与资产管理相关的各项支出，以便真正做到物尽其用。

2. 政府信用约束制度健全性

对于政府信用建设来说，健全的信用约束制度是规范政府行为的坚实保障，也是打造诚信政府的必要条件。约束机制的建立不仅能够从实践上拉紧准绳，也有利于从思想上筑牢防线，规范政府行为，避免风险行为的发生。政府信用约束制度应当包含事前防范机制、事中监督机制和事后惩戒与补偿

---

[1] 聂常虹：《资产管理与预算管理相结合是深化我国财政体制改革的方向》，《宏观经济研究》2012年第9期。

机制，以实现对政府失信行为的全链条约束管控。事前防范是对失信行为的预警式管理，把不可为的事以制度规范的形式加以禁止限定，将可能损害政府信用的行为及早地扼杀在萌芽期；事中监督是对行政主体责任落实情况的跟踪监测，防止出现政策传导偏误的现象；事后惩戒和补偿的作用则是使失信者对其失信行为付出成本和代价，激励其做出守信的理性选择。

3. 政府开放度

开放度的概念最初主要用来描述政府部门透明化与民主化进程。新公共管理理论推动政府改革，提出了"开放政府""无缝隙政府""有限政府"等目标，是从不同角度对理想政府雏形的设想和要求，却都一致凸显了政府透明度的重要性。对于涉及群众切身利益、需要社会广泛知晓的重要改革方案、重大政策措施、重点工程项目等信息，政府应当及时公开并听取群众意见，且信息公开应满足分类科学、名称规范、指向明确等要求，起到标准的预期功能。当前，信息化浪潮的出现对政府信息公开提出了更高的要求，公众获取政府信息的方便性、及时性、有效性更成为重要的考量标准，直接影响着政府的形象和公信力。

4. 承诺的保障程度

政府与企业、政府与群众之间往往存在契约关系，在这种契约关系中，由于政府本身常常既是裁判员又是运动员，既制定政策又执行政策，所以政府与企业、政府与群众之间订立的契约，更多情况下成为政府对企业和群众的"承诺"①。政府基于承诺对公众投入情感、经济资源等，是对双边关系维护的体现。这种实际行动的潜在前提，是坚信通过这种投入能够建立和维系彼此的良好关系并获得公众信任。因此，对这种"承诺"的保障影响着公众对政府信用的评判。需要注意的是，对政府承诺的保障，很大程度上取决于对行政主体的有效激励，以有效的激励形成规范的利益导向，行政主体才能自觉践行承诺，并抑制各种违约动机和意图。因此，合理的政绩考核制

---

① 吕维霞、王永贵：《基于公众感知的政府公信力影响因素分析》，《华中师范大学学报》2010年第4期。

度是促成政府承诺保障度提升的长效机制。

5. 政府行为满意度

政府行为满意度是公众基于主观感知对政府所持的评价和心理认可状态，不仅能够衡量政府与公民的互动情况，还能够通过影响其他的公民反馈行为，进一步对公民与政府的互动发挥重要作用。政府的服务过程是公众做出评价的直观依据，如果公众在服务过程中的问题得以解决或者切实维护了自身的利益，公众就会据此来评价政府的服务质量和公信力。

政府行为满意度与政府透明度的关系密切。政府透明度通过三个途径影响政府行为满意度：一是通过影响地方政府的财政支出结构影响政府行为满意度，财政透明度越高，公众越可以有效地监督地方政府收支活动，这种监督激励着地方政府优化财政支出结构，向以民生为导向的服务型政府转变，并进一步提高公民对政府行为的满意度；二是通过影响地方政府公共服务的供给决策进而影响政府行为满意度，公众接收到的行政信息与公众向地方政府反馈的相关信息呈现正向关系，接收的信息越多，反馈也越多，公众的反馈会促进政府修正公共服务的供给决策，从而使公共服务的供给质量得以提升，进而提升公众满意度；三是通过抑制腐败，提升执政合法性和增强行政效能。可以说，政府透明创造了一种公开的价值，是良好治理水平的重要体现，这有利于强化公民对政府的信任。

（四）政信综合能力

对政府综合信用能力的评价，应当从更为系统、全面、动态的视角出发，不仅要关注政府控制下各类资源的总额和配置，还要关注物质资源与精神资源的互动效果；不仅要关注当下，还要关注长远，注重保持政府行政行为和政策的持续性、稳定性，加强对承诺、合约的履行，使公众敢于对政府形成稳定预期，提高公众对政府的满意度。

关于地方政府信用评估，标准普尔、穆迪和惠誉等国际上较具代表性的评级机构均建立了相对成熟的地方政府信用评级体系。尽管在具体的指标选

择、权重设定及评级流程等方面稍有不同，但总体而言，这些评级体系的核心思路和重要指标基本一致，且普遍采取打分卡机制，从定性和定量两个维度赋予要素权重以计算分值。在核心思路方面，首先对自身的信用风险要素进行分析，然后再分析其他影响因素，通过一些衡量指标对自身风险级别进行调整，得到一个最终评级。在指标选取方面，均选取体制框架、经济实力、财政表现和债务状况几类指标构建基础评级框架，且均将体制框架、主权及外部支持等定性因素作为评级的重要考量。国内评级机构基本借鉴了国外评级机构的思路和方法，如大公国际依据地方政府治理、地方财政状况、地方政府债务三大因素评估得到基础评级，然后根据过往政府信用记录进行调整；中债资信依据经济实力、财政实力和政府治理水平三大因素得出初步评级结果，再根据当地金融环境因素进行评级，调整得到地方政府个体信用评级，然后依据外部支持因素再次进行调整而得到最终的评级；鹏元则根据经济实力、财政、债务和治理四大因素得出评级结果，然后根据历史违约记录调整得到初步评级，最后对外部支持因素调整得到最终评级结果①。

关于确定指标权重的方法，大体可分为主观赋权法和客观赋权法。主观赋权法包含直接判断法、Delphi 法、相邻指标比较法、层次分析法等，完全或部分依靠人的主观判断来确定指标权重；客观赋权法包含主成分分析法、熵值法、多目标规划法等，主要依靠统计上的相关性来确定权重。这些方法均需要把历史违约、政府治理等作为调整因素，本质上依然是在历史数据分析基础上的经验判断，具有很强的主观性。由于政府信用评估本身是相对的概念，无绝对的高低之分，因此，国内学者如温来成和刘洪芳尝试采取聚类分析法进行权重设定。这种方法通过对各指标进行高低分类得出各省份信用风险的相对高低，具体思路如下：首先，在各要素层面进行聚类分析，根据聚类分析情况进行要素打分；其次，根据设定的要素权重进行加权平均，计

---

① 温来成、刘洪芳：《我国地方政府信用风险评估体系的构建及运用》，《中央财经大学学报》2016 年第 9 期。

算得到最终的信用得分；最后，得到综合得分，其测算公式为综合得分 = 经济发展 ×20% + 财政收支 ×45% + 债务负担 ×25% + 体制环境 ×10%[①]。地方政府信用评价要素比重见表1。

表1　地方政府信用评价要素比重

要素	权重	指标	备注
经济发展	20%	GDP 增长率	取三年平均值
		人均 GDP	取三年平均值
		经济结构	以居民消费/GDP、第三产业增加值/GDP、固定资产投资完成额/GDP 三项指标衡量
		社会融资规模	—
财政收支	45%	财政收入稳定性	以全口径一般预算收入/全口径财政总收入、全口径税收收入/全口径一般预算收入、全口径政府性基金收入/全口径财政总收入三项指标衡量
		财政自足率	全口径一般预算收入/全口径一般预算支出
		财政支出弹性	刚性支出/（全口径财政支出 - 政府性基金支出）
		财政收支平衡性	全口径财政总收入/全口径财政总支出
债务负担	25%	负债率	地方政府性债务余额/GDP
		债务率	地方政府性债务余额/全口径财政总收入、地方政府性债务余额/（全口径财政总收入 - 刚性支出）
		潜在债务压力	地区内城投债余额/（全口径财政总收入 - 刚性支出）

[①] 温来成、刘洪芳：《我国地方政府信用风险评估体系的构建及运用》，《中央财经大学学报》2016 年第 9 期。

要素	权重	指标	备注
体制环境	10%	经济重要性	地区 GDP／上级政府 GDP
		财政支持	上级政府补贴收入／全口径财政总收入
		政治重要性	是否为少数民族、边疆地区、政治中心
		政治影响力	党政领导班子成员的任职情况

在要素选择上，该方法更为贴近我国实际情况，如"政治重要性"指标以"是否为少数民族、边疆地区、政治中心"为评判依据，"政治影响力"以"党政领导班子成员的任职情况"为评判依据，是结合我国政治生态做出的指标优化，更具有实际意义。在权重确定上，这种方法没有对指标的设定阈值标准进行打分，在一定程度上减少了对评级机构经验的依赖性。但是，在对四大要素的重要性进行排序时，依然依靠业内专家的专业判断来进行，取多数人意见得到模糊矩阵。所以，该方法并未完全克服主观性的缺陷。即便如此，模糊层次分析法解决了矩阵的一致性问题及解的收敛速度和精度问题，这是该方法值得改进之处。

总体而言，相较于西方国家，我国的财政体制、行政管理模式具有一定的独特之处，因此，我国不宜照搬使用国际通行的地方政府信用评价体系，而应针对我国特殊的财税体制和地方政府具体情况，探索建立更加符合我国国情的评价方法。另外，随着互联网的深度发展，我国应积极探索大数据技术等在信用评级中的作用，充分利用公开数据挖掘主政官员言行、社会舆情等非政府公开披露口径信息的价值，以提高政府信息透明度和信息公开的质量。

二 政信能力的发展实践

（一）政信物质资源规模不断壮大

随着经济的发展，我国政府拥有的物质资源总体上不断增加。

1.政府资产规模扩大

当前，我国的政府资产总规模较为庞大。《中国政府资产负债表2017》测算显示，政府部门的总资产由2008年的168.5万亿元增加到2016年的523.3万亿元，年平均增长15.22%，超过GDP增长率近4个百分点；净值由2008年的63.0万亿元增加到2016年的169.0万亿元，8年增加106.0万亿元，年均增加13.3万亿元，年平均增长13.13%，超过GDP增长率2个百分点。净值占GDP的比例由2008年的197.2%上升到2016年的227.3%，上升30.1个百分点[①]。其中，财力性资产占据大多数，约为总额的70%，且相较于服务型资产而言，财力性资产尤其是可估值的实物资产和金融资产更适合变现，也更容易变现，政府的偿还能力较强。尽管这些数据统计口径与本报告的界定标准并不完全一致，但是就总体变动趋势来看，政府资产规模是逐年增加的。

除了政府的存量资产外，政府信用还体现在财政收入对财政支出的覆盖程度及平衡能力上。表2显示了2006～2018年我国财政收入状况。总体上看，我国财政收入从2006年的3.88万亿元上升到2018年的18.34万亿元，增长了3.73倍。地方财政收入规模同期由1.83万亿元上升到9.79万亿元，增长了4.35倍。中央与地方财政收入的占比之比从2006年的52.78∶47.22调整为46.60∶53.40，表明中央不断下放财力。

---

① 中国社会科学院财政税收研究中心"中国政府资产负债表"项目组、汤林闽：《中国政府资产负债表2017》，《财经智库》2017年第5期。

表2 2006～2018年我国财政收入情况

单位：亿元，%

年份	全国财政收入	中央财政收入	地方财政收入	中央财政收入占比	地方财政收入占比
2006	38760.20	20456.62	18303.58	52.78	47.22
2007	51321.78	27749.16	23572.62	54.10	45.90
2008	61330.35	32680.56	28649.79	53.30	46.70
2009	68518.30	35915.71	32602.59	52.42	47.58
2010	83101.51	42488.47	40613.04	51.10	48.90
2011	103874.43	51327.32	52547.11	49.40	50.60
2012	117253.52	56175.23	61078.29	47.91	52.09
2013	129209.64	60198.48	69011.16	46.59	53.41
2014	140370.03	64493.45	75876.58	45.95	54.05
2015	152269.23	69267.19	83002.04	45.49	54.51
2016	159604.97	72365.62	87239.35	45.35	54.65
2017	172592.77	81123.36	91469.41	47.00	53.00
2018	183351.84	85447.34	97904.50	46.60	53.40

资料来源：Wind 数据库。

　　财政收入的覆盖程度更多体现在其用于公共财政支出的规模上，近年来，我国的公共财政支出均保持较高的增长水平。根据国家统计局公布的数据，公共财政支出从2010年的7.59万亿元增长到2018年的22.09万亿元，增速将近191.04%，增加的公共财政支出为国家实施重大发展战略、推行产业政策、支持实体经济部门的发展等提供了强有力的支持。① 应当注意的是，在公共财政支出规模扩大的同时，公共财政支出结构的变化也会对经济产生重要的影响，比如在公路、环境保护等方面的财政支出会使企业更加便利地享受公共产品与服务；财政在基础教育和科研方面的投入会改变国家的技术增长率；财政在转移支付方面的变化会使社会公众资本存量发生改变进而影响经济体的福利水平等。近年来，尽管我国地方财政支出结构已经做出了诸多调整，但仍然存在较多的不足之处，如财政的事权范围不能与相关的支出责任相匹配，地方财政支出不协调；行政管理方

---

　　① 资料来源：国家统计局网站国家数据，http：//data.stats.gov.cn/easyquery.htm? cn = C01。

面的经费增长较快；社会福利保障支出有待增加，地方经常性财政支出和行政经费支出普遍较多；财政支出不能突出重点，过于分散；城乡财政支出不均衡等。因此，一方面，财政收入的使用应当综合考虑量和质的因素，结合国家的相关产业政策进行配置，最大限度地提高资金使用效率，内生性地提高其产出效果。另一方面，我国的财政支出结构也仍有待进一步优化改进。

2. 政府负债增长比较引人关注

政府负债方面，根据财政部公布的数据，截至 2018 年末，我国国债余额为 14.96 万元，地方政府债务余额为 18.39 万亿元。如果以债务率（债务余额/综合财力）衡量地方政府债务水平，2018 年，中国地方政府债务率为76.6%，低于国际通行的 100% ~ 120% 警戒标准。① 按照财政部 2017 年发布的《新增地方政府债务限额分配管理暂行办法》，政府综合财力包括一般公共预算财力和政府性基金预算财力。结合前文对政府资产的界定可知，政府财力是财政收入中的一部分，远小于政府资产的规模。因此，当前，政府总资产完全可以覆盖政府总负债，并且还有较大的空间。当然，政府资产的流动性也是需要重点考虑的因素，政府收入属于政府资产当中流动性较强的部分，有的政府资产不适宜变现或者变现慢，能够真正用于抵御债务风险的能力是有限的。除此之外，还存在规模不小的地方政府隐性债务，它成为影响政信能力提升的隐患。

目前，地方政府承担大部分基建相关支出，根据国家统计局的数据，2001 ~ 2018 年，中国城镇化率大幅上升，从 2001 年的 37.8% 升至 2018 年的 59.6%。② 迅速的城镇化进程伴随着公用事业（供水、燃气和供电）、交通运输、公共设施和环境等领域基础设施重大升级需求，且城镇化仍在进行。我国计划到 2030 年将城镇化率提高到 70%，这意味着城镇化发展势头将持续强劲，基建融资需求也将持续增加。近年来，我国陆续出台相关政策

---

① 资料来源：中华人民共和国财政部网站公布数据，http：//www. mof. gov. cn/index. htm。
② 资料来源：国家统计局网站国家数据，http：//data. stats. gov. cn/easyquery. htm？cn = C01。

文件，限制地方政府表外举债，鼓励地方政府使用直接融资渠道。但如果无法填补资本开支的巨大资金缺口，则地方政府将面临使用表外等其他渠道来满足支出需求的压力，这又会增加政府信用建设的风险因素，因此，还应当继续增加政府的财政收入，增强债务风险抗衡能力。

（二）政信精神资源不断增加

1. 财政管理能力更为科学化

自 2013 年举行中共十八届三中全会以来，我国各项财政管理改革就陆续推进。先是以"地方试点、中央推广"的方式在多方面取得初步成果，此后，党中央、国务院以构建现代财政制度为目标推动深化改革，强调"实施全面规范、公开透明的预算制度""清理规范重点支出同财政收支增幅或生产总值挂钩事项""建立跨年度预算平衡机制，建立权责发生制的政府综合财务报告制度，建立规范合理的中央和地方政府债务管理及风险预警机制""改进预算管理和控制""实行中期财政规划管理""全面推进预算绩效管理工作""加强绩效评价结果应用""建立权责清晰、财力协调、区域均衡的中央和地方财政关系"① 等方面的理念更新和制度调整，极大地提高了财政管理能力。

2. 政府信用约束制度进一步完善

近年来，根据"有法可依"的法治要求，适应构建服务型政府的实际要求，国家立法机关已经加快步伐，先后制定了一系列法律法规来满足政府信用法制建设实践的要求。《社会信用体系建设规划纲要（2014—2020年)》将政务诚信作为信用建设的重点领域，强调了政府信用作为社会信用建设的组成部分，关乎社会信用环境、公共利益和政府权力，应当予以足够的重视；2016 年，国务院颁发了《关于加强政务诚信建设的指导意见》，为加强政务诚信建设，充分发挥政府在社会信用体系建设中的表率作用及进一步提升政府公信力，提出了指导性意见。

---

① 刘小兵、徐曙娜：《编制权责发生制政府综合财务报告》，《中国财政》2015 年第 10 期。

3. 政务公开取得有效进展

2016 年 2 月，中办、国办印发《关于全面推进政务公开工作的意见》，指出政务公开是行政机关全面推进决策、执行、管理、服务、结果全过程公开，加强政策解读、回应关切、平台建设、数据开放，保障公众知情权、参与权、表达权和监督权，增强政府公信力、执行力，提升政府治理能力的制度安排。以该意见为里程碑，国务院办公厅相继出台了一系列推动政务公开的文件，传达出推进政务公开的主动性。党的十九大指出，政务公开是发展社会主义民主政治的应有之义，也是推进国家治理现代化的重要一环。2019 年 4 月，国务院公布修订后的《政府信息公开条例》，条例加大了政府信息公开力度，在数量和质量两方面均有所优化，体现了对人民群众了解政府信息需求的积极回应，力求最大化保障公众的知情权、监督权，还将助推政府透明度、公信力再上新台阶，切实解决人民群众的实际问题。

（三）政信能力建设存在的问题

改革开放以来，我国政信能力已经得到极大的提升，但仍然存在诸多需要改进的地方。

一是在经济下行压力增大、财政收入增速下降的时期，政信能力经受住考验。财政收入是政府可以直接支配的资源，是财政实力最综合、最直接的体现。改革开放以来，我国财政收入大幅增加，政信能力得以明显提升。但随着我国经济进入新常态，经济增长步伐放缓，财政收入增速下滑（见图 2）。在支出规模既定、支出标准不断提升的背景下，政府收支矛盾日渐突出，这必然影响政府的履职和履约能力。近年来，尽管地方财政支出结构已经做出了诸多调整，但仍然存在较多的不足之处，如财政的事权范围不能与相关的支出责任相匹配，地方财政支出不协调；行政管理方面的经费增长较快；社会福利保障支出有待提高，地方经常性财政支出和行政经费支出普遍较高；财政支出不能突出重点，过于分散；城乡财政支出不均衡等。因此，财政支出结构仍待进一步优化改进。

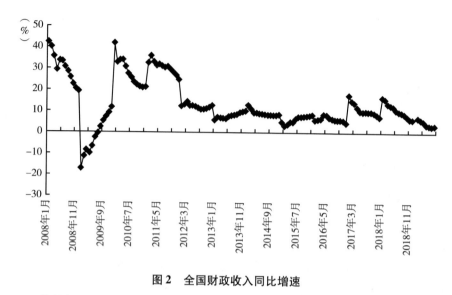

图2 全国财政收入同比增速

资料来源：Wind 数据库。

二是政府债务风险日益凸显，影响财政可持续发展能力。如前所述，近年来，政府法定债务持续增加，但在可控的范围之内。政府之外的融资平台债务规模不断扩大，其中有相当一部分需要政府承担。从表3可以看出，2017年底，仅地方政府融资平台债务余额就有33.010394万亿元。尽管融资平台的债务不全是地方政府债务，但基本上属于公共性债务或者地方政府性债务。如果再加上地方政府法定债务（16.47万亿元），那么地方政府性债务余额就达到49.48万亿元，占当年 GDP 的比重达到59.8%，已经接近《马斯特里赫特条约》规定的60%上限了。

三是政信制度建设和政府管理能力有待进一步提高。当前，政府信用领域相关的法律法规存在缺失，现有的相关规范性文件中，政府信用管理主要为"加强政府诚信建设""加强政务管理"等口号性、原则性、抽象性表述，没有对具体问题做出具体规定，也就无法真正实现对政府信用行为的规范和失信行为的追责。此外，政府信息公开还存在较多问题，公众获取政府信息也还存在诸多障碍。如一些政府部门网站程序设计不合理，一些不必要的资料提供等流程冗余繁杂，加大了公众获取信息的难度；信息公开报告内容避重就轻，无关痛痒的信息多，政府切实履行职能的信息少。另外，一些政府工作人员服务意识淡薄，官僚主义浓厚，不能正确认识和履行政府的应有职责，行政效率低下。此外，政府财政管理制度和管理能力与国家治理现代化的要求相比还显不足，现代财政制度的建设依然任重道远。

表3　2015～2017年地方政府融资平台债务余额

单位：亿元

年份	短期借款	一年内到期的非流动负债	应付短期债券	其他流动负债	应付票据	长期借款	应付债券	合计
2015	22217.56	28905.68	10.79	6900.59	5998.90	135270.02	52769.08	252072.62
2016	21586.54	34413.25	30.08	7097.26	5041.36	152787.55	69420.22	290376.27
2017	25966.43	40652.94	30.62	7205.62	4129.60	177104.56	75014.17	330103.94

资料来源：根据 Wind 数据整理。

三　对策建议

通过上文的分析可以看到，近几年，我国在政信能力建设方面取得一些成效。物质资源方面，尽管政府债务规模扩张，偿债压力较大，但是相关部门及时出台了一系列化解债务风险的方案，阻止了风险的进一步恶化。2017年以来，审计署、财政部等部门严格对违法违规新增地方政府隐性债务事件进行审查、公告、通报、问责，地方政府也高度重视隐性债务排查和清理工作。2018年12月，全国财政工作会议强调要"严格控制地方政府隐性债务，有效防范化解财政金融风险"。同时政府总资产也在逐步增加，具有较强的债务覆盖能力。精神资源方面，无论是对行政队伍的整顿，还是推进政务信息公开，我国都采取了积极有效的措施。党的十八大以来，我国坚持推进反腐工作，大力打击权力寻租等损害政府形象、损害公众利益的行为，获得了群众的支持和认可。自2016年以来，国务院印发的一系列推动政务公开的文件，传达出政府推进政务公开的主动性和积极性。

即便如此，政府信用能力的建设尚存在较大的提升空间。我国经济进入新常态以来，受全球经济持续低迷的影响，政府的财政收入增速出现断崖式下滑，地方税收收入增速更是自2015年以来连续三年低于GDP增速。这无疑对地方政府信用建设产生极大的不利影响。此外，分税制下地方政府事权与财权不相匹配、建设资金不足等问题日渐凸显，支出的增加也是地方政府债务规模扩大的主要诱因之一。收入减少、财政支出结构不合理及债务风险增加都将造成政府信用水平下降。当然，政信能力建设是一项长期而系统的工程，涉及法律法规的修订、相关行政机制的健全和政府会计制度的改革等诸多方面。想实现政府长效信用机制的构建，就要从物质资源和精神资源两方面着手。

（一）政信物质资源建设的建议措施

物质资源方面，可以从开源、节流、提高资金使用效率三个主要方面着手，在合理控制政府债务的前提下，培育经济发展新动能，寻求新的资金来源，并通过优化配置促使有限的资金发挥尽可能大的作用。

第一，要注重对政府自主财力的培育。随着财税体制改革和地方政府融资平台功能的剥离，地方政府应及时转变观念，以培育地方自主财力、发展地方信用体系和维护地方建设可持续性为主要工作方向，减少对转移支付的依赖。要充分发挥各地区独特的区域优势、人才优势、地理优势及资源优势等，顺应国家"一带一路"等重大方针的大趋势，并利用互联网等工具，加速发展自身优势产业，提高全要素生产率，力争打造出在国内甚至国际都具有竞争力的高质量产品。以此为基础，方能做大经济蛋糕，从根本上扩大税基规模和增加地方财政收入。我国应当积极推进建设现代税收制度。现代税收制度是增加政府主要财力来源的基本制度安排，是国家依靠政治权力体现其治理意图与调节导向的重要手段，这直接关系着公众对政府履职的评价和感知。经过多年的税制改革，我国已初步形成了多税种、多环节的现代税收制度框架。但我国当前的税收体制仍存在不足之处，与国际上的现代税制尚存在较大差异。在实际税收收入中，流转税仍占绝对主体地位，存在重复征税、再分配功能薄弱等问题。因此，应当在重视公众可接受性的前提下，改进各个税种，具体设计，逐步提高直接税比重，使税收负担动态合理化，设计更加专业的税收制度。同时，可赋予地方政府一定的税收管理权限，在中央制定基本税法的前提下，允许地方政府结合当地具体情况灵活调整税率，以帮助增强地方政府财力，体现国家治理的战略目标。

第二，要严格管理政府债务。首先，要加大力度清查历史遗留债务，对地方政府隐瞒不良债务和恶意转嫁情况严厉惩处；对于新增地方债，要严格把关，由地方政府编制涵盖项目建设内容、总投资额、还款来源、建设和还款进度等的中长期建设投融资规划，由财政部严格把关和监督。其次，要寻求更多资金来源，通过将投资规模较大、市场化程度较高的基础设施及公共服务类项目以 PPP 的模式推进，吸引大量民营和金融机构资本，从而缓解地方政府的融资压力、偿债压力和对转移支付的过度依赖。最后，可以吸收国际先进经验，建立、完善符合我国国情的、可操作性较强的地方政府信用评级体系，以对地方政府债务融资进行有效的市场监督和约束。同时，要以维护投资者权益为核心，规范和完善地方债券信息披露制度，持续真实披露最新财政收支状况、投资项目进展情况、未来现金流趋势等相关信息，广泛接受银行、监管机构和社会投资人的监督。

第三，要加强政府投资绩效管理，提高债务资金使用效率。政府投资效率的提高能显著降低地方政府未来的负债率水平，债务资源的配置方式能够通过政府引导与生成资产的外部性来提高未来经济增长的可持续水平，继而提高地方政府的可偿债能力，削减债务余额。因此，债务资金配置应注重投资结构对经济增长的稳定性、外溢性及增税作用。具体而言，应当减少谋求短期绩效的公共基础设施建设项目，同时适度压缩不必要的财政支出，坚决杜绝那些花钱不见效、花钱低效的项目，将有限的财政资金用在刀刃上，尽可能多地向医疗、教育、环保等公共领域倾斜，从而减少债务。当然，在提高投资效率的同时，还要完善投资绩效考核体系，对资金使用状况进行及时、科学的分析、测量和评价，以激发行政人的积极性，进一步提高债务运营管理水平。

第四，要加强政府资产管理。我国在政府资产管理方面缺乏科学、合理的政府资产配置标准体系，政府资产使用效率有待提升，甚至有不少政府资产尚未被纳入管理范畴，资产浪费、流失、毁损问题时有发生。因此，加强对政府资产的管理，建立完善的政府资产报告制度及政府资产管理制度体系，实现资产管理与预算管理紧密结合，是推进政信能力建设的重要一环。

（二）政信精神资源构造的政策措施

精神资源方面，应当围绕财政管理能力、政府信用约束制度健全性、政府开放度、承诺的保障程度及政府行为满意度等几个方面，推进相关法律、法规及制度的出台和具体工作的落实，使公众能够切实感受到政府的公共信用和关怀。

第一，增强财政管理能力，强化现代财政制度执行能力和提升其绩效水平。财政管理能力是落实现代财政制度、体现治理能力、实施财政政策的"最后一公里"事项。没有财政管理水平，一切制度和治理目标都会流于空谈。[①] 在我国制度安排规范化、法治化的进程中，面对政府信用能力构建的新问题，要学会创新性地提升财政管理能力，突出表现在将资产管理与预算管理能力有机结合起来。在资产管理方面，首先，要建立科学合理的政府资产划分标准和配置标准，对资产进行统一归口管理，解决资产管理碎片化、部门化等问题，提高资产信息的真实性和完整性，为预算报告编制提供可靠的依据。其次，要强化政府资产内部控制，通过定期的资产清查、核算、登记和报告等及时掌握各类资产的状况。最后，要完善政府资产绩效评价制度，充分发挥新政府会计制度对政府资产管理的助推作用，争取多措并举，推动政府资产使用效率提升。在预算管理方面，要增加预算编制的时间，充分论证预算编制内容的合理性，不断提高预算编制能力。同时，要进行中期财政规划管理，编制跨年度滚动预算，加强预算监督。

---

① 贾康、龙小燕：《财政全域国家治理：现代财政制度构建的基本理论框架》，《地方财政研究》2015 年第 7 期。

第二，加强行政法律体系建设，推进政府信用约束制度的建立。应从事前规范、事中监督、事后惩戒三个方面完善相关立法工作，使政府的行为严格约束在法律范围之内。例如，可以尝试建立地方债务预警制度，增强对地方举债的约束，也可以建立党政官员责任追究制度，提高党政官员的违约失信成本。同时，政府部门要自觉接纳公众的监督，听取公众反馈，解释法规政策，解决公众问题，积极推动公众与政府的良性互动，从而增进公众对政府的理解和信任。

第三，保障公共政策的稳定性、连续性。政策是政府施政的工具，也是政府与社会的一种约定，政策稳定性要求其有一套明确的、普遍的、行之有效的客观准则。对政府而言，要求其自身必须遵守这个准则，没有政府遵守，政策工具根本无从谈起。只有具有稳定性，各项政策之间才能相互配套和协调，给予社会及公众信心，进而引导其对政策内容做出理性的预期，这也是政府公信力的一种体现。如果政策朝令夕改、变化无常，就会破坏公众对政府的信任和沟通环境。政策连续性有两个考量维度，一是在横向上强调对政策工具的使用，对同等情况要同等对待，力求实现公正、公平；二是在纵向上强调政策有效期内的连续适用性，非因法定事由、非经法定程序不得变更、撤销，即使需要修改，也应考虑政策本身以及变更可能造成的各种影响。基于国家或社会的重大公共利益以及其他法定事由，确实需要变更或撤销的，须说明理由并依法定权限和程序具体实施，对公众权益带来的损害，应视具体情况予以补偿。

第四，推进政务公开，构建透明政府。这是政府信用能力建设的基本要求。进一步推动政务公开，应紧紧围绕党和政府中心工作及群众关切，主动快速引导、释放权威信号，推动解决实际问题。一是要打通不同部门间的数据壁垒，加强网站集约化建设，将零散的网站进行整合，方便公众获得信息；二是要打造政媒融合的全媒体传播方式，通过报纸、微信公众号、新闻客户端等载体主动对外传播政府信息，增加公众获取信息的渠道，促进公众对政府行为的监督和参与；三是要进一步推进决策、执行、管理、服务、结果公开，助力权力规范化运行。概而言之，就是要把政务公开意识贯穿权力

运行的全过程，贯穿政务服务的全流程，通过把整体性的政务公开与高效的政务服务深度融合，实现政务公开工作价值的最大化，最终实现政府治理现代化。

第五，努力提高公众满意度。提高公众满意度要多措并举，一方面，需要着眼于政府自身，减少腐败行为的发生，改进政府绩效，将政府的工作落到实处，通过提高服务效率不断优化运行机制和办事流程；另一方面，可尝试建立专门的政务服务网络监督平台，把公众的每一次投诉、建议以及有关部门的办结时间、办理结果、办理依据（或不能办理的理由）等全面公开，由公众进行评价，在此基础上，建立有关职能部门的效能指数体系、履职指数体系并给予相应的奖惩。此外，各级政府在制定公共政策和愿景规划时，要切合实际，不宜将目标定得太高，引起公民不合理的期望。概而言之，就是从降低公民的腐败感知水平、增加沟通互动、提升服务质量、合理进行规划等方面入手，真正改善政府行政效果，最终提升公众对政府的信任度和满意度。

参考文献

［1］联合国等编《国民账户体系（2008）》，中国国家统计局国民经济核算司、中国人民大学国民经济核算研究所译，中国统计出版社，2012。

［2］《国际公共部门会计文告手册（2008）》，财政部会计准则委员会译，中国财政经济出版社，2009。

［3］International Monetary Fund, *Government Finance Statistics Manual 2001*, http：//www. imf. org/external/pubs/ft/gfs/manual/, 2001.

［4］《政府会计准则——基本准则》，中华人民共和国财政部令第 78 号，2015。

［5］中国社会科学院财政税收研究中心"中国政府资产负债表"项目组、汤林闽：《中国政府资产负债表 2017》，《财经智库》2017 年第 5 期。

［6］聂常虹：《资产管理与预算管理相结合是深化我国财政体制改革的方向》，《宏观经济研究》2012 年第 9 期。

［7］傅菊辉、陆小成：《公共政策执行中的政治资源流失及其对策》，《湘潭大学学报》（哲学社会科学版）2004 年第 1 期。

［8］ 吕维霞、王永贵：《基于公众感知的政府公信力影响因素分析》，《华中师范大学学报》2010 年第 4 期。

［9］ 周国雄：《可置信承诺与诚信政府建设》，《上海大学学报》（社会科学版）2007 年第 4 期。

［10］ 温来成、刘洪芳：《我国地方政府信用风险评估体系的构建及运用》，《中央财经大学学报》2016 年第 9 期。

［11］ 刘小兵、徐曙娜：《编制权责发生制政府综合财务报告》，《中国财政》2015 年第 1 期。

［12］ 贾康、龙小燕：《财政全域国家治理：现代财政制度构建的基本理论框架》，《地方财政研究》2015 年第 7 期。

［13］ 赵昕：《论政府信用：内涵、问题、对策》，《重庆三峡学院学报》2012 年第 4 期。

［14］ 彭彦：《政府决策机制变迁与公民参与的反思与前瞻》，《社会科学家》2013 年第 8 期。

［15］ 王毅等：《中国政府资产负债核算的理论与实践问题》，《财贸经济》2019 年第 1 期。

B.7
政务诚信建设研究报告

赵忠良　龚春辉　王玲玲*

摘　要： 中华人民共和国成立以来，党和政府为提高政务诚信水平做了积极探索，在总结历史经验的基础上，党的十八大报告概括性地提出政务诚信建设的政治和法治构想，推动政务诚信建设快速发展，但在依法行政、信息公开、政务服务、监督体系等方面依然存在规范性、完备性、效率性、制度性问题。本报告通过分析政务诚信的内涵及本质，以新公共服务理论为基础，从互联网技术视角，将政务服务改革作为研究重点，探索提高政务诚信水平的方法和路径。

关键词： 政务诚信　政务服务改革　新公共服务理论　新技术

政务诚信是国家信用体系建设的核心和基础，只有夯实筑牢政务诚信这块基石，发挥政府在整个社会诚信体系建设中的表率和主导作用，进一步增强政府的公信力，才能推进政府治理体系和治理能力现代化。

一　政务诚信的内涵和本质

（一）概念辨析

政务指的是公共权力部门（泛指政府）或公共机构利用权力主体赋予

---

* 赵忠良，深圳市财政局副局长，管理学博士，长期从事政务服务改革研究与实践工作；龚春辉，深圳市人力资源和社会保障局审批服务处处长，长期从事政务服务改革、政务信息化建设工作；王玲玲，管理学硕士，从事政务服务改革工作。

的公共权力来管理公共事务或公共生活，主要指事务性工作。诚信通常是指人或组织的道德品质，基本含义是诚实无欺，讲求信用。政务诚信是政府或者其他公共机构在管理公共生活或事务时，对社会、公民恪守的信用准则。

政府诚信（诚信政府）是以政府及其工作人员为主体的诚信，指政府必须履行其对社会公众承诺的责任。政府诚信所强调的是政府及其工作人员要在理念和行动上贯彻诚信，实质上，政府诚信是政务诚信的一部分。

政府信用指的是社会公众对政府遵守诺言、遵守行政法律的意愿、能力和行为的评价。其实质在于对政府行使公共权力这一行为以及状态的描述。

个人诚信是指公民个体信守承诺的品质。在人类漫长的社会发展史上，在没有国家之前，就出现了个人信用；出现国家后，个人诚信体系才逐渐完善。个人诚信与政务诚信的主要区别在于诚信的主体不同。

政务诚信、政府诚信、政府信用、个人诚信这几个概念既有关联性，又有区别，但都是社会信用体系的重要组成部分。

（二）政务诚信的当代内涵

政务诚信是国家诚信体系建设的重要组成部分，为充分发挥政府在社会信用体系建设中的典型和样板作用，国务院于 2016 年印发《关于加强政务诚信建设的指导意见》，明确界定政务诚信的内涵及政务诚信的四个基本原则，为政务诚信建设指明了方向。

依法行政是基础。依法行政要求各级人民政府和公职人员坚持全面依法治国，坚持"法定职责必须为、法无授权不可为"原则。健全依法决策机制，在制定重大决策时科学规划，充分征求公众意见，确保政策制定科学，在实施政策时保持政策稳定性，出现问题时及时纠偏，确保政策运行高效。

政务公开是核心。推进阳光行政，坚持"以公开为常态，不公开为例外"原则，真正做到取信于民。做好招投标、政府采购等重点领域的公开工作，促进行政权力公开透明，全面落实信息公开工作。

勤政高效是关键。政府效率是其管理公共事务能力的集中体现，这就要

求政府转变职能、简政放权，深入推进"放管服"改革，优化营商环境，促使市场主体活力得到有效激发，解放和发展生产力，放宽市场准入，削减审批事项，优化政务服务，保证公共服务和公共产品的有效供给，不断提高行政效率和行政水平。

守信践诺和失信惩戒是保障。守信践诺要求各级人民政府和公职人员在管理公共事务或公共生活时恪尽职守，诚实守信。特别是在政府作为市场交易一方直接参与交易时，例如招标投标、债务融资、政府采购等活动，要严格履行合同中的约定义务，为市场交易行为守约做出表率。而失信惩戒则是对未守信践诺的惩罚，具有失信行为的人将承担相应的成本，应按照法律规定，追究责任人责任，建立健全各级人民政府和公职人员政务失信记录和惩戒机制，政务失信记录将影响公职人员的考核、晋升等。在内部监督机制进一步完善的基础上，应加强社会各界对政务诚信的评价和监督，形成全方位的监督体系，营造政务失信必受惩戒的良好社会氛围。

（三）新公共管理理论中的政务诚信

1. 政务诚信在新公共管理理论研究中日趋重要

探讨行政方法和行政效率是行政学和政治学不变的命题和使命，政务诚信作为规范行使公共权力的机构及公职人员行为的重要课题，在行政学与政治学的学术研究中日趋重要。

官僚制是韦伯政治社会学的核心概念，官僚制理论强调政府要形成规范办事的运作机制，在组织中，任何管理行为都不能随心所欲，必须遵循规章制度；管理者必须以成文的法律法规、条例和正式文件等来管理和规范成员的行为和活动，并且分工明确，不以私人意志和感情管理成员。官僚制理论强调组织管理中依法行政的重要意义，而依法行政则是政务诚信的内在要求。但是20世纪70年代以来，西方各国面临诚信危机，政府公信力逐渐减弱，学术界开始对官僚制理论进行批判，政治领域和学术界开始探索以提高政府公信力为目标的行政发展新思路，"重塑政府运动""市场化政府""代理政府""国家市场化"等观点如雨后春笋般涌现，其核心为通过探索建立政府的信用体系来增强公众对政府的信心。

新公共管理理论包括"顾客导向""企业家政府""委托管理"等核心观点，认为政府是"掌舵者"，而不是"划桨者"。新公共管理理论将有关市场的理论运用到政府的管理工作中。主要观点为：为有效化解政府的信任危机，提升政府管理效率，有必要加入市场精神，弱化特权，公民和政府作为市场主体双方，要信守承诺。对于公共服务项目，政府必须公开竞标，从而提高行政行为的透明度，新公共管理理论试图建立起一种以公共利益为中心、以诚信为基础的管理体制。

公共治理理论强调政府是多元的管理主体，强调政府、企业、社会团体和公民对于公共事务管理的共同作用，基于公共治理理论，政府与公众之间要形成良性的互动，政府部门要善于应用各类社会主体，确保提升自身效能，提高政府的诚信度，推动民主社会和法治社会建设。而善治理论作为公共治理理论的重要分支，试图将新公共管理理论与自由民主的观点结合起来，通过提倡"高效、公开、负责任与受审计的公共服务"来确立公共机构行使公共权力时的质量和标准。

2. 政务诚信是建设服务型政府的本质要求和实现方式

罗伯特·B. 登哈特结合传统公共行政理论和新公共管理理论提出新公共服务理论。他提出一个观点，即公务员应该从民主治理中获得启示，而不是从私营部门的管理中获得经验。新公共服务理论有以下几个原则。一是服务型政府与其他政府管理的最大区别在于，服务型政府的治理模式应由管理型向服务型转变，政府角色不是"划桨者"，也不是"掌舵者"，而是"护航者"。二是服务型政府不以政府利益为行为出发点，而是追求社会公众利益的最大化，以提高公共服务质量和效率的方式，向社会提供最优的公共服务和产品。三是战略性的思考及民主的行为。通过建立责任体制完成目标，在完成目标的过程中，政府必须是开放的、可接近的、负责任的。四是为公民而不是顾客提供公共服务。公务员不是对"顾客"或消费者做出回应，而是与公众建立一种相互信任的关系。五是非简单的责任和义务。政府及公职人员不仅要关注市场，还要关注宪法和法律、专业标

准和公民利益。六是要重视公民，而不是将公民看作生产力。这要求政府不能单独制定公共政策，公民应该参与到公共政策制定中来。上述原则体现了政务诚信建设的内在诉求，显然，政务诚信是服务型政府的规范性要求和必然表现，政府的政策制定理念、行动偏好及绩效结果都在政务诚信的各个环节中体现出来。

（四）新技术背景下的政务诚信建设

随着互联网技术飞速发展，全新的信息技术融入政府的管理和服务过程中，涌现出"互联网＋政务服务"的全新治理模式，随着"互联网＋政务服务"改革向纵深推进，互联网技术等实现了政府与社会公众之间的良性沟通，促进了政府政务公开和透明。另外，将大数据、区块链等技术运用到政务服务改革中，能够有效促进政府做好政务诚信建设工作。

1. 智慧政务建设成为提升政务诚信水平的突破口

互联网技术的不断涌现为政务服务模式优化创新提供了新的技术支撑，在促进政务服务模式优化的同时，具有更为深远的意义。

一是互联网技术的创新，直接提升了政务服务的公开性和透明度，在事前宣传、事中审核、事后监督多个维度实现了更为广泛的公众参与。二是信息共享的持续推进，使审批过程无人工干预成为可能，有力消除了权力寻租空间和经办人员的自由裁量权，保障了行政审批结果的公平性，其内在本质是实现了机器平权、数据平权。三是将区块链技术应用到政务诚信中，区块链技术因其不可抵赖性，可以解决数据开放共享所衍生的信息安全问题。四是对大数据技术的应用，可以搭建线上线下无处不在的监督网络，在重点领域实现对权力运行的全程记录、追溯和预警，有力强化政务监督效能，让大海捞针般的"人工活儿"变成精准高效的"智能活儿"。

就本质而言，新技术的应用实现了政务服务模式由人治、法治向数字治理的转变，这意味着在政府行政审批和监督过程中的关系主体由过去的人与人、人与政府转化为人与机器、人与数据、人与信息。对于民众而言，政府行政行为过程和结果的公平性得到了有力保障，可信度大大提升。

2.互联网时代对政务诚信建设提出更高要求

根据中国互联网络信息中心发布的第 45 次《中国互联网络发展状况统计报告》，截至 2020 年 3 月，我国网民规模达 9.04 亿人，互联网普及率达64.5%。在线政务服务用户规模达 6.92 亿，较 2018 年底增加 76.3%，占整体网民的 76.8%。在互联网时代，由于舆情传播速度快，政府的任何失信行为都时刻处于媒体和民众的监督之下，极易被放大，这就倒逼政府不断加强政务诚信建设。

二　政务诚信建设的主要举措

（一）政务诚信建设方面

中华人民共和国成立 70 多年来，经过在政务诚信建设领域的探索和实践，依法治国对政务诚信建设的影响和作用日益明晰，我国最终确立了以依法治国、政务公开、勤政高效、守信践诺和失信惩戒为主要原则的政务诚信建设整体画像。

1.完善依法行政机制，夯实政务诚信的制度基础

依法行政是政务诚信建设最基本的保障，具备较高政务诚信水平的政府必然是法治的政府、依法行政的政府，"人民对政府的信任在很大程度上取决于政治制度的安排和国家法治化程度，如果政府的行为得不到法律的有效约束，人民对政府的信任水平就会降低"。

加强对规范性文件的管理，高质量进行制度建设。地方各级政府依法行使职权，严格按照法定程序制定规范性文件。严格遵循国家、省、市相关法律、法规、规章和上级机关文件管理制度的要求，按照法定权限和程序开展规范性文件制定工作。根据"谁制定谁清理，谁清理谁负责"、下位法符合上位法的原则，重点结合加快转变政府职能、简政放权、取消证明事项等，修订相关规范性文件，并对规范性文件进行清理核对。

不断完善重大事项决策机制，全面提升依法行政能力。根据实际情况制

定并公布重大行政决策事项目录及听证事项目录，以深圳市为例，该市法治政府建设领导小组办公室发布了《关于制定并公布重大行政决策事项及听证事项目录的通知》，确定了年度重大行政决策事项目录及听证事项目录，并在政府门户网站发布，对于涉及社会公众切身利益的重大行政决策严格公开听证。该通知要求严格贯彻落实民主集中制原则，规范和监督决策行为，提高决策科学性；不断健全公众参与、专家咨询论证、合法性审查等重大行政决策机制，涉及重大决策事项时，组织专家进行必要性和可行性论证，开展民意调查，广泛听取社会公众意见；坚持征求公众意见，提高决策透明度。寻聘有专业背景和实践经验的资深律师担任法律顾问，以避免行政决策制定、执行中的风险。从制度层面上不断完善决策机制，提高决策的科学性和法治水平，不断提升依法行政能力。

推动权责清单标准化建设，明确各级政府及部门的行政职责。权责清单指的是以清单的形式规范政府各部门的权力和责任，推行权责清单制度是明确规范政府权力、减少寻租空间，让政府全面履行职能的重要措施，也是加快建设中国特色社会主义法治政府的重要内容。对权责清单制度的探索，减少了政府权力的神秘色彩，权力公开透明对建设服务型政府具有深远意义。各省市通过实施《权责清单管理办法》，开发权责清单管理系统，建立健全了省、市、县（区）、街道四级权责清单体系，以权责清单为基础，严格执法诚信，依法履行审批、管理和服务职能。

2013 年 11 月，浙江省在全国率先推动以权力清单为基础的"三张清单一张网"建设工作的省份；2014 年 7 月，浙江省逐步形成"四张清单一张网"；2016 年，浙江省以梳理完善权责清单为基础，首度提出"最多跑一次"事项清单。2017 年，江苏省在省级层面首先实现行政权力"三级四同"，即省、市、县三级事项名称、事项类型、法律依据、事项编码相同，通过细化权力清单和办事指南，进一步方便企业、群众办事，其中重点推进的"不见面审批"改革也以"三级四同"权责清单为基础。2018 年，广东省以行政权力通用目录为基础，结合公共服务应用，明确政务服务的实施要素，梳理形成了《广东省政务服务事项标准化实施清单》，实现了基本编码、编码规则、事项名称、子项拆分、事项类型、设定依据、办理流程、办理时限、材料及表单内容的"十统一"，为实现广东省审批（服务）事项的"马上办、网上办、就近办、一次办"目标奠定了坚实的基础。浙江、江苏、广东等省开启的权责清单改革不仅明确了政府的职能边界，而且在市场有效、政府有为、企业有利方面探索出新机制。

2. 坚持政务公开，保障公民的知情权

信息公开是打造"阳光政府"、提高政务公信力的有力手段，应通过不断完善信息公开制度、拓宽信息公开工作渠道，进一步明确和规范信息公开的内容、时间、渠道，切实保障群众的知情权和监督权。国务院早在2007年4月5日就发布了《中华人民共和国政府信息公开条例》，各地政府以此条例为基础，结合实际情况相继出台了推进政务公开工作的实施方案，以推动行政决策、执行、管理、服务和结果等全公开。

2019年4月，《中华人民共和国政府信息公开条例》经修订后重新发布。新条例进一步拓宽信息公开工作渠道、明确和规范信息公开的内容、切实保障群众的知情权和监督权。一是增加了"以公开为常态、不公开为例外""合法性"两个基本原则。明确了各级行政机关应当主动公开机关职能、机构设置、公务员招考等15类信息，明晰了政府信息公开与否的界限。二是明确了信息化建设在信息公开工作中的重要作用。新条例增加了各级政府应当完善信息公开中信息化建设的规划、促进信息公开平台与政务服务平台对接、提高信息公开的网上办理水平。三是将公民、法人和其他组织对政府工作的监督权落实、细化。新条例总则对政务公开的监督、批评和建议加以规定，保障了人民群众依法获取政府信息的权利，监督政府是否依法公开信息，对加快推进政府信息公开工作具有深远意义。

以深圳市为例，该市除了建立全市统一的供群众使用的网上申请端口外，各部门需每半年在依申请公开网上系统集中填报政府信息公开统计表，统计要素包含基础保障和载体建设数据、主动公开数据、回应解读情况、依申请公开数据、其他方面等。其中"基础保障和载体建设数据"共计33个指标，包含行政机关数、信息公开工作专门机构数和人数等人力资源保障性

指标，是否建立主动公开及依申请公开工作制度、考核制度、追责制度等制度保障性指标，实体大厅面积、入驻大厅的政务服务事项等场所保障性指标。"主动公开数据"共计18个指标，包含主动公开政府信息的总数、制发规范性文件总数、政府公报发布信息数、政府网站（微博、微信等）公开信息数。"回应解读情况"共计8个指标，包含回应公众关注热点或重大舆情数，参加或举办新闻发布会总次数，政府网站在线访谈数，公众关注热点或重大舆情数，政策解读稿件发布数，微博、微信回应事件数，其他方式回应事件数等，其中涉及各种渠道、各种方式回应公众对信息公开的需求情况。"依申请公开数据"共计35个指标，包含收到申请数（含当面、传真、网上、信函）、依申请答复数、办结数、产生费用情况。其他方面有10个指标，包含咨询数、举报投诉数、行政复议和行政诉讼数。该市的政府信息公开工作通过量化的指标敦促各部门以保障人民群众民主权利、维护人民群众根本利益为出发点，切实加强组织领导，健全工作机制，认真抓好、全面落实政府信息公开工作，促进行政权力公开透明。同时该市将政务公开作为政府各单位绩效考核的重要内容。

3.加强政务服务改革，建设勤政高效政府

党的十九大报告提出要转变政府职能，深化简政放权，创新监管方式，增强政府的公信力和执行力，以"放管服"、"最多跑一次"、"不见面审批"改革为代表的政务服务改革既是提高政务诚信水平的有力手段，也是政务诚信水平提高的表现。

（1）"放管服"改革

①基本概念和发展历程

2016年5月9日，国务院总理李克强在全国推进简政放权、放管结合、优化服务改革电视电话会议中发表重要讲话。2018年3月5日，国务院总理李克强在《政府工作报告》中提出，要持续深化"放管服"改革。"放管服"是简政放权、放管结合、优化服务的简称。近年来，我国的"放管服"改革取得一定成绩，在一定程度上修正了政府和市场的关系，使市场在资源配置中起决定性作用，增强了政府在社会公众中的公信力。

②主要做法和成效

一是行政职权事项大幅精简，取消非行政许可审批。部分地方政府探索将审批事项调整为备案、登记等其他类型的事项，行政许可事项减幅明显。据公开数据，截至 2018 年底，全国各部门取消、下放了 3400 余项行政审批项目，仅保留 1000 余项。2017 年以来，广东省级政府部门权责清单从 5598 项减至 3018 项，压减比例达 46%，群众办事提交材料数量压缩 56%；企业开办时间压缩至 5 个工作日内，提前一年完成国务院设定的目标任务。

二是缩短建设项目审批时限，商事制度改革取得明显进展。各地积极探索建设项目串联并联审批机制，通过预审制、代办制等探索性改革，进一步压缩建设项目的审批时限。2017 年，杭州市以"互联网 + 政务服务"改革为抓手，借助信息技术，建成商事登记"一网通"系统，打通 33 个涉及企业证照审批部门的业务系统，实现了多证合一、证照联办。2018 年 7 月，深圳市以"深圳 90"改革为目标，政府投资建设项目从启动到获得施工许可的审批时间从 2017 年的 267 个工作日压缩到 90 个工作日内，社会投资建设项目从启动到获得施工许可的审批时间控制在 33 个工作日内。

三是政务服务水平特别是网上政务服务能力不断提升。根据 2019 年发布的《省级政府和重点城市网上政务服务能力调查评估报告（2019）》数据，截至 2018 年 10 月，我国已基本建成 32 个省级网上政务服务平台体系。省级政府层面，网上政务服务能力指数得分为"高"以上的地区达到 22 个，占比从 37.5% 提高至 68.75%。重点城市层面，21 个城市的网上政务服务能力指数得分为"高"以上，比例提高至 65.63%。

（2）浙江"最多跑一次"改革

①基本概念和发展历程

"最多跑一次"，即群众或企业到政府部门办事，在材料完备的情况下，最多只需要跑一次就能办成所需的事项。据了解，浙江省委经济工作会议于 2016 年首次公开提出"最多跑一次"改革，2017 年《浙江省政府工作报告》中正式提出浙江实施"最多跑一次"改革。同年，为了加快推进改革进程和规范改革内容，浙江省人民政府印发了《加快推进"最多跑一次"

改革实施方案》和《浙江省公共数据和电子政务管理办法》两个重要文件。2018年11月30日，浙江省第十三届人民代表大会常务委员会第七次会议通过《浙江省保障"最多跑一次"改革规定》，专门设立改革中对公务人员的容错免责条款，让敢闯敢试者没有后顾之忧。2018年9月，浙江省对外公开的省、市、县三级公布的"最多跑一次"事项数占总事项数的比例分别为100%、99.59%、99.21%，基本实现"最多跑一次"的全覆盖。

②主要做法和成效

一是将群众办事的窗口作为改革的攻坚点和突破点。从方便申请人的角度出发，前台综合窗口受理，后台业务部门分类审批，前台综合窗口统一出件。前台综合受理的前提是标准化的办事指南，前台只要按照指南"所列材料按单抓药"，进行无差别受理。所有业务进驻服务大厅，后台审批人员不直接接触申请群众、企业，前台统一受理后，后台对应业务审批部门审批，完成后再转至前台统一出件。2017年，浙江省发布《政务办事"最多跑一次"工作规范第2部分：一窗受理、集成服务》，对审批标准、审批人员规范及监督方式等都做了详细的规定，这一做法有效地提高了后台的审批质量和效率。

二是"最多跑一次"改革的核心在于政府的流程再造。打破部门间分割的局面，刀刃向内革命，从方便群众办事的角度，整合部门间的流程，优化审批、服务事项流程，以审批事项为核心进行政府流程再造，减少群众办事的跑动次数，切实提升政府行政效率，满足群众的切实需求。

三是"最多跑一次"以"互联网＋政务服务"改革为抓手推进，构建五级联动电子政务平台，形成一体化的新型政务服务模式。为打破条块分割的格局，构建大数据管理体制，由大数据局统一进行政务数据管理，2017年3月，浙江省出台了《浙江省公共数据和电子政务管理办法》，赋予电子材料合法性，提升网上政务行为水平，推动"最多跑一次"升级改版。

（3）江苏"不见面审批"改革

①基本概念和发展历程

"不见面审批"是江苏在深化"放管服"改革的背景下，以行政审批改革为切入点，坚持问题导向，形成"三级四同"标准化权力清单，并以此为基础进行改革，形成"网上办、集中批、联合审、区域评、代办制、不见面"的办事模式。2017年6月，江苏省发布《关于全省推行不见面审批（服务）改革实施方案等四个文件的通知》，提出要依托江苏省政务服务网，在全省建立"不见面审批（服务）体系"；2018年9月，江苏省发布《"不见面审批"标准化指引》，将"不见面审批"的评价指标、各地"不见面审批"的占比纳入全省简政放权创新创业指标。江苏通过打造"不见面审批是常态、见面审批为例外"的格局，形成了"不见面审批（服务）清单""见一面审批（服务）清单"。

②主要做法和成效

一是推进全流程网上办理模式。深度推进网上办理工作，构建"在线咨询、网上申请、网上审批、网端推送、快递送达"办理模式，将现场办理转换为网上办理，实现审批不见面的目标。

二是推进集中高效的联动审批。通过试点扩面的方式，以优化部门职能为基础，将审批进行串联和并联，推行施工图"多图联审"、企业投资项目"多评合一"。

三是实行企业投资项目"预审及代办制"。其中，南京市江宁区"模拟审批"和泰州市高港区"代办制"作为这一改革的先行先试，为办理投资项目的企业无偿提供咨询、代办等服务。

五是推行审批（服务）结果"不见面"送达。推行审批（服务）结果通过微博、微信及新闻客户端推送，快递送达证照，短信告知办理结果等服务模式，实现审批过程进度全告知，减少办事企业和群众跑动次数。

截至2019年8月底，江苏省"不见面审批（服务）清单"包括121532项，"见一面审批（服务）清单"仅有4907项，"不见面审批（服务）"事项的占比达96.1%。"不见面审批"改革以与群众接触的审批环节为切入点，把权力关在制度的笼子里，避免让群众来回跑，彻底改变了传统审批中"找熟人好办事"的做法。"不见面审批"改革运用互联网技术，将传统的窗口服务拓展到电脑和移动端，让群众"少跑腿、多办事、不添堵，甚至

不跑腿、办成事"。

（4）深圳"秒批"改革

①基本概念和发展历程

"秒批"即无人干预自动审批服务，是申请人提交申请信息，系统按照既定规则，通过数据共享，实时比对、核验申请信息，自动做出审批决定，并将审批结果及时主动告知申请人的政务服务新模式。2018年5月，《深圳市人民政府办公厅关于印发深圳市普通高校应届毕业生引进和落户"秒批"（无人干预自动审批）工作方案的通知》公布，在全国首创无人干预自动审批"秒批"审批服务新模式。2018年11月，《深圳市人民政府办公厅关于印发深圳市推广"秒批"模式工作方案的通知》指出，力争到2019年底前，至少200个政务服务事项实现"秒批"，进一步增强企业和群众的获得感。截至2019年6月，深圳市推出包括应届高校毕业生接收，在职人才引进，博士后引进及其配偶、子女随迁，留学人员引进，老龄津贴申领，出租车/网约车驾驶员证申领等在内的110多个"秒批"事项。

②主要做法（以人才引进为例）和成效

一是从"申请人出发"，梳理整合业务流程。申请人在业务系统填报个人相关信息，业务系统即自动反馈申请人的学历信息、犯罪记录、参保信息、体检结果等。打通人社、公安、发改等部门之间的业务系统，实现人才一站落户。二是让"数据多跑路"，实现不见面自动批。申请人提交人才引进材料后，系统在自动比对核心数据后，在人社、发改、公安部门间依次自动生成办理结果并互通共享，形成业务审批闭环，实现全流程数据审批和流转。三是让"承诺先于审核"，提高行政审批效率。"秒批"开启承诺制服务模式，系统智能化审核申报材料，并将核查端口后移，在"秒批"后再通过人工对申报材料进行事后核查，审批效率大幅提高。四是把"权力关进笼子"，防范权力寻租风险。"秒批"实现了系统自动审批、过程无人工干预，有效根除了经办服务过程中的寻租行为，实现了办事主体只在网上与数据打交道、政府办事从"以人为主"转变为"以数据为主"，权力从人的手中"转交"给数据，彻底消除了自由裁量和暗箱操作，把"权力关进了数据的笼子",减少了权力寻租风险。

政务服务的一系列改革措施,是互联网及大数据技术发展背景下,建设服务型政府、提高政务诚信水平的必然选择,充分彰显了政府努力营造高效、公开、透明的政务环境和营商环境的决心,切实提高了群众对政府的信任程度。

(二)守信践诺方面

1. 政务服务承诺兑现

建立政务服务承诺机制:涉及职权范围内的工作、承诺办理时限、办理材料、办理流程、跑动次数、收费标准等。广东、江苏等省份探索将承诺时限压缩,少于法定办理时限,部分地区将承诺时限压缩为法定时限的50%以上,进一步方便办事群众、企业。将政务服务承诺集中到一张网上进行公开,办事群众可登录相关网站进行查阅和监督。政府探索建立相应的信用评估制度和绩效管理机制,部分地区建立公共服务白皮书制度的政务服务载体,通过纪委监察部门及政务服务主管部门加强日常监督检查和全程绩效评估。2019年,我国建立政务服务"好差评"制度,服务质量由享受政务服务的企业和群众来评价。按照国务院"好差评"制度建设要求,各省份相继出台相应的政务服务"好差评"管理办法和细则,"好差评"制度包括各级政务服务机构的服务事项管理、办事流程、服务效率及工作人员服务态度和水平等。

2. 新官要理旧账,彰显政府公信力

公共政策的科学合理性、公共政策的连续稳定性、对错误政策的纠偏能力是政府信守承诺的一个重要表现,就像习近平总书记提醒的那样:要善于"瞻前",既不搞"一个师公一道法",也不刻意搞"新官上任三把火"。2018年3月,国务院总理李克强在《政府工作报告》中强调"政府工作在新的一年要有新气象新作为……政府要信守承诺,决不能'新官不理旧账'"。"新官要理旧账"能进入《政府工作报告》,说明我国政府认识到政务诚信的重要性,任何一名官员代表的不是个人的诚信,而是政府

公信力。账目有新旧，责任无新旧，地方各级政府及有关部门严格兑现向社会及行政相对人依法做出的承诺，政府的换届及领导人员的更替不能作为毁约的原因。

（三）失信惩戒方面

党的十八大报告指出：加强党内监督、民主监督、法律监督、舆论监督，让人民监督权力，让权力在阳光下运行。监督是规范政府及公职人员行使行政权力，惩戒失信行为的有效手段。为了防止政府失信成本和失信受益失衡、失信行为得不到遏制，目前我国建立了内部监督、外部监督等一系列监督体制。从内部监督机制来看，一是形成监察和国家审计制度，创新监察手段，扩大电子监察范围，将政府的重大决策落实、行政审批、政府投资、行政执法及政务公开纳入监控范围，实施全程监控、准确评估和及时追究。二是建立政务失信记录。各地方通过建立公共信用信息管理系统，将行政机关和公职人员在行使职权过程中的违法违规、失信违约、行政处分、问责处理等信息纳入政务失信记录。三是在绩效考核、评优评先、职务晋升中运用政务失信记录，对存在失信记录的公务员，按照相关规定降低考核评价等级、取消评选资格、限制提拔晋升等。从外部监督机制来看，一是畅通建议举报投诉渠道，目前，各省份政务服务事项均在互联网上公开，政务事项办理均有咨询、投诉电话，如通过正常途径还未能解决，群众还可以通过信访制度来反馈公务员或政府的失信行为。二是公民或法人认为政府具体的行政行为侵犯其自身利益的，可以通过《行政复议法》或《行政诉讼法》规定的程序到相关部门提请复议或进行诉讼。三是我国于1994年通过了《国家赔偿法》，行政赔偿成为国家赔偿的重要组成部分，国家行政机关及其工作人员行使职权过程中侵犯公民、法人或者其他组织合法权益并造成损失的，由国家来赔偿。《国家赔偿法》的出台要求政府及其工作人员按照法律行使职权。截至2019年9月6日，国家最高赔偿金额为468万元，其中包含羁押8452天人身自由赔偿金和精神损害抚慰金，国家行政机关为错误的判决埋单是失信惩戒最突出的表现之一。

党的十八大以来，浙江省的"最多跑一次"改革、江苏省的"不见面审批"改革和深圳市的"秒批"改革等一系列做法及政府守信践诺、失信惩戒等政务诚信建设顺利实施的主要原因有以下几个方面。

第一，政务诚信的这一核心价值观是改革成功的内在驱动力。政务诚信将诚信视为一种价值规范，遵守和弘扬这一价值规范有利于实现公共决策和服务的科学化和民主化，各地对政务诚信建设的一系列探索体现了政府及其工作人员将政务诚信理念内化为坚定的信仰，政务诚信引导政府及其工作人员时刻牢记使命和责任，并将其内化到自己的政务行为中，进而夯实了政府与群众间互信的基础。党的十九大全面确立的"以人民为中心"的发展思想，推动了中国公共服务理念的革新，这也是建设"人民满意的服务型政府"的思想基础和内在要求。"放管服"、"最多跑一次"、"秒批"改革得以成功开展并收获显著成效，正是由于运作机制符合"以人民为中心"的服务型政府建设的特征和要求，其本质是践行了"以人民为中心"的价值取向，实现了从"政府中心主义"到"以人民为中心"治理理念的升级。

第二，伴随着"互联网＋"技术的迅猛发展，政府必须更新公共治理理念，转变职能。"互联网＋"的开放性和多元性更新了公众对政务服务的诉求，特别是在以"互联网＋"推动社会转型升级的关键时期，企业和群众对政府的服务能力、服务水平与服务模式提出了新的要求，越来越多的新生业态和群众多元的需求对政务服务创新提出新的挑战。同时，互联网技术的发展也为政府服务模式提供了技术手段，让政府有能力、有方法提供高效的政务服务。

第三，浙江省、江苏省、深圳市在全国开创"最多跑一次""不见面审批""秒批"等政务服务模式，得益于政府服务意识强、解放思想，得益于阿里巴巴、腾讯等优秀企业的产业和技术支撑。

第四，加强政务诚信建设是一场刀刃向内的革命，重视群众关注的问题，不仅符合政府职能转变的大趋势，同时也符合人民对经济发展的期待。政务诚信建设既是提高政府治理水平、建设现代政府的内在要求，也是增强和提升政

府公信力、执行力和权威性，更好地服务于人民群众的有效保障。政务诚信建
设是实现国家治理体系与治理能力现代化的必然途径。

三 政务诚信建设中存在的问题及原因

（一）存在的问题

1. 依法行政不到位

新时代，中国特色社会主义建设要坚持全面依法治国，坚持依法治国就
要坚持依法行政。我国早在 2003 年就通过了《行政许可法》，并于 2004 年
7 月 1 日起开始施行，《行政许可法》施行以来，促进政府转换观念、转变
职能，优化了行政管理方式，推进了法治政府建设，但是，人民群众身边的
依法行政不到位情况仍时有发生。

（1）政策制定不规范，在政策制定过程中不公告，不充分听证、论证。
涉及公共利益的重大政策，应当向社会公告，并进行听证，以作为决策的依
据。但在政府行政实践中，未按规定程序紧急出台或撤销政策的现象依然存
在。

（2）政策实施缺乏稳定性和连续性。政策稳定性是政务诚信建设的关
键之一，一项涉及人民群众利益的政策出台，应当经过充分的论证；在出台
后相当一段时间内，应保持基本稳定，有效解决相关问题或实现既定目标。
政策实施缺乏稳定性和连续性，包括政策前后脱节、随意中断等，都会极大
地损害政府公信力、影响人民群众对行政机关的信任水平。近年来，一些地
方政府在政策实施方面出现稳定性、连续性缺乏的情况。

（3）政策执行不规范、不到位。在政策执行过程中，存在未严格按照
政策执行或随意突破政策规定的情况，更有甚者，"上有政策，下有对策"。
在政务服务的提供中，这种现象较为普遍，主要表现为超出政策范围收取材
料、超出承诺时限办理事项、超过承诺的跑动次数等。

2. 信息公开不完全

《中华人民共和国政府信息公开条例》实施以来，对规范行政权力的行使、实现权力在阳光下运行、强化社会监督、保障人民群众的知情权和监督权具有重要意义。然而，在当前政务诚信建设的要求下，仍然有诸多问题需要解决。

（1）信息公开的机制有待健全。一些政府部门缺少规范的信息审核、发布、监督机制，"要不要公开""能不能公开"仍显随意，有些部门网站信息公开栏长期不更新，甚至空白；有些部门仍存在信息保护主义行为，缺乏主动公开意识，常常是被动的应付式公开，能不公开则不公开，能少公开就少公开。信息公开工作与畅通联系群众"最后一公里"的要求还有较大距离。

（2）信息公开的渠道不够多元。当前，政府部门信息公开渠道较为单一，流于形式，多数仍局限于传统的新闻发布会、部门网站、报刊等，缺少统一集约的公开平台，政府部门较少把政务微博、微信等新媒介作为信息公开的平台，人民群众获取信息的便捷性不强。

（3）信息公开的质量仍需提高。一是信息公开的形式陈旧，多是长篇累牍的公文叠加，其中充斥着晦涩难懂的专业词语，例如，某地公开的政府"三公"经费支出决算情况报告，共100多页，且全部使用会计专业术语，普通群众根本无法看懂，也无时间通读，如此信息公开难以发挥人民群众监督政府的作用。二是信息公开内容不全，有的是半遮半掩式的信息公开，有的是只公布一部分政策，另一部分以"抽屉文件"的形式存在，更有甚者，还存在公开信息"注水"的现象。

（4）信息公开的时效性有待提升。行政机关信息公开不及时，特别是对突发公共事件的信息公开不及时，既不利于人民群众了解突发公共事件的真实情况，还容易导致流言四起，产生社会恐慌，后知后觉的官方信息公布往往被解读为政府故意隐瞒或迫不得已，严重损害政府公信力。

（5）政策解读的方式需丰富多样。政府从自己的角度制定相关政策，但公众由于知识有限等原因，不能完全深刻理解。目前，政府在利用群众喜

闻乐见的方法来提高政策的权威性、可读性和针对性方面进步明显。例如，在解读一些国家经济、民生数据时，使用动画和图表的表现方式，浅显易懂。

3. 政务服务不高效

党的十九大报告要求转变政府职能，深化简政放权，创新监管方式，不断增强政府的公信力和执行力。为切实提高政务服务质效，努力建设人民满意的服务型政府，应解决政务服务领域存在的问题。

（1）顶层规划有待加强。政务服务顶层设计是指国家或省级层面在制定、实施政务服务政策时全面统筹、系统规划，整体把握改革方向，确保改革目标实现。政务服务改革时间紧、任务急，部分工作的顶层设计不足，存在边想边干、边干边改、不断"翻烧饼"的现象。在信息化建设方面也存在类似问题，各级政府制定了横向信息化建设规划，而中央职能部门制定了纵向信息化建设规划，纵横体系的不一致、不同步导致重复建设。浙江省、江苏省政务服务改革的重要特色是省级注重"面"上规划，无论是信息化建设，还是服务事项流程标准化，都通盘考虑、统一布局；各地市则注重在"点"上雕刻，建立统一的政务服务网，提供周到、个性的服务。

（2）部门协同机制落后。在网络化、信息化日益发展的背景下，"互联网+政务"将是政务服务的常态，跨部门的业务联办将越来越普遍。当前仍有一些部门缺乏互联网思维，协调意识不足，加上各个区域、各个部门政务服务发展水平不一，部门之间尚未形成协同办事机制。群众在办理跨部门、跨区域业务时，仍然疲于奔走，阻碍重重，群众跑断腿却办不成事的情况仍在一些政府部门存在。

（3）信息"孤岛"仍然存在。为推进信息共享工作，2016年9月5日，国务院印发《政务信息资源共享管理暂行办法》，第一次明确规定政务信息资源共享以共享为原则，以不共享为例外，除涉及国家秘密和安全的信息外，为方便企业、群众办事，各级政务部门形成的政务信息资源原则上应予以共享，深圳市在全国率先推出的政务服务事项"秒批"就是在数据共享的基础上实现系统自动审批。政务信息资源共享的程度已经是政务服务改革向纵深推进的关键要素，但是，在明确的规章制度要求下，一些政府部门仍将政务信息资源视为"私产"，以保护隐私、涉及安全等为名拒绝共享，成为政务服务改革中的"信息孤岛""信息烟囱"。

（4）服务流程不规范。一是流程缺乏统一的规范。各部门制定的审批流程、申报材料、办理时限等方面的标准差别较大，同一事项在各地区的审批流程有繁有简，办理时限的弹性空间较大。二是流程透明度比较低。在整个审批过程中，审批部门不公开或者有选择地公开，申请人无法得知业务经办的进度。三是流程监督环节相对薄弱。对政府内部流程的监督有相应制度，但是执行效果不佳，另外，没有以简单的方式赋予群众监督流程的权利。

4. 监督体系不健全

一是监督功能不到位，重视程度不够。我国建立了较为完善的监督体制，包括党的监督、人大监督、行政监督和司法监督等多主体、全方位的监督。但目前的监督机制未充分发挥应有的作用，监督工作没有落到实处：往往把监督工作等同于填表打分。二是失信惩戒机制不健全。地方政府经常出现管理失范、程序错误、暗箱操作等问题，决策缺乏科学性和民主性，责任追究难以落实。

（二）原因

1. 文化根源

行政文化是指在行政实践活动基础上所形成的，直接反映行政活动与行政关系的各种心理现象、道德现象和精神活动状态，其核心为行政价值取向。目前，仍有个别政府工作人员本位主义严重，视个人利益、部门利益、个人权威、部门权威至上，无视法律、规章制度，导致不兑现承诺、新官不理旧账等失信情况发生。

2. 服务型政府执政理念意识不强

服务型政府执政理念对政务诚信提出了更严格的价值承载和精细化的实践要求，使政府在角色上定位于"人民公仆"，服务价值取向由"官本位"

转向"民本位",服务评价标准由"高成本低效率"转向"低成本高效率"。目前,仍有个别政府工作人员一味追求政绩,导致政务失信行为发生,从而造成部分民众对政府的信任水平下降。

3.政务诚信制度缺位

政务诚信制度不完善,很多地方未能依据《国务院关于加强政务诚信建设的指导意见》发布符合本地实际情况的有关政务诚信的相关政策。目前,在很大程度上,政务诚信依靠政府工作人员的素养,在无完善制度保障的情况下,提升政务诚信水平的效果不理想。

4.公众参与监督不够

社会公众对于政府及政策的了解不全面,存在一定的局限性,加之利益角度不同,特别是公众对具体政策所持意见有所不同,信息在传递过程中可能会变形,导致部分群众产生了对政府的错误认知,降低了对政府的信任度。此外,对于监督政府的渠道,公众掌握得不完全,公众监督政务诚信的途径不畅通。

四 对策建议

政务诚信是社会信用体系建设的一个重要维度,在整个体系建设中起着表率和导向作用,对于社会公平正义的贯彻和民主法治、依法行政理念的形成具有重要意义。在全社会形成守信光荣、失信可耻的氛围,亟须抓住政务诚信这个"牛鼻子",从以下五个路径推进。

(一)深化思想建设,打造"服务导向"政务诚信品质

政府履职践诺的过程也是政务诚信构建和践行的过程。作为实施行政权力的主体,政府公职人员表现出来的诚信素养直接反映政务诚信水平。减少政务失信现象,首先就要求政府公职人员加强自我约束、自觉接受监督、带头守信践诺。

一是培育政务诚信意识。只有将诚信内化为自觉意识,诚信才能成为政

府公职人员做好行政工作的前提。要从培养政府公职人员的诚信服务意识入手，持续加强政务诚信教育，将政务诚信纳入公务员初任及晋升培训课程，塑造诚信德行，提倡诚信思维，扭转干部干事创业的"疲、虚"之风，使务实、廉洁、高效成为行政工作的当然要求和根本准则。

二是要强化为民服务理念。随着政府治理模式由管理型向服务型转变，政府要在提供公共服务的同时进行有效管理，在有效管理中实现对公共服务的充分供给，就必须将公共服务意识牢牢植根于政府公职人员心中。要深入践行以人民为中心的发展思想，着力解决关乎人民群众切身利益的现实问题和人民群众反映强烈的突出问题，以为民谋利、为民尽责的实际成效取信于民，切实提高为民服务的主动性和自觉性，以更好地适应现代公共行政发展的要求。

（二）深推政务诚信法治化建设，提高政务失信成本

根治政务失信这一痼疾，除了需要引入柔性力量的道德建设鼓励人们主动为善外，还应在刚性的外部约束机制上下功夫，把政务诚信建设由道德层面提升到法律层面，加快法治化建设，提高政务失信成本，打造不敢失信、不能失信、不想失信的"制度笼子"，从而起到反向促进政务诚信建设的作用。

一是要坚持依法行政。依法行政是政务诚信的基本保障，政府部门是行使公共权力的机构，行政行为必须在法律法规的框架和监督下进行，只有坚持依法行政，法律权威得到普遍尊重，社会才能具有普遍的政治认同，政府公信力才会处于良好状态，公共政策才能受到广泛认可，政务目标更容易实现。各级政府要逐步完善"政务清单"，按照权力清单和责任清单要求，有效规范行政权力运行和责任追究机制，做到"法无授权不可为，法定职责必须为"，不断增强政府的公信力和执行力。

二是要强化对权力的制约监督。加强对政务诚信建设法律法规制度的研究，为政务诚信体系建设提供良好的制度支撑，确保有据可依。完善科学民主决策机制，健全行政执法体制和执法程序，坚持用制度管权、管事、管人，

进一步规范政府行政行为，推进机构、职能、权限、程序、责任法定化。

三是加快政府守信践诺机制建设。建立政务诚信考核的常态机制，把政务履约践诺情况纳入政府部门绩效考评内容，探索建立公务员个人信用评价制度，实现责任到人的目标。健全政务失信惩戒机制，明确对政府行政行为进行责任追究，坚决纠正和惩处违法行政、滥用职权、久拖不决、失职渎职等行为，探索将政务失信惩戒责任落实到具体责任人，加强对直接责任人的行政、法律责任追究，建立重大决策终身责任追究及责任倒查机制，提高失信行为成本，杜绝"新官不理旧账"的现象。把大数据等新技术运用到政务诚信的改革中，对于出现政务诚信预警的部门或公职人员，要立即采取干预措施。

（三）加强政务服务效能建设，提升政府履职能力

政务诚信的构建在很大程度上直接体现政府对自身及其公职人员的自我管理和管理公共事务的能力，可以说，深化改革是政务诚信的关键。这就要求强化政务服务效能建设，持续提升政府履职能力，不断提高公众对政府的满意度。

一是要加快转变政府职能。诚信政府的一个重要表现就是"有限责任""服务型"政府，这意味着政府要集中力量"管好该管的""服务好该服务的"，深化"放管服"改革，进一步优化政府机构设置和职能配置，形成职责明确、依法行政的政府治理体系，全面提升政府效能。围绕使市场在资源配置中起决定性作用、更好地发挥政府作用的目标，构建起高效廉洁的体制机制。

二是构建完善规范的行政审批（服务）体制。诚信政府是以行政效率为基础构建的。加快推进行政审批制度改革，构建规范完善的行政审批（服务）体制，明晰政府与市场、政府与企业、政府与社会的边界，创造条件使社会大众参与到公共管理中，要完善行政审批责任制及责任追究制，着力消除自由裁量空间，确保行政审批结果公正、公平、公开，助力政府塑造公信力。

三是创新政务服务模式，推动"互联网＋政务服务"改革。借助信息技术，通过信息共享实现自动审批，真正做到无人工干预，运用区块链技术，保证政府发布信息和提供服务的真实性。将原先以制度为基础的政务诚信建设转变为以技术为支撑的诚信体制建设。

（四）加大政务公开力度，实现权力阳光运行

政务公开制度是政务诚信建设的首要保证，是政务诚信建设的突破口和表现载体。近年来，随着政务服务改革持续推进，政务公开成效显著，特别是审批流程公开，各部门直接亮出办事流程、所需材料、办理时限，不仅有效减少了办事环节，节约了等候时间，避免了多部门跑动，还让办事群众和企业能知晓审批事项的办理要求和进展，了解获批或不获批理由，社会对政府审批结果的信任度大大提升。在今后很长一段时间，需要从以下几个方面入手。

一是推广重大决策事项公示和听证制度。深化阳光行政，大力推进招商引资、政府采购、招标投标等群众关心的重点领域的信息公开，同时重视政务失信问题"重灾区"的政务诚信建设，在确保信息安全和保护隐私的前提下，有效推进政府重大决策依法公开。拓宽公众参与政府决策的渠道，对于涉及群众利益的重大决策，可由群众代表参会以发挥参政议政作用，切实保障群众的知情权、参与权和监督权。

二是加快电子政务建设。依托电子政务建设，把涉及公众利益的各类权力的运行过程情况的公开作为政务公开的重点，畅通公众了解政策、反映问题、提出建议的渠道。健全政府权责清单管理制度，在线公布所有行政权力事项的法律依据、办事流程、办事材料、办理时限等信息，并实施动态管理，让群众一目了然、心中有数。持续推进"互联网＋政务服务"改革，在推动网上登记、网上申请、网上审批的基础上，提高经办过程透明度，探索实现业务办理进度全流程实时告知，让群众"知进度、增信任"。

三是完善政府部门及其公职人员信用记录并应用。通过建立政务诚信数据库，实现政务诚信信息集中归集和共享，建立联合奖惩机制。一方面，建

立政府部门及其公职人员的政务信用档案，重点记录依法行政、政务公开、公职人员诚信状况等信息。另一方面，健全政务失信记录，依法采集各级政府和公务员政务失信记录，将其作为政府绩效考评、公务员考核任用奖惩的重要依据，强化对失信部门和人员的信用监管、约束和惩戒。

（五）保障公众依法监督，促进政务诚信建设

政务监督制度是政务诚信建设的根本保障，政府部门做诚信榜样，让群众对政府有信任感，就要保障公众能通过多种渠道向政府表达民意、有序参与行政决策、依法监督行政实施全过程、督促政府对民意做出积极回应。

一是畅通公众意愿表达渠道。政府应主动适应新媒体时代发展的需要，建立有效的政民沟通机制，及时了解民情、畅达民意、集中民智。一方面，把握正面舆论导向的主动性，发挥政务微博、微信、官网等媒体渠道和信用门户网站的作用，定期向社会发布权威信息；另一方面，提高政府危机处理能力，加强舆情监测和危机预警，做好风险预控，对于人民群众关注的热点事件要及时予以回应，有力消除社会质疑，避免谣言对政府公信力造成的损害。

二是健全公众监督机制。有效运行公众监督制度，鼓励公众通过新闻媒体、网上问政、听证、信访等多种途径参与监督，规范行政听证制度，完善专家咨询机制，提高公众的决策参与度。建立政务信用监测评价制度，引入第三方信用服务机构参与政务诚信评价，把政府政务公开情况、政务失信记录等作为政务信用监测评价的重点，向公众发布政府信用评价报告。发挥社会舆论监督作用，定期通报整改不及时、不到位的政府失信行为，建立政务失信投诉举报机制，督促政府忠实履行行政责任，防止出现"拍脑袋决策""拍屁股走人"情况。

参考文献

［1］李艳：《政务诚信建设的本质、价值取向及其实现路径》，《求索》2014年第5期。

［2］《中华人民共和国政府信息公开条例》，2007 年 4 月 5 日。

［3］《国务院关于加强政务诚信建设的指导意见》，2016 年 12 月 30 日。

［4］刘晚莹：《基于"互联网 + 政务服务"的行政审批制度改革研究——以南京市栖霞区商事登记"不见面审批"为例》，南京大学硕士学位论文，2019。

［5］赵群：《BZ 市政务诚信建设研究》，山东财经大学硕士学位论文，2018。

［6］《推进行风与业务融合　打造群众满意的人社服务》，《中国组织人事报》2019年 7 月 1 日第 4 版。

［7］高东升：《中国共产党政务诚信思想的发展及其反省》，《苏州科技学院学报》（社会科学版）2015 年第 6 期。

［8］李克强：《在全国深化"放管服"改革优化营商环境电视电话会议上的讲话》，《中国行政管理》2019 年第 7 期。

［9］《"最多跑一次"改革没有局外人》，《浙江日报》2019 年 2 月 11 日第 1 版。

［10］陈亦宝：《"最多跑一次"改革绩效实际测评、影响因素及优化路径研究——基于杭州市的实证调查》，浙江大学硕士学位论文，2019。

［11］韩业斌：《优化法治化营商环境的区域实践——以"不见面审批"为例》，《盐城师范学院学报》（人文社会科学版）2019 年第 3 期。

［12］张思滨：《政务诚信的评价指标及其实证研究——以苏州某区行政服务中心为例》，《苏州科技学院学报》（社会科学版）2016 年第 6 期。

［13］《〈省级政府和重点城市网上政务服务能力调查评估报告（2019）〉在京发布》，《电子政务》2019 年第 5 期。

［14］赵昊杰：《服务型政府视域下的政务诚信建设》，《成都行政学院学报》2019年第 3 期。

［15］潘信林、唐佳明：《中国传统政务诚信的主体逻辑及其当代价值》，《铜仁学院学报》2018 年第 8 期。

［16］顾丽梅：《新公共服务理论及其对我国公共服务改革之启示》，《南京社会科学》2005 年第 1 期。

［17］丁志刚、王杰：《中国行政体制改革四十年：历程、成就、经验与思考》，《上海行政学院学报》2019 年第 1 期。

［18］张润泽、范根平：《政务诚信的基本内涵及其建设路径》，《信阳师范学院学报》（哲学社会科学版）2017 年第 2 期。

［19］张杰：《当前我国地方政府诚信建设问题研究——以 Y 市为例》，扬州大学硕士学位论文，2014。

专 题 报 告

Special Reports

B.8
中国政信金融发展指数

中国政信金融发展指数课题组 *

摘　要：　"中国政信金融发展指数"是全球首个关于政信金融、政府金融、公共金融等领域的综合指数，旨在定量刻画各地方政信金融发展状况，跟踪我国地方政府的政信金融活动、监测其中风险及其对当地经济发展尤其是金融、财政领域的影响。此次发布指数覆盖的区域为全国 338 个行政级别为地级及以上的城市（包括 4 个直辖市和 334 个地级行政区划单位①），以截至 2018

---

　*　中国政信金融发展指数课题组由中央财经大学政信研究院、中央财经大学及北京明树数据科技有限公司的专家组成，核心成员包括安秀梅、曹堂哲、郭剑光、肖光睿。安秀梅，中央财经大学政信研究院院长，教授、博士生导师，"中国政信金融发展指数"的最早倡导者之一；曹堂哲，中央财经大学政府管理学院副教授，"中国政信金融发展指数"的最早倡导者之一；郭剑光，中央财经大学金融学院副教授，"中国政信金融发展指数"的最早倡导者之一；肖光睿，北京明树数据科技有限公司首席执行官，其领导的明树公司为指数编制提供独家数据支撑。

①　截至 2018 年 9 月，地级行政区划单位数量为 334 个，包括 294 个地级市，7 个地区，30 个自治州，3 个盟。

年9月的相关数据作为指数评价基础，由于相关原因，部分数据截至2017年年末。指数包括若干层级的指标和基层指标，其中具有直接数据来源的指标作为基层指标。基层指标采取分位数得分技术进行无量纲化和标准化，各级指标则根据下级指标取值进行加权平均赋值。本报告在结果与分析部分呈现了地级行政区划、副省级市、直辖市等共338个行政区划的政信金融发展总指数和政信能力、政信融资、政融风险、政融生态分指数以及相应的分析。

关键词： 政信金融　政信能力　政信融资　政融风险　政融生态

一　中国政信金融发展指数概述

如前报告所述，政信金融在支持地方政府以及为相关主体提供公共产品、促进经济发展、改善公众生活条件等方面具有重要作用，有鉴于此，加之区域性的政信金融活动可能诱发的金融风险会对宏观经济和金融稳定产生重大影响，仅定性地描述各地区的政信金融发展状况是远远不够的。

目前学术理论界对于地方政府深度介入当地经济发展将可能导致政府职能不清、政府和市场在资源配置中边界模糊、政府供应公共产品对经济增长的贡献如何等问题仍然存在争议，尽管如此，我们秉持经济学分析的实证主义流派方法，而不是规范主义流派方法，回避理论上的争论，承认地方政府在当地经济发展中存在重要影响这个客观现实，将研究精力聚焦于构建一套定量化的、科学化的、系统化的方法以及相应指标体系，并以此对各地政信金融发展的状况进行刻画。

（一）指数的目标和功能

编制"中国政信金融发展指数"的目标就是定量化地刻画各地方政信

金融的发展状况、跟踪我国地方政府及相关主体的政信金融活动、监测政信金融活动中的风险及其对当地经济金融领域的影响。

"中国政信金融发展指数"的计算和发布，一方面服务于宏观决策部门，以更好地观测各地方的政信金融及其风险状况，成为宏观审慎评估的重要参考；另一方面也服务于微观决策主体，使其在参与地方经济建设和进行投资决策时能够参考中立的、可靠的、来自独立第三方所做的微观审慎评价。

更为重要的是，来自独立第三方的中立的评价，也能够对地方政府及相关主体的政信金融活动起到市场监督和约束的作用，与地方政府的财政自律、来自上级政府的监管共同成为政信金融风险管理的"三大支柱"，促进各级地方政府履行公共部门的职责、兑现提供公共产品的承诺，从而实现良好的信用。通过指数的计算和发布，对地方政府及相关主体的投融资活动进行有效约束，最终目的就是推动国家治理体系和治理能力的现代化。

在学术研究方面，指数将成为政信金融领域学术研究所需数据的整合平台。国内目前很多金融领域都有权威的数据库，比如宏观金融、金融市场、公司金融、消费金融、创业金融等领域；但是有关政府金融、公共金融领域的数据则比较零散，指数的编制工作可以整合相关数据形成数据库，并且还可以获取第一手的调查数据。

（二）指数涵盖的范围

从地域来看，"中国政信金融发展指数"以地方为指数的研究对象，但是如果仅考虑地方政府的投融资等政信金融活动，则可能对于政信金融发展态势的刻画存在局限。根据编制指数所希望达成的目标和实现的功能，要求明确政信活动与政信金融活动的相关主体、界定清晰政信金融的边界。

明确政信活动与政信金融活动的相关主体，可以从国家治理体系多元参与主体的视角出发，从代表最大公众群体的政府到非政府的社会公益部门与组织，再到工商企业组织等主体，都是国家治理体系的参与主体，也是明确政信活动与政信金融相关主体的基础。明确了政信活动与政信金融活动的相关主体，也就相应地界定了政信金融的边界，确定了政信金融发展指数涵盖的范围。

为此，我们从理论上把政信金融区别于政府金融和公共金融。简单地讲，公共金融就是包括政府在内的各种提供公共产品的机构或主体的投融资等金融活动，政府金融则完全是指政府的金融活动。政信金融则并不是严格地从主体类别进行界定，可以包括政府及政府相关联机构的投融资等金融活动，只要有关于公共产品供应以及政府向社会公众提供承诺相关的活动，所涉及的投融资都可以进入政信金融的范围；相关联则是指政府对这些机构进行了资本投入、政府补贴、政府采购等活动，或者机构依托于政府的信用、财政实力和各种资源。

因此，"中国政信金融发展指数"关注和监测的政信金融活动主体既可以是地市级地方政府，也可以是地方政府授权或地方政府担保机构等公共部门，或者是一些与公共产品供应相关联的企业，比如从事特定行业的国有企业、产品和服务主要面向社会公众公共需求的私人企业等。因为地方政府是最主要的政信活动和政信金融的相关主体，从指数编制的可操作性出发，目前暂时以地市级地方政府的政信金融活动为关注和监测的范围。

二 指标体系构建和计算方法

（一）构建指数的原则

"中国政信金融发展指数"的指标体系应全面、准确、科学地衡量各地政信金融发展的历程及现状。因此，指数编委会遵循科学性、系统性、全面性、可操作性和可比性原则，按照"逻辑完备、纵横交叉、总分结合、量化可考、资产负债平衡、存量流量一致"等多个基本要求，拟定五个关键维度构建"中国政信金融发展指数"一级指标。所有一级指标由多个二

级指标构成，并以此类推得到分层分级分类的指标体系。

从指数整体上看，指标体系应该是开放的、动态的、分层分级分类的。指标体系自上而下设计多个层级和多个类别的指标，这些指标分为基层指标和各级指标，能够由数据源直接计算得到的指标称为基层指标。每一层的每个指标由多个下级指标按照给定的权重进行加权平均赋值。指标体系的开放性和动态性要求根据监测范围的变化和数据的可得性能够动态并且开放地调整指标的层级。

从各级指标体系的设计上看，指标的"逻辑完备"意味着指标体系应该反映政信金融的一般运行逻辑及其要素构成；"纵横交叉"纵向反映政信金融的各类形式，横向反映政信金融运转的总量、价格、风险；"总分结合"则是按照宏观审慎和微观审慎的原则，从资产、负债两端总分结合设置指标。

从基层指标的设计上看，"量化可考"意味着选取的所有指标应该可以通过适当的途径，找到可靠的数据，并且具有客观性、全面性和一致性。

"资产负债平衡"和"存量流量一致"意味着整个指标体系的设计能够反映各种经济变量在动态变化中的平衡和协调，要符合财务管理的一般规律。

（二）指数的编制方法

"中国政信金融发展指数"针对目前全国 338 个行政级别为地级以上（包括直辖市和副省级城市）的行政区划，对指数整体和所有一级指标的取值进行了计算。指数各级指标值的计算采取逐层递进的方式：首先对所有基层指标取值，目前也即对所有二级指标取值；然后加权形成上级指标取值，目前也即一级指标取值；进一步递进形成更高级指标取值，最后由一级指标加权形成指数整体取值。

虽然目前并没有设计三级指标，但是随着指数编制的进一步完善，需要为一些二级指标预留三级指标。虽然二级指标的计算目前直接用一些可采集数据,但是应根据下辖的三级指标进行加权形成二级指标取值。

整体指数和各级指标的计算都需要进行无量纲化和标准化。基层指标的无量纲化和标准化方法是根据指标的类别不同而采取不同的赋值方法,比如标准差法、均值法、极差法、分位数得分技术等。因为"中国政信金融发展指数"涵盖的指标繁多,各种指标的特征差异很大,有数量型指标、比率型指标、变化率型指标等多种类型,并且不同指标的变异系数差别很大,无量纲化和标准化方法的选取对指数计算结果的影响非常大。在难以获得对各个指标协调一致的方法的情况下,指数编制采取的无量纲化和标准化方法是分位数得分技术。

具体而言,对每一项基层指标根据大小排序然后赋值,再由相应权重计算该指标对上一级指标的贡献。基层指标的赋值范围根据监测样本总数 338 确定为 1~338,各个样本的得分值由其所在的分位数组决定。分位数组的组数和相邻组得分差距根据相应基层指标的变异系数决定,变异系数较大的基层指标需要设计的分位数组相对多一些,反之则少一些。

各级指标逐级递进计算中的权重采取分级赋权,比如,指数整体计算时,目前对 4 个进入监测的一级指标分别赋权为:政信能力占 40%,政信融资占 20%,政融风险占 25%,政融生态占 15%。各级指标权重的形成过程结合主观判断和客观计算,采用了专家打分法和层次分析法等多种方法。需要说明的是,将来的研究可新增"政信资产"或"政信投资"一级指标,这时权重就需要调整,目前的设计想法是可将"政信能力"一级指标的权重适当分配一部分给新增一级指标。

在逐级赋权的计算中,还根据每个指标下辖指标之间的相关性对相应指标的权重进行上限控制,这一方案主要是为了使指数不会受到相关性高的多项指标的同步影响,加强指数对各个维度各个方面综合刻画的能力。

(三)构建指标的金融逻辑

金融活动涉及的内容主要是融资方、资金方以及联结双方的金融工具,政信金融的刻画维度也可以包括这几个方面:第一,从融资方看,主要是政

府等政信活动主体的经济活动、投资与融资活动、政信融资的风险等方面；第二，从金融活动载体看，主要是融资工具与融资渠道以及相关金融市场等方面；第三，从资金方看，主要是政信金融活动的资金供应及金融机构等相关主体的活动等方面；第四，政信金融活动的外部生态环境等其他维度。

围绕刻画政信金融的几个维度，目前"中国政信金融发展指数"的指标体系设计了4个一级指标：政信能力、政信融资、政融风险和政融生态。未来随着相关数据的可获得性得到改善，还将设计一个新的一级指标"政信资产"或"政信投资"。

上述一级指标的逻辑关系如下。首先，"政信能力"和"政信资产"（或"政信投资"）分别从流量和存量角度刻画政信活动与政信金融活动的主体作为融资方的财务状况。其中，"政信能力"主要围绕政信金融主体的收支状况展开研究；"政信资产"（或"政信投资"）则刻画政信金融主体拥有的、产生用于偿还融资的未来收入的实体资产或实体投资的财务状况。

其次，"政信融资"和"政融风险"是联结融资方和资金方关系的指标。从融资方的负债端视角看，需要重点关注的是融资结构安排；从融资工具与渠道方面看，需要重点关注的是各种融资工具与渠道的规模、价格与风险。"政信融资"从不同的融资工具和融资渠道进行刻画，一方面反映了融资方的负债状况，另一方面反映了资金方在不同工具和渠道上投入的资金规模。根据融资结构安排可以分为：债务性融资安排，以债券、金融机构贷款等为代表；结构性融资安排，以信托、融资租赁、资产证券化等为代表；特殊目的载体（SPV）融资安排，以政府投资基金、地方融资平台、城投公司等为代表；权益性融资安排，以PPP等为代表。"政融风险"从整体上刻画融资方未来偿还债务的风险，以及在不同融资工具和渠道分项上的风险；此外，"政融风险"还需要刻画整体上和各种融资工具与渠道的融资成本与负担。

最后，"政融生态"刻画的内容包括：政信融资的资金方与各种金融市场所形成的金融环境，以及行政、法规政策、社会信用等金融以外的各种经济政治社会生态环境。

每个一级指标再用若干二级指标进行刻画,其中"政信能力"由地区生产总值、本级财政总收入等多个二级指标组成;"政信融资"由政府债券总量、政府和社会资本合作总量等多个二级指标组成;"政融风险"由政府负债率、债务依存度等多个二级指标组成;"政融生态"由金融市场、金融机构、行政效率等多个二级指标构成。目前,"中国政信金融发展指数"共有 4 个一级指标和 38 个二级指标进入正式监测体系。未来随着数据可得性的改善,除了引入一个新的一级指标以外,还将陆续增加新的二级指标进入正式监测范围,甚至将在一些二级指标中增加下级指标,从而更加全面地刻画相应二级指标的特征。

(四)各级指标释意

基于国内外关于政府信用、财政投融资、政策性金融等领域的相关前沿研究,结合我国财政投融资相关政策文件梳理,通过多次课题研讨、专家评分、专家论证会等,指数编委会构建了中国政信金融理论体系,并形成了"中国政信金融发展指数"的指标体系,目前包括 4 个一级指标:政信能力、政信融资、政融风险和政融生态(如表 1 所示)。

表 1　中国政信金融发展指数(地市级指数)的指标体系

一级指标	二级指标
1. 政信能力	1.1 地区生产总值
	1.2 人均地区生产总值
	1.3 地区生产总值复合增长率
	1.4 本级财政总收入
	1.5 本级一般预算收入复合增长率
	1.6 本级一般公共预算支出
	1.7 财政支出增长弹性
	1.8 财政自给率
	1.9 地方财政赤字率
2. 政信融资	2.1 政府债券总量
	2.2 开发性金融总量

续表

一级指标	二级指标
2. 政信融资	2.3 政府信托总量
	2.4 融资租赁总量
	2.5 资产证券化总量
	2.6 政府投资基金总量
	2.7 平台公司贷款总量
	2.8 城投债总量
	2.9 政府和社会资本合作总量
3. 政融风险	3.1 政府负债率（本级）
	3.2 新增政府债务余额（本级）占地区生产总值比例
	3.3 债务依存度
	3.4 地方政府偿债率
	3.5 债务支出占财政支出比例
	3.6 人均债务率
	3.7 居民应债率
	3.8 债务逾期情况
	3.9 政策性融资担保违约情况
	3.10 政策性银行贷款违约情况
	3.11 城投债违约情况
	3.12 政府投资基金违约情况
	3.13 PPP 合同违约情况
4. 政融生态	4.1 政策与法规
	4.2 监管
	4.3 行政效率
	4.4 金融机构
	4.5 金融人才
	4.6 金融市场（债券、私募/VC 市场、信贷、信托等）
	4.7 社会信用环境

1. 政信能力

政信能力反映在一定的经济、财政条件下，政府掌握和运用各类资源的能力。政信能力主要受地区经济发展水平和财政收支状况的影响，因此选取地区生产总值等 9 项二级指标进行衡量（见表 2）。

表2　政信能力指标含义及计算公式

一级指标	二级指标	指标含义和计算公式
政信能力	1.1 地区生产总值	指本地区所有常住单位在一定时期内生产活动的最终成果
	1.2 人均地区生产总值	在核算期内实现的地区生产总值与地区常住人口（或户籍人口）的比值
	1.3 地区生产总值复合增长率	地区生产总值复合增长率＝（当年地区生产总值/基期年地区生产总值）^(1/年数)－1
	1.4 本级财政总收入	地区的一般公共预算收入、政府性基金预算收入、国有资本经营预算收入、社会保险基金预算收入的总和加上转移支付收入
	1.5 本级一般预算收入复合增长率	本级一般预算收入复合增长率＝（当年一般预算收入/基期年一般预算收入）^(1/年数)－1
	1.6 本级一般公共预算支出	地区的一般公共预算支出总和
	1.7 财政支出增长弹性	财政支出增长弹性＝当年财政支出增长率/地区生产总值增长率
	1.8 财政自给率	财政自给率＝一般公共预算收入/一般公共预算支出
	1.9 地方财政赤字率	地方财政赤字率＝[（地方财政支出－本级财政收入）/地区生产总值]×100%

1.1 地区生产总值。地区生产总值越大，经济实力越强，政信能力越强。

1.2 人均地区生产总值。在核算期内实现的地区生产总值与地区常住人口（或户籍人口）的比值。是衡量地区经济发展状况和人民生活水平的常用指标，同时也是政信能力的重要体现。

1.3 地区生产总值复合增长率。地区生产总值复合增长率公式为：地区生产总值复合年增长率＝（当年地区生产总值/基期年地区生产总值）^(1/年数)－1。复合年增长率越大，地区经济增长预期越好，政信能力越强。

1.4 本级财政总收入。包括地区的一般公共预算收入、政府性基金预算

收入、国有资本经营预算收入、社会保险基金预算收入加上转移支付收入。本级财政收入规模越大，地方政府财政实力越强，政信能力越强。

1.5 本级一般预算收入复合增长率。本级一般预算收入复合增长率 =（当年一般预算收入/基期年一般预算收入）^（1/年数）－1。本级一般预算收入复合增长率越高，财政收入越稳定，财政实力越强。

1.6 本级一般公共预算支出。规模越大，表明地方政府财力越强，政信能力越强。

1.7 财政支出增长弹性。公式为：财政支出增长弹性 = 当年财政支出增长率/地区生产总值增长率。若弹性系数大于1，则表示财政支出增长速度快于 GDP 增长速度，自身财政实力较弱。

1.8 财政自给率。财政自给率通过一般公共预算收入/一般公共预算支出来计算。该指标综合评价地区的财政收支结构，财政自给率越高，地方政府的财政实力和偿债能力越强。

1.9 地方财政赤字率。地方财政赤字率 =［（地方财政支出－本级财政收入）/地区生产总值］×100%。该指标间接反映地方政府债务情况，赤字率越高，对举债的需求越大，债务负担越重。

2. 政信融资

政信融资考核政府运用各类金融工具、融资渠道的程度，一方面反映政府作为融资方的负债规模；另一方面反映政府作为资金方在不同工具和渠道上投入的资金规模。从债务性融资安排、结构性融资安排、特殊目的载体（SPV）融资安排和权益性融资安排几个方面，以9个融资工具的规模作为衡量指标（见表3）。

表3 政信融资指标含义及计算方式

一级指标	二级指标	指标含义和计算方式
政信融资	2.1 政府债券总量	各地级市政府债券余额,反映地级市政府运用政府债券融资的规模,体现地级市政府的负债情况
	2.2 开发性金融总量	地级市获得的国开行向实体经济提供的融资支持、国开行精准扶贫贷款、国开行棚改贷款的规模

一级指标	二级指标	指标含义和计算方式
政信融资	2.3 政府信托总量	地级市的政府信托贷款融资规模增量,反映各地级市开展政府信托业务形成的负债规模
	2.4 融资租赁总量	各地级市政府开展融资租赁业务的合同余额
	2.5 资产证券化总量	考核地级市的市政资产支持证券发行规模
	2.6 政府投资基金总量	考察各地级市政府投资基金已到位资金规模
	2.7 平台公司贷款总量	考察各地级市的发债城投企业的有息债务规模
	2.8 城投债总量	考察各地级市发债城投企业的债券余额
	2.9 政府和社会资本合作总量	考察各地级市 PPP 项目中标规模

2.1 政府债券总量。政府债券是政府融资的主要形式,是政府信用最基础、最重要的利用形式。地方政府债券是地方政府为促进经济发展、优化资源配置、增加和提高公共产品及公共服务供给数量和质量而发行的,以未来税收能力或专项项目收益作为还本付息的保障,承诺在一定时期支付利息和到期偿还本金的债权债务凭证。政府债券总量考察各地级市政府债券余额,反映地级市政府运用政府债券融资的规模,体现地级市政府的负债情况。

2.2 开发性金融总量。开发性金融综合运用国家信用、国开行信用和地方政府信用,以国家开发银行为主力机构,通过组织增信进行融资,为关系国计民生的重大项目提供资金来源。开发性金融总量考察地级市获得的国开行向实体经济提供的融资支持、国开行精准扶贫贷款、国开行棚改贷款的规模。地级市获得的开放性金融支持规模越大,表明其在运用金融工具推动新型城镇化建设、促进产业转型升级、保障和改善民生等方面越有成效。

2.3 政府信托总量。政府信托,又称政信合作,指各级地方政府各类融资平台与信托公司在基础设施、民生工程等领域合作开展业务。信托公司发行信托计划向社会募集资金,提供给地方政府的融资平台公司,运用于基础设施建设或直接投资于基础设施项目,如果平台公司到期无

法清偿债务，则地方政府承诺以补贴的方式或未来预算资金偿付的方式实现还款。地方政府融资平台公司既是政信合作类信托的融资方，同时也是城市基础设施建设、城市开发等责任方。政信合作类业务主要以经营收入、公共设施收费和财政资金等为还款来源，地方政府对还款做出承诺或直接以地方政府的债权收益权为融资标的。政府信托总量考察各地级市的政府信托贷款融资规模增量，反映各地级市开展政府信托业务形成的负债规模。

2.4 融资租赁总量。融资租赁是指由出租人、承租人、供货人三方参与，租赁与融物为一体的综合交易方式，其实质就是出租人根据承租人的需求，向供货人购买租赁物后提供给承租人使用，承租人在租赁期内支付租金并于到期后购买租赁物。其中，工程项目融资租赁是以项目的成功融资为目标，以项目建成后的预期收益为保证的融资租赁方式。考虑到地方政府大型建设项目和基础设施项目都具备期限长、投入大、融资难等情形，所以融资租赁是一个比较合适的方式，已成为各国推进基础设施建设的重要金融工具。地方政府的融资租赁主要指各类融资租赁公司为地方政府投资工程提供融资租赁服务，解决地方政府资金短缺问题。我国地方政府的融资租赁业务从整体上来看发展水平还比较低，尤其是政府建设项目中的融资租赁业务还处于起步阶段。融资租赁总量主要考核各地级市政府开展融资租赁业务的合同余额。

2.5 资产证券化总量。资产证券化是指将原始权益人（卖方）不流通的实物资产转变成在资本市场上可以销售流通的金融产品的过程。地方政府开展的资产证券化业务主要以发行市政资产支持证券的方式为城市基础设施建设项目进行融资。具体来说，市政资产支持证券是指地方政府将其所有的城市基础设施等资产进行打包，并进行信用增级，以城市基础设施所具有的收费权、财政补贴等未来收益作为保证发行的证券。资产证券化总量指标考核地级市的市政资产支持证券发行规模。

2.6 政府投资基金总量。政府投资基金，是指由各级政府通过预算安排，以单独出资或与社会资本共同出资设立，采用股权投资等市场化方式，引导社会各类资本投资经济社会发展的重点领域和薄弱环节，支持相关产业和领域发展的资金。政府投资基金总量考察各地级市政府投资基金已到位资金规模。政府投资基金总量越大，表明政府利用自身信用引导社会资本流向当地创新企业、中小科技企业、优先发展产业、基础设施和公共服务领域的程度越高，从而更有利于实现资本要素资源配置效率的最大化。

2.7 平台公司贷款总量。平台公司贷款总量考察各地级市的发债城投企业的有息债务规模。平台公司贷款总量越大，表明地级市在城市建设开发与投资、城建资产管理等领域业务开展程度较高。由于平台公司难以实质性转型，其贷款仍主要以自身经营收入、公共设施收费和财政资金等为还款来源，因此其规模大的情况也会对地方财政形成一定压力。

2.8 城投债总量。城投债是地方投融资平台公开发行的企业债和中期票据，债务资金主要投向地方基础设施建设或公益性项目。城投债总量考察各地级市发债城投企业的债券余额。规模越大，表明各地运用城投债加快基础设施和公益项目建设的程度越高。

2.9 政府和社会资本合作总量。政府和社会资本合作（PPP）模式是指政府为增强公共产品和服务供给能力、提高供给效率，通过特许经营、购买服务、股权合作等方式，与社会资本建立的利益共享、风险分担及长期合作关系。PPP 模式建立在政府与社会资本方互相信任的基础之上，强调契约精神的遵循，要求双方按照协议约定履行相关责任，共享相关利益并分担一定的风险。PPP 模式本身具有促进投资与收益的跨期匹配、促进代际公平、实现以较小的财政资金撬动更多的公共产品、公共服务供给等功能。政府和社会资本合作总量考察各地级市 PPP 项目中标规模。规模越大，反映地级市撬动社会资本参与基础设施建设和公共服务供给的整合资源能力越强。

3. 政融风险

政融风险反映政信金融的风险水平。以政府负债率、新增政府债务余额（本级）占地区生产总值比例、债务依存度、地方政府偿债率、债务支出占财政支出比例、人均债务率以及居民应债率等 7 个指标考察地方政府未来偿

还债务的风险和承担的成本；并以债务逾期情况、政策性融资担保违约情况、政策性银行贷款违约情况、城投债违约情况、政府投资基金违约情况以及 PPP 合同违约情况 6 个指标刻画风险的程度（见表 4）。因为指数设计考虑了将负面指标和数据反向排序，因此政融风险一级指标的得分越高，表明相应的政信主体的风险越小。

表 4　政融风险指标含义及计算公式

一级指标	二级指标	指标含义和计算公式
政融风险	3.1 政府负债率（本级）	地方政府债务余额占地区生产总值的比例，反映地区经济对地方政府债务的负担能力
	3.2 新增政府债务余额（本级）占地区生产总值比例	新增政府债务余额（本级）/地区生产总值
	3.3 债务依存度	债务收入占财政支出总额的比例
	3.4 地方政府偿债率	（地方政府融资平台贷款当年偿还本息金额 + 地方政府债券当年还本付息金额 + 地方政府外债当年的还本付息金额）/当年地方政府公共财政预算收入 × 100%
	3.5 债务支出占财政支出比例	债务支出/财政支出
	3.6 人均债务率	地方政府债务总额/地区常住人口数
	3.7 居民应债率	地方政府债务余额/居民储蓄存款余额
	3.8 债务逾期情况	期末逾期债券余额/期末债务总余额
	3.9 政策性融资担保违约情况	政策性融资担保违约次数
	3.10 政策性银行贷款违约情况	政策性银行贷款违约次数
	3.11 城投债违约情况	城投债违约次数
	3.12 政府投资基金违约情况	政府投资基金违约次数
	3.13 PPP 合同违约情况	PPP 合同违约次数

3.1 政府负债率（本级）。地方政府债务余额占地区生产总值的比例，反映地区经济对地方政府债务的负担能力。比例越高，国民经济承受债务负担的能力越强，财政的偿债能力也越强，但从风险管理角度，一般要求低于国际社会通行的60%警戒线。

3.2 新增政府债务余额（本级）占地区生产总值比例。比例越高，表明风险越大。

3.3 债务依存度。债务收入占财政支出总额的比例。比例越高，表明政府对举债融资的依赖性越强。如果比例过高，即财政支出过度依赖债务收入，则说明财政将处于脆弱、危险的状态，财政可持续性将无法保障，政信能力将处于低水平。

3.4 地方政府偿债率。即地方政府当年的债务还本付息额占当年政府一般公共预算收入的比例。

3.5 债务支出占财政支出比例。比例越高，表明债务支出压力越大，进一步举债融资的空间越小、能力越弱。

3.6 人均债务率。地方政府债务总额/地区常住人口数。

3.7 居民应债率。地方政府债务余额占居民储蓄存款余额的比例，或年度政府债券发行额占当年居民储蓄存款增加额的比例。

3.8 债务逾期情况。债务逾期次数越多，表明政融风险越大。

3.9 政策性融资担保违约情况。违约次数越多，表明政融风险越大。

3.10 政策性银行贷款违约情况。反映借款人在未来一定时期内不能按合同要求偿还政策性银行贷款本息或履行相关义务的可能性，以政策性银行贷款违约次数来表示。违约次数越高，说明政融风险越大。

3.11 城投债违约情况。违约次数越多，政融风险越大。

3.12 政府投资基金违约情况。违约次数越多，政融风险越大。

3.13 PPP合同违约情况。违约次数越多，政融风险越大。

4. 政融生态

政融生态考察政信融资所依托的生态环境现状，包括政策法规、监管、行政效率、金融生态环境和社会信用环境等方面（见表5）。

表5　政融生态指标含义及计算公式

一级指标	二级指标	指标含义和计算公式
政融生态	4.1 政策与法规	地方（省市两级）当年度新出的政信相关的政策法规数量
	4.2 监管	地方（省市两级）当年度新出的政信监管类政策法规数量
	4.3 行政效率	行政经费/一般公共预算支出
	4.4 金融机构	银行业金融机构数量
	4.5 金融人才	本科以上金融专业人才数量
	4.6 金融市场（债券、私募/VC市场、信贷、信托等）	以"年末金融机构各项贷款余额 + 年末金融机构存款余额"表征
	4.7 社会信用环境	"信用中国"上发布的城市信用综合指数

4.1 政策与法规。地方（省市两级）当年度新出的政信相关的政策法规数量越多，政融生态越完善。

4.2 监管。地方（省市两级）当年度新出的政信监管类政策法规数量越多，政融生态越完善。

4.3 行政效率。行政经费占一般公共预算支出的比例。该比例越高，行政效率越低，政信生态越弱。

4.4 金融机构。以"银行业金融机构数量"表征，数量越多，政融生态越完善。

4.5 金融人才。本科以上金融业的从业人数，人数越多，政融生态越完善。

4.6 金融市场（债券、私募/VC市场、信贷、信托等）。以"年末金融机构各项贷款余额 + 年末金融机构存款余额"表征，数额越高，政融生态越完善。

4.7 社会信用环境。采用"信用中国"上发布的"城市信用综合指数"表征。综合指数越高，社会信用环境越好，政融生态越完善。

（五）基层指标的数据来源

在目前监测的38个作为基层指标的二级指标中，绝大多数有直接的结构化数据来源，我们采集的是 Wind 金融数据库上的数据源；另外有一些二级指标可以根据相应的定义，通过数据源原始数据进行加工计算；还有一些二级指标的数据需要用到非结构化数据，暂无可靠并且业界公认的数据来源，采用网络爬虫技术进行采集。北京明树数据科技有限公司独家提供了数据支持。

需要特别说明的是，有一些基层指标在部分省区市只有省级的数据而没有地市级的数据，我们根据一些学术研究的成果构建了相应的方法将省级数据分解到地市级；如果某项指标的数据实在没有很可靠的分解方法，我们就将省级数据平均分配给各地市。这种分解处理将导致所得数据与真实数据存在一定的误差，只能在以后数据可得后再做相应的修正。具体指标的数据分解和调整方法可以联系指数编制委员会。

基层指标采集的数据一般截至 2018 年 9 月，部分数据截至 2017 年末。数据来源如表 6 所示。

表 6　各指标数据来源

一级指标	二级指标	数据来源
政信能力	1.1 地区生产总值	Wind 数据库
	1.2 人均地区生产总值	Wind 数据库，根据 GDP 与常住人口比值计算得出（GDP/常住人口数）
	1.3 地区生产总值复合增长率	根据 Wind 数据库 2012~2017 年 GDP 数据得出
	1.4 本级财政总收入	根据财政预决算报告搜集统计本级数据
	1.5 本级一般预算收入复合增长率	根据财政预决算报告搜集，以 2015 年、2017 年本级一般预算收入变动计算得出
	1.6 本级一般公共预算支出	根据财政预决算报告搜集
	1.7 财政支出增长弹性	根据财政预决算报告搜集数据计算得出
	1.8 财政自给率	根据财政预决算报告搜集数据计算得出
	1.9 地方财政赤字率	根据财政预决算报告搜集数据计算得出

续表

一级指标	二级指标	数据来源
政信融资	2.1 政府债券总量	Wind 数据库,根据省级数据估算
	2.2 开发性金融总量	金融统计年鉴,根据省级数据估算
	2.3 政府信托总量	金融统计年鉴,根据省级数据估算
	2.4 融资租赁总量	暂无数据来源,本次测度时剔除
	2.5 资产证券化总量	暂无数据来源,本次测度时剔除
	2.6 政府投资基金总量	根据清科研究院数据估算各城市数据
	2.7 平台公司贷款总量	明树自有数据库
	2.8 城投债总量	Wind 数据库
	2.9 政府和社会资本合作总量	明树自有数据库
政融风险	3.1 政府负债率(本级)	根据财政预决算报告搜集数据计算得出
	3.2 新增政府债务余额(本级)占地区生产总值比例	根据财政预决算报告搜集数据计算得出
	3.3 债务依存度	根据财政预决算报告搜集数据计算得出
	3.4 地方政府偿债率	根据财政预决算报告搜集数据计算得出
	3.5 债务支出占财政支出比例	根据财政预决算报告搜集数据计算得出
	3.6 人均债务率	根据财政预决算报告搜集数据计算得出
	3.7 居民应债率	根据财政预决算报告搜集数据计算得出
	3.8 债务逾期情况	暂无数据来源,本次测度时剔除
	3.9 政策性融资担保违约情况	暂无数据来源,本次测度时剔除
	3.10 政策性银行贷款违约情况	暂无数据来源,本次测度时剔除
	3.11 城投债违约情况	暂无数据来源,本次测度时剔除
	3.12 政府投资基金违约情况	暂无数据来源,本次测度时剔除
	3.13 PPP 合同违约情况	暂无数据来源,本次测度时剔除

一级指标	二级指标	数据来源
政融生态	4.1 政策与法规	北大法宝法律数据库
	4.2 监管	《中国市级政府财政透明度研究报告》
	4.3 行政效率	根据财政预决算报告搜集数据计算得出
	4.4 金融机构	银保监会网站
	4.5 金融人才	Wind 数据库
	4.6 金融市场(债券、私募/VC 市场、信贷、信托等)	《中国城市统计年鉴》
	4.7 社会信用环境	信用中国

三 结果和分析

(一)地级及以上城市总指数排名

1. 直辖市及副省级城市总指数排名

直辖市及副省级城市总指数排名情况如表 7 所示(综合得分由高到低)。

表7 直辖市及副省级城市总指数排名

单位:分

序号	行政级别	所属省区市	市	1. 政信能力	2. 政信融资	3. 政融风险	4. 政融生态	综合得分
1	直辖市	北京	北京市	112.5	60.6	32.8	49.5	255.3
2	副省级	广东	深圳市	118.0	37.3	48.6	48.8	252.7
3	直辖市	上海	上海市	110.4	48.5	39.1	50.2	248.2
4	直辖市	重庆	重庆市	109.3	60.2	30.0	47.5	247.0
5	副省级	浙江	宁波市	107.6	53.5	38.3	42.7	242.1
6	副省级	广东	广州市	116.4	47.4	31.6	46.2	241.6

续表

序号	行政级别	所属省区市	市	1. 政信能力	2. 政信融资	3. 政融风险	4. 政融生态	综合得分
7	副省级	浙江	杭州市	115.3	52.2	26.9	46.7	241.1
8	直辖市	天津	天津市	89.4	48.1	45.3	48.0	230.9
9	副省级	陕西	西安市	101.5	52.8	33.9	42.5	230.7
10	副省级	福建	厦门市	110.9	45.0	28.3	44.8	228.9
11	副省级	四川	成都市	103.3	47.6	28.0	48.4	227.2
12	副省级	江苏	南京市	109.6	52.9	8.8	46.0	217.3
13	副省级	山东	济南市	104.3	39.7	30.2	42.6	216.7
14	副省级	辽宁	大连市	94.6	46.7	23.5	44.7	209.5
15	副省级	吉林	长春市	106.9	39.3	26.5	36.3	209.0
16	副省级	湖北	武汉市	87.5	44.3	20.4	45.9	198.1
17	副省级	山东	青岛市	71.1	51.4	21.7	44.9	189.0
18	副省级	黑龙江	哈尔滨市	70.8	30.4	24.9	41.3	167.4
19	副省级	辽宁	沈阳市	67.9	35.3	13.9	46.2	163.2

由表7可以看出：直辖市及副省级城市综合得分区间为163.2~255.3，其中分值最高的为北京市，得分为255.3分，分值最低的为沈阳市，得分为163.2分，中位数为228.9分。我国直辖市及副省级城市综合得分呈现明显分化，北京、上海、重庆等直辖市得分相对较高，而东北部地区城市得分相对较低。

2. 地级及以上城市总指数排名

地级及以上城市总指数排名情况如表8所示（综合得分由高到低）。

表8　地级及以上城市总指数排名（前100位）

单位：分

序号	所属省区市	市	1. 政信能力	2. 政信融资	3. 政融风险	4. 政融生态	综合得分
1	北京	北京市	112.5	60.6	32.8	49.5	255.3
2	广东	深圳市	118.0	37.3	48.6	48.8	252.7
3	上海	上海市	110.4	48.5	39.1	50.2	248.2
4	重庆	重庆市	109.3	60.2	30.0	47.5	247.0

续表

序号	所属省区市	市	1. 政信能力	2. 政信融资	3. 政融风险	4. 政融生态	综合得分
5	浙江	宁波市	107.6	53.5	38.3	42.7	242.1
6	广东	广州市	116.4	47.4	31.6	46.2	241.6
7	浙江	嘉兴市	109.2	43.0	43.7	45.6	241.6
8	浙江	杭州市	115.3	52.2	26.9	46.7	241.1
9	福建	福州市	104.8	53.4	31.6	41.8	231.6
10	江苏	苏州市	94.4	52.5	39.5	45.1	231.5
11	天津	天津市	89.4	48.1	45.3	48.0	230.9
12	陕西	西安市	101.5	52.8	33.9	42.5	230.7
13	江苏	徐州市	96.7	53.2	39.9	40.8	230.5
14	福建	厦门市	110.9	45.0	28.3	44.8	228.9
15	四川	成都市	103.3	47.6	28.0	48.4	227.2
16	广东	珠海市	124.8	43.8	18.3	38.0	224.9
17	福建	泉州市	107.5	48.7	29.3	39.0	224.4
18	湖南	长沙市	114.6	41.0	30.1	38.6	224.2
19	广东	东莞市	107.6	34.7	41.7	39.0	223.0
20	江苏	无锡市	94.1	42.9	40.5	44.7	222.2
21	江苏	淮安市	105.1	47.3	38.1	30.0	220.5
22	江苏	南通市	97.1	42.3	38.1	42.3	219.7
23	江苏	泰州市	105.6	44.9	34.3	35.0	219.7
24	江苏	南京市	109.6	52.9	8.8	46.0	217.3
25	山东	济南市	104.3	39.7	30.2	42.6	216.7
26	福建	漳州市	109.8	49.8	29.1	28.0	216.6
27	安徽	合肥市	100.0	31.4	38.5	45.2	215.1
28	浙江	绍兴市	89.0	43.9	44.9	37.1	214.9
29	贵州	贵阳市	96.0	55.7	21.1	39.4	212.2
30	辽宁	大连市	94.6	46.7	23.5	44.7	209.5
31	浙江	温州市	93.2	49.4	23.0	43.6	209.1
32	广东	惠州市	109.7	40.5	24.8	34.0	209.1
33	吉林	长春市	106.9	39.3	26.5	36.3	209.0
34	广东	佛山市	102.4	31.6	40.0	34.8	208.9
35	贵州	遵义市	97.8	52.9	28.1	28.4	207.3
36	浙江	湖州市	94.2	42.7	33.3	33.8	204.0
37	江苏	镇江市	95.0	44.8	31.9	31.0	202.7
38	浙江	台州市	77.5	49.8	38.9	35.0	201.3
39	山东	潍坊市	83.7	47.3	27.8	42.3	201.1

续表

序号	所属省区市	市	1. 政信能力	2. 政信融资	3. 政融风险	4. 政融生态	综合得分
40	河南	郑州市	109.4	40.3	8.8	42.4	201.0
41	江苏	扬州市	97.3	43.9	20.4	38.0	199.6
42	湖北	襄阳市	94.2	39.7	28.1	37.2	199.2
43	河北	石家庄市	86.8	48.1	22.9	41.3	199.1
44	广东	汕头市	98.2	39.8	33.8	27.3	199.1
45	江西	南昌市	103.9	30.9	24.7	39.0	198.5
46	湖北	武汉市	87.5	44.3	20.4	45.9	198.1
47	浙江	金华市	86.3	39.6	37.7	33.1	196.7
48	甘肃	兰州市	92.5	36.7	30.4	35.8	195.4
49	河北	廊坊市	97.0	29.7	34.9	33.6	195.2
50	山东	威海市	87.5	44.6	25.3	37.0	194.4
51	广东	中山市	82.5	40.2	35.2	36.4	194.3
52	江苏	常州市	85.7	42.2	27.3	39.1	194.2
53	陕西	咸阳市	89.6	39.0	36.1	27.9	192.6
54	陕西	榆林市	80.1	45.0	38.9	27.4	191.4
55	江苏	盐城市	87.5	49.1	21.9	31.6	190.1
56	山西	太原市	87.0	32.3	28.3	41.8	189.4
57	山东	青岛市	71.1	51.4	21.7	44.9	189.0
58	广西	南宁市	107.3	33.0	7.3	41.5	189.0
59	四川	德阳市	76.2	38.6	38.3	34.3	187.4
60	新疆	伊犁州	70.3	35.6	49.0	32.4	187.3
61	河南	洛阳市	87.5	37.9	28.4	33.5	187.3
62	山东	聊城市	81.7	38.9	31.4	35.3	187.2
63	江苏	连云港市	93.0	41.5	24.0	27.8	186.2
64	河北	保定市	87.5	32.5	33.8	32.1	186.0
65	山东	济宁市	83.8	42.2	30.5	29.5	185.9
66	云南	昆明市	94.6	37.3	16.7	36.9	185.7
67	广东	茂名市	91.4	29.8	33.3	29.7	184.2
68	湖南	常德市	91.1	40.6	23.7	28.0	183.4
69	广东	江门市	83.8	36.9	28.4	33.5	182.7
70	湖北	宜昌市	86.6	37.8	19.1	39.1	182.6
71	江苏	宿迁市	85.3	46.9	14.4	35.3	182.0
72	山东	菏泽市	72.7	36.5	44.3	28.2	181.7
73	湖北	十堰市	86.3	36.2	30.5	28.2	181.2
74	安徽	铜陵市	102.9	25.5	29.9	22.9	181.1
75	福建	莆田市	94.7	41.4	27.8	16.9	180.8

续表

序号	所属省区市	市	1. 政信能力	2. 政信融资	3. 政融风险	4. 政融生态	综合得分
76	福建	南平市	79.7	50.1	20.5	30.4	180.7
77	山东	淄博市	77.6	41.7	29.8	31.2	180.2
78	贵州	黔南州	81.2	48.3	31.5	18.4	179.4
79	河北	沧州市	67.4	37.3	41.7	32.6	179.1
80	安徽	滁州市	96.1	26.8	20.6	34.8	178.3
81	湖南	岳阳市	84.4	37.7	29.6	25.5	177.2
82	湖北	荆门市	73.8	36.6	38.1	28.8	177.2
83	湖南	衡阳市	93.3	31.4	23.2	29.0	176.8
84	四川	宜宾市	77.4	36.6	35.8	26.8	176.6
85	湖北	荆州市	72.6	37.2	33.2	32.9	175.9
86	福建	宁德市	85.0	40.0	28.7	22.1	175.8
87	陕西	宝鸡市	70.1	40.7	32.1	32.0	175.0
88	浙江	衢州市	79.8	37.1	26.4	30.8	174.1
89	福建	龙岩市	94.3	46.2	12.5	20.5	173.5
90	河南	许昌市	88.2	32.8	21.7	30.7	173.3
91	湖北	咸宁市	75.7	35.8	31.4	30.2	173.1
92	浙江	丽水市	85.3	39.7	26.8	21.3	173.1
93	四川	遂宁市	64.3	38.0	42.7	26.9	171.9
94	河南	南阳市	79.2	30.8	34.5	26.6	171.0
95	山东	泰安市	76.4	35.5	29.2	29.6	170.7
96	山东	东营市	79.5	38.5	20.5	31.9	170.5
97	河南	商丘市	81.4	29.8	39.6	19.7	170.4
98	湖南	郴州市	89.7	29.5	20.3	30.9	170.4
99	安徽	芜湖市	83.9	34.4	17.5	34.5	170.4
100	湖南	株洲市	79.8	40.3	24.2	26.0	170.2

所有地级及以上城市（337 个①）得分区间为 63.5～255.3 分，其中分值最高为北京市，得分为 255.3 分，分值最低为大兴安岭地区，得分为 63.5 分，中位数为 146.6 分。

所有地级及以上城市的综合得分分布情况如图 1 所示。

从全国来看，综合得分较高地区主要集中于东部沿海地区，而随着地理

---

① 三沙市因数据缺失未纳入。

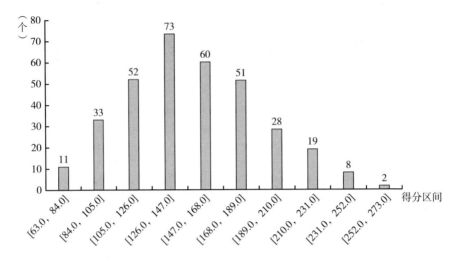

图1 全部地级及以上城市综合得分分布情况

位置向中西部偏移，分值呈现明显的降低趋势。

（1）排名前50城市的地区分布

综合得分排名前50的城市呈现明显的集中趋势，其中进入前50名城市数量较多的省区市皆位于东部沿海地区，前三名省份分别为江苏、浙江、广东，分别有9个、8个、7个城市进入前50名，合计占比为48%。

（2）排名后50城市的地区分布

综合得分排名后50名的城市呈现西部、东北部集中的趋势，其中进入后50名城市数量较多的三个省份分别为甘肃、黑龙江、云南，分别有9个、7个、6个城市进入后50名，合计占比为44%。

（二）所有一级指标的分指数排名

1. 直辖市及副省级城市一级指标排名

直辖市及副省级城市中一级指标排名如表9所示，政信能力、政信融资、政融风险、政融生态四个指标排名第一位的城市分别为深圳市、北京市、深圳市、上海市。

表 9　直辖市及副省级城市一级指标分指数排名

序号	行政级别	所属省区市	市	政信能力排名	政信融资排名	政融风险排名	政融生态排名
1	直辖市	北京	北京市	4	1	6	2
2	副省级	广东	深圳市	1	17	1	3
3	直辖市	上海	上海市	6	8	3	1
4	直辖市	重庆	重庆市	8	2	9	6
5	副省级	浙江	宁波市	9	3	4	15
6	副省级	广东	广州市	2	11	7	8
7	副省级	浙江	杭州市	3	6	12	7
8	直辖市	天津	天津市	15	9	2	5
9	副省级	陕西	西安市	13	5	5	17
10	副省级	福建	厦门市	5	13	10	13
11	副省级	四川	成都市	12	10	11	4
12	副省级	江苏	南京市	7	4	19	10
13	副省级	山东	济南市	11	15	8	16
14	副省级	辽宁	大连市	14	12	15	14
15	副省级	吉林	长春市	10	16	13	19
16	副省级	湖北	武汉市	16	14	17	11
17	副省级	山东	青岛市	17	7	16	12
18	副省级	黑龙江	哈尔滨市	18	19	14	18
19	副省级	辽宁	沈阳市	19	18	18	9

2. 全国地级及以上城市一级指标排名

（1）政信能力分指数排名

全国地级及以上城市政信能力指数排名（前 100 位）见表 10。

表 10　政信能力指标排名（前 100 位）

所属省区市	市	政信能力	排名
广东	珠海市	124.8	1
广东	深圳市	118.0	2
广东	广州市	116.4	3
浙江	杭州市	115.3	4

续表

所属省区市	市	政信能力	排名
湖南	长沙市	114.6	5
北京	北京市	112.5	6
福建	厦门市	110.9	7
上海	上海市	110.4	8
福建	漳州市	109.8	9
广东	惠州市	109.7	10
江苏	南京市	109.6	11
河南	郑州市	109.4	12
重庆	重庆市	109.3	13
浙江	嘉兴市	109.2	14
广东	东莞市	107.6	15
浙江	宁波市	107.6	16
福建	泉州市	107.5	17
广西	南宁市	107.3	18
吉林	长春市	106.9	19
江苏	泰州市	105.6	20
江苏	淮安市	105.1	21
福建	福州市	104.8	22
山东	济南市	104.3	23
江西	南昌市	103.9	24
四川	成都市	103.3	25
安徽	铜陵市	102.9	26
广东	佛山市	102.4	27
陕西	西安市	101.5	28
内蒙古	鄂尔多斯市	101.4	29
安徽	合肥市	100.0	30
广西	北海市	99.3	31
广东	汕头市	98.2	32
贵州	遵义市	97.8	33
江苏	扬州市	97.3	34
江苏	南通市	97.1	35
河北	廊坊市	97.0	36
江苏	徐州市	96.7	37
广西	柳州市	96.3	38

续表

所属省区市	市	政信能力	排名
安徽	滁州市	96.1	39
贵州	贵阳市	96.0	40
江苏	镇江市	95.0	41
云南	昆明市	94.8	42
福建	莆田市	94.7	43
辽宁	大连市	94.6	44
江苏	苏州市	94.4	45
福建	龙岩市	94.3	46
浙江	湖州市	94.2	47
湖北	襄阳市	94.2	48
江苏	无锡市	94.1	49
湖南	衡阳市	93.3	50
浙江	温州市	93.2	51
江苏	连云港市	93.0	52
甘肃	兰州市	92.5	53
黑龙江	大庆市	92.2	54
广东	茂名市	91.4	55
湖南	常德市	91.1	56
湖南	郴州市	89.7	57
陕西	咸阳市	89.6	58
河南	焦作市	89.6	59
天津	天津市	89.4	60
浙江	绍兴市	89.0	61
河南	许昌市	88.2	62
海南	海口市	88.1	63
湖南	娄底市	87.6	64
河南	洛阳市	87.5	65
江苏	盐城市	87.5	66
河北	保定市	87.5	67
山东	威海市	87.5	68
湖北	武汉市	87.5	69
浙江	舟山市	87.5	70
山西	太原市	87.0	71
河北	石家庄市	86.8	72

续表

所属省区市	市	政信能力	排名
湖北	宜昌市	86.6	73
湖北	十堰市	86.3	74
浙江	金华市	86.3	75
湖南	怀化市	86.0	76
河南	开封市	85.9	77
新疆	克拉玛依市	85.7	78
江苏	常州市	85.7	79
江苏	宿迁市	85.3	80
浙江	丽水市	85.3	81
云南	红河州	85.1	82
福建	三明市	85.1	83
广西	防城港市	85.0	84
福建	宁德市	85.0	85
湖南	岳阳市	84.4	86
安徽	芜湖市	83.9	87
广东	江门市	83.8	88
山东	济宁市	83.8	89
山东	潍坊市	83.7	90
广东	中山市	82.5	91
湖南	湘潭市	82.0	92
山东	聊城市	81.7	93
青海	海西州	81.6	94
江西	宜春市	81.4	95
河南	商丘市	81.4	96
贵州	黔南州	81.2	97
江西	吉安市	80.3	98
陕西	榆林市	80.1	99
浙江	衢州市	79.8	100

（2）政信融资分指数排名

全国地级及以上城市政信融资指标排名（前100位）见表11。

表11 政信融资指标排名（前100位）

所属省区市	市	政信融资	排名
北京	北京市	60.6	1
重庆	重庆市	60.2	2
贵州	贵阳市	55.7	3
浙江	宁波市	53.5	4
福建	福州市	53.4	5
江苏	徐州市	53.2	6
贵州	遵义市	52.9	7
江苏	南京市	52.9	8
陕西	西安市	52.8	9
江苏	苏州市	52.5	10
浙江	杭州市	52.2	11
山东	青岛市	51.4	12
贵州	毕节市	50.4	13
福建	南平市	50.1	14
浙江	台州市	49.8	15
福建	漳州市	49.8	16
贵州	铜仁市	49.7	17
浙江	温州市	49.4	18
江苏	盐城市	49.1	19
福建	泉州市	48.7	20
上海	上海市	48.5	21
贵州	黔南州	48.3	22
天津	天津市	48.1	23
河北	石家庄市	48.1	24
四川	成都市	47.6	25
贵州	黔东南州	47.4	26
广东	广州市	47.4	27
山东	潍坊市	47.3	28
江苏	淮安市	47.3	29
江苏	宿迁市	46.9	30
辽宁	大连市	46.7	31
福建	龙岩市	46.2	32

所属省区市	市	政信融资	排名
贵州	六盘水市	46.1	33
陕西	榆林市	45.0	34
福建	厦门市	45.0	35
江苏	泰州市	44.9	36
江苏	镇江市	44.8	37
山东	威海市	44.6	38
湖北	武汉市	44.3	39
江苏	扬州市	43.9	40
浙江	绍兴市	43.9	41
广东	珠海市	43.8	42
河北	唐山市	43.4	43
四川	泸州市	43.1	44
浙江	嘉兴市	43.0	45
江苏	无锡市	42.9	46
浙江	湖州市	42.7	47
江苏	南通市	42.3	48
江苏	常州市	42.2	49
山东	济宁市	42.2	50
山东	淄博市	41.7	51
四川	眉山市	41.5	52
江苏	连云港市	41.5	53
福建	莆田市	41.4	54
贵州	安顺市	41.4	55
山东	临沂市	41.0	56
湖南	长沙市	41.0	57
陕西	安康市	40.9	58
贵州	黔西南州	40.8	59
陕西	宝鸡市	40.7	60
湖南	常德市	40.6	61
广东	惠州市	40.5	62
四川	资阳市	40.5	63
四川	绵阳市	40.5	64
河南	郑州市	40.3	65
湖南	株洲市	40.3	66

续表

所属省区市	市	政信融资	排名
广东	中山市	40.2	67
福建	宁德市	40.0	68
广东	汕头市	39.8	69
山东	济南市	39.7	70
浙江	丽水市	39.7	71
四川	巴中市	39.7	72
湖北	襄阳市	39.7	73
浙江	金华市	39.6	74
福建	三明市	39.6	75
广东	梅州市	39.6	76
吉林	长春市	39.3	77
浙江	舟山市	39.3	78
山东	日照市	39.2	79
陕西	咸阳市	39.0	80
山东	聊城市	38.9	81
四川	广元市	38.7	82
四川	德阳市	38.6	83
山东	东营市	38.5	84
新疆	乌鲁木齐市	38.5	85
广东	肇庆市	38.5	86
四川	遂宁市	38.0	87
河南	洛阳市	37.9	88
广东	韶关市	37.9	89
湖北	宜昌市	37.8	90
湖南	岳阳市	37.7	91
陕西	渭南市	37.7	92
四川	达州市	37.5	93
内蒙古	呼和浩特市	37.5	94
广东	深圳市	37.3	95
云南	昆明市	37.3	96
河北	邯郸市	37.3	97
河北	沧州市	37.3	98
陕西	延安市	37.3	99
湖北	荆州市	37.2	100

（3）政融风险分指数排名

全国地级及以上城市政融风险指标排名（前100位）见表12。

表 12　政融风险指标排名（前100位）

所属省区市	市	政融风险	排名
新疆	伊犁州	49.0	1
广东	深圳市	48.6	2
吉林	延边州	48.5	3
新疆	哈密市	46.9	4
天津	天津市	45.3	5
浙江	绍兴市	44.9	6
山东	菏泽市	44.3	7
西藏	山南市	44.2	8
甘肃	庆阳市	43.8	9
浙江	嘉兴市	43.7	10
青海	黄南州	43.6	11
宁夏	中卫市	43.3	12
西藏	拉萨市	43.1	13
四川	遂宁市	42.7	14
河北	沧州市	41.7	15
广东	东莞市	41.7	16
河南	信阳市	41.5	17
河南	周口市	41.3	18
湖北	随州市	40.7	19
江苏	无锡市	40.5	20
内蒙古	赤峰市	40.3	21
广东	佛山市	40.0	22
江苏	徐州市	39.9	23
甘肃	武威市	39.9	24
青海	海北州	39.6	25
河南	商丘市	39.6	26
江苏	苏州市	39.5	27
西藏	那曲市	39.4	28
上海	上海市	39.1	29
浙江	台州市	38.9	30
陕西	榆林市	38.9	31
河南	安阳市	38.6	32

所属省区市	市	政融风险	排名
安徽	合肥市	38.5	33
甘肃	临夏州	38.5	34
四川	德阳市	38.3	35
浙江	宁波市	38.3	36
江苏	南通市	38.1	37
湖北	荆门市	38.1	38
江苏	淮安市	38.1	39
四川	凉山州	38.0	40
黑龙江	绥化市	37.9	41
浙江	金华市	37.7	42
黑龙江	齐齐哈尔市	37.7	43
山西	晋城市	37.4	44
甘肃	平凉市	37.1	45
广东	云浮市	36.6	46
西藏	日喀则市	36.6	47
新疆	和田地区	36.3	48
河北	邢台市	36.1	49
陕西	咸阳市	36.1	50
新疆	喀什地区	36.0	51
甘肃	张掖市	35.9	52
湖南	张家界市	35.8	53
四川	宜宾市	35.8	54
河南	漯河市	35.6	55
新疆	吐鲁番市	35.5	56
河北	承德市	35.4	57
广东	中山市	35.2	58
湖南	永州市	35.1	59
新疆	塔城地区	35.0	60
新疆	阿克苏地区	34.9	61
河北	廊坊市	34.9	62
贵州	黔西南州	34.9	63
广东	揭阳市	34.6	64
安徽	亳州市	34.5	65
河南	南阳市	34.5	66

所属省区市	市	政融风险	排名
内蒙古	巴彦淖尔市	34.4	67
青海	玉树州	34.4	68
江苏	泰州市	34.3	69
云南	德宏州	34.2	70
湖北	恩施州	34.2	71
湖北	孝感市	34.1	72
山西	朔州市	34.0	73
陕西	西安市	33.9	74
河北	保定市	33.8	75
河南	鹤壁市	33.8	76
广东	汕头市	33.8	77
山西	吕梁市	33.7	78
山西	运城市	33.5	79
湖北	黄石市	33.4	80
新疆	巴音郭楞州	33.3	81
广东	茂名市	33.3	82
广东	潮州市	33.3	83
甘肃	定西市	33.3	84
浙江	湖州市	33.3	85
湖北	荆州市	33.2	86
湖南	邵阳市	33.1	87
北京	北京市	32.8	88
西藏	林芝市	32.2	89
陕西	宝鸡市	32.1	90
江苏	镇江市	31.9	91
福建	福州市	31.6	92
广东	广州市	31.6	93
贵州	黔南州	31.5	94
河北	衡水市	31.4	95
湖北	咸宁市	31.4	96
山东	聊城市	31.4	97
河南	平顶山市	31.1	98
山东	滨州市	31.0	99
山西	晋中市	30.9	100

（4）政融生态分指数排名

全国地级及以上城市政融生态指标排名（前100位）见表13。

表13　政融生态指标排名（前100位）

所属省区市	市	政融生态	排名
上海	上海市	50.2	1
北京	北京市	49.5	2
广东	深圳市	48.8	3
四川	成都市	48.4	4
天津	天津市	48.0	5
重庆	重庆市	47.5	6
浙江	杭州市	46.7	7
广东	广州市	46.2	8
辽宁	沈阳市	46.2	9
江苏	南京市	46.0	10
湖北	武汉市	45.9	11
浙江	嘉兴市	45.6	12
安徽	合肥市	45.2	13
江苏	苏州市	45.1	14
山东	青岛市	44.9	15
福建	厦门市	44.8	16
江苏	无锡市	44.7	17
辽宁	大连市	44.7	18
浙江	温州市	43.6	19
浙江	宁波市	42.7	20
山东	济南市	42.6	21
陕西	西安市	42.5	22
河南	郑州市	42.4	23
江苏	南通市	42.3	24
山东	潍坊市	42.3	25
福建	福州市	41.8	26
山西	太原市	41.8	27
广西	南宁市	41.5	28
黑龙江	哈尔滨市	41.3	29
河北	石家庄市	41.3	30
江苏	徐州市	40.8	31
山东	烟台市	40.7	32

续表

所属省区市	市	政融生态	排名
辽宁	鞍山市	40.2	33
贵州	贵阳市	39.4	34
湖北	宜昌市	39.1	35
江苏	常州市	39.1	36
广东	东莞市	39.0	37
福建	泉州市	39.0	38
江西	南昌市	39.0	39
湖南	长沙市	38.6	40
河南	新乡市	38.4	41
江苏	扬州市	38.0	42
广东	珠海市	38.0	43
内蒙古	呼和浩特市	37.6	44
湖北	襄阳市	37.2	45
宁夏	银川市	37.2	46
浙江	绍兴市	37.1	47
山东	威海市	37.0	48
云南	昆明市	36.9	49
河北	邯郸市	36.6	50
广东	中山市	36.4	51
吉林	长春市	36.3	52
新疆	乌鲁木齐市	36.2	53
甘肃	兰州市	35.8	54
江苏	宿迁市	35.3	55
山东	聊城市	35.3	56
海南	海口市	35.2	57
江西	赣州市	35.0	58
浙江	台州市	35.0	59
江苏	泰州市	35.0	60
广东	佛山市	34.8	61
安徽	滁州市	34.8	62
安徽	芜湖市	34.5	63
四川	德阳市	34.3	64
广东	惠州市	34.0	65
山西	晋城市	34.0	66

所属省区市	市	政融生态	排名
浙江	湖州市	33.8	67
陕西	延安市	33.8	68
青海	西宁市	33.7	69
河北	廊坊市	33.6	70
广东	江门市	33.5	71
河南	洛阳市	33.5	72
湖北	黄石市	33.5	73
浙江	金华市	33.1	74
湖北	荆州市	32.9	75
安徽	阜阳市	32.9	76
河南	开封市	32.8	77
四川	南充市	32.6	78
河北	沧州市	32.6	79
四川	凉山州	32.5	80
新疆	伊犁州	32.4	81
广西	桂林市	32.2	82
河北	保定市	32.1	83
陕西	宝鸡市	32.0	84
四川	绵阳市	32.0	85
山东	东营市	31.9	86
四川	泸州市	31.6	87
江苏	盐城市	31.6	88
海南	三亚市	31.5	89
广东	梅州市	31.5	90
山东	德州市	31.2	91
山东	淄博市	31.2	92
江苏	镇江市	31.0	93
湖南	郴州市	30.9	94
浙江	衢州市	30.8	95
河南	许昌市	30.7	96
河南	驻马店市	30.7	97
陕西	渭南市	30.6	98
河北	唐山市	30.5	99
福建	南平市	30.4	100

参考文献

［1］《政府信用融资研究》课题组编著《政府信用融资研究》，中国金融出版社，2016。

［2］巴曙松、杨现领：《新型城镇化融资与金融改革》，中国工人出版社，2014。

［3］封北麟：《城镇化、地方政府融资与财政可持续》，经济科学出版社，2017。

附　　录

Appendix

B.9

"中国政信金融发展指数"
各级指标全排名

表1　地级及以上城市总指数全排名

单位：分

序号	所属省区市	市（地区、州、盟）	1. 政信能力	2. 政信融资	3. 政融风险	4. 政融生态	综合得分
1	北京	北京市	112.5	60.6	32.8	49.5	255.3
2	广东	深圳市	118.0	37.3	48.6	48.8	252.7
3	上海	上海市	110.4	48.5	39.1	50.2	248.2
4	重庆	重庆市	109.3	60.2	30.0	47.5	247.0
5	浙江	宁波市	107.6	53.5	38.3	42.7	242.1
6	广东	广州市	116.4	47.4	31.6	46.2	241.6
7	浙江	嘉兴市	109.2	43.0	43.7	45.6	241.6
8	浙江	杭州市	115.3	52.2	26.9	46.7	241.1
9	福建	福州市	104.8	53.4	31.6	41.8	231.6
10	江苏	苏州市	94.4	52.5	39.5	45.1	231.5
11	天津	天津市	89.4	48.1	45.3	48.0	230.9
12	陕西	西安市	101.5	52.8	33.9	42.5	230.7

续表

序号	所属省区市	市(地区、州、盟)	1. 政信能力	2. 政信融资	3. 政融风险	4. 政融生态	综合得分
13	江苏	徐州市	96.7	53.2	39.9	40.8	230.5
14	福建	厦门市	110.9	45.0	28.3	44.8	228.9
15	四川	成都市	103.3	47.6	28.0	48.4	227.2
16	广东	珠海市	124.8	43.8	18.3	38.0	224.9
17	福建	泉州市	107.5	48.7	29.3	39.0	224.4
18	湖南	长沙市	114.6	41.0	30.1	38.6	224.2
19	广东	东莞市	107.6	34.7	41.7	39.0	223.0
20	江苏	无锡市	94.1	42.9	40.5	44.7	222.2
21	江苏	淮安市	105.1	47.3	38.1	30.0	220.5
22	江苏	南通市	97.1	42.3	38.1	42.3	219.7
23	江苏	泰州市	105.6	44.9	34.3	35.0	219.7
24	江苏	南京市	109.8	52.2	8.8	46.0	217.3
25	山东	济南市	104.3	39.7	30.2	42.6	216.7
26	福建	漳州市	109.8	49.8	29.1	28.0	216.6
27	安徽	合肥市	100.0	31.4	38.5	45.2	215.1
28	浙江	绍兴市	89.0	43.9	44.9	37.1	214.9
29	贵州	贵阳市	96.0	55.7	21.1	39.4	212.2
30	辽宁	大连市	94.6	46.7	23.5	44.7	209.5
31	浙江	温州市	93.2	49.4	23.0	43.6	209.1
32	广东	惠州市	109.7	40.5	24.8	34.0	209.1
33	吉林	长春市	106.9	39.3	26.5	36.3	209.0
34	广东	佛山市	102.4	31.6	40.0	34.8	208.9
35	贵州	遵义市	97.8	52.9	28.1	28.4	207.3
36	浙江	湖州市	94.2	42.7	33.3	33.8	204.0
37	江苏	镇江市	95.0	44.8	31.9	31.0	202.7
38	浙江	台州市	77.5	49.8	38.9	35.0	201.3
39	山东	潍坊市	83.7	47.3	27.8	42.3	201.1
40	河南	郑州市	109.4	40.3	8.8	42.4	201.0
41	江苏	扬州市	97.3	43.9	20.4	38.0	199.6
42	湖北	襄阳市	94.2	39.7	28.1	37.2	199.2
43	河北	石家庄市	86.8	48.1	22.9	41.3	199.1
44	广东	汕头市	98.2	39.8	33.8	27.3	199.1
45	江西	南昌市	103.9	30.9	24.7	39.0	198.5
46	湖北	武汉市	87.5	44.3	20.4	45.9	198.1
47	浙江	金华市	86.3	39.6	37.7	33.1	196.7
48	甘肃	兰州市	92.5	36.7	30.4	35.8	195.4

续表

序号	所属省区市	市(地区、州、盟)	1. 政信能力	2. 政信融资	3. 政融风险	4. 政融生态	综合得分
49	河北	廊坊市	97.0	29.7	34.9	33.6	195.2
50	山东	威海市	87.5	44.6	25.3	37.0	194.4
51	广东	中山市	82.5	40.2	35.2	36.4	194.3
52	江苏	常州市	85.7	42.2	27.3	39.1	194.2
53	陕西	咸阳市	89.6	39.0	36.1	27.9	192.6
54	陕西	榆林市	80.1	45.0	38.9	27.4	191.4
55	江苏	盐城市	87.5	49.1	21.9	31.6	190.1
56	山西	太原市	87.0	32.3	28.3	41.8	189.4
57	山东	青岛市	71.1	51.4	21.7	44.9	189.0
58	广西	南宁市	107.3	33.0	7.3	41.5	189.0
59	四川	德阳市	76.2	38.6	38.3	34.3	187.4
60	新疆	伊犁州	70.3	35.6	49.0	32.4	187.3
61	河南	洛阳市	87.5	37.9	28.4	33.5	187.3
62	山东	聊城市	81.7	38.9	31.4	35.3	187.2
63	江苏	连云港市	93.0	41.5	24.0	27.8	186.2
64	河北	保定市	87.5	32.5	33.8	32.1	186.0
65	山东	济宁市	83.8	42.2	30.5	29.5	185.9
66	云南	昆明市	94.8	37.3	16.7	36.9	185.7
67	广东	茂名市	91.4	29.8	33.3	29.7	184.2
68	湖南	常德市	91.1	40.6	23.7	28.0	183.4
69	广东	江门市	83.8	36.9	28.4	33.5	182.7
70	湖北	宜昌市	86.6	37.8	19.1	39.1	182.6
71	江苏	宿迁市	85.3	46.9	14.4	35.3	182.0
72	山东	菏泽市	72.7	36.5	44.3	28.2	181.7
73	湖北	十堰市	86.3	36.2	30.5	28.2	181.2
74	安徽	铜陵市	102.9	25.5	29.9	22.9	181.1
75	福建	莆田市	94.7	41.4	27.8	16.9	180.8
76	福建	南平市	79.7	50.1	20.5	30.4	180.7
77	山东	淄博市	77.6	41.7	29.8	31.2	180.2
78	贵州	黔南州	81.2	48.3	31.5	18.4	179.4
79	河北	沧州市	67.4	37.3	41.7	32.6	179.1
80	安徽	滁州市	96.1	26.8	20.6	34.8	178.3
81	湖南	岳阳市	84.4	37.7	29.6	25.5	177.2
82	湖北	荆门市	73.8	36.6	38.1	28.8	177.2
83	湖南	衡阳市	93.3	31.4	23.2	29.0	176.8
84	四川	宜宾市	77.4	36.6	35.8	26.8	176.6

续表

序号	所属省区市	市(地区、州、盟)	1. 政信能力	2. 政信融资	3. 政融风险	4. 政融生态	综合得分
85	湖北	荆州市	72.6	37.2	33.2	32.9	175.9
86	福建	宁德市	85.0	40.0	28.7	22.1	175.8
87	陕西	宝鸡市	70.1	40.7	32.1	32.0	175.0
88	浙江	衢州市	79.8	37.1	26.4	30.8	174.1
89	福建	龙岩市	94.3	46.2	12.5	20.5	173.5
90	河南	许昌市	88.2	32.8	21.7	30.7	173.3
91	湖北	咸宁市	75.7	35.8	31.4	30.2	173.1
92	浙江	丽水市	85.3	39.7	26.8	21.3	173.1
93	四川	遂宁市	64.3	38.0	42.7	26.9	171.9
94	河南	南阳市	79.2	30.8	34.5	26.6	171.0
95	山东	泰安市	76.4	35.5	29.2	29.6	170.7
96	山东	东营市	79.5	38.5	20.5	31.9	170.5
97	河南	商丘市	81.4	29.8	39.6	19.7	170.4
98	湖南	郴州市	89.7	29.5	20.3	30.9	170.4
99	安徽	芜湖市	83.9	34.4	17.5	34.5	170.4
100	湖南	株洲市	79.8	40.3	24.2	26.0	170.2
101	河北	衡水市	72.9	36.3	31.4	29.6	170.2
102	河南	安阳市	77.9	25.0	38.6	28.6	170.1
103	河北	唐山市	77.1	43.4	18.9	30.5	169.9
104	山东	临沂市	74.9	41.0	28.1	25.2	169.2
105	河南	焦作市	89.6	26.5	28.1	24.8	169.0
106	河南	平顶山市	77.5	31.9	31.1	28.4	168.9
107	湖南	湘潭市	82.0	35.4	27.1	24.3	168.8
108	广西	柳州市	96.3	31.8	16.6	24.1	168.7
109	内蒙古	包头市	76.9	37.2	26.2	27.3	167.5
110	黑龙江	哈尔滨市	70.8	30.4	24.9	41.3	167.4
111	湖北	恩施州	78.6	29.2	34.2	25.1	167.1
112	内蒙古	鄂尔多斯市	101.4	29.0	6.8	29.7	166.9
113	安徽	阜阳市	74.9	32.0	27.0	32.9	166.8
114	河南	驻马店市	77.7	32.9	24.9	30.7	166.2
115	湖北	黄石市	64.0	35.2	33.4	33.5	166.0
116	福建	三明市	85.1	39.6	18.7	22.3	165.6
117	安徽	六安市	71.4	33.6	30.8	29.3	165.1
118	贵州	黔西南州	66.8	40.8	34.9	22.6	165.1
119	湖南	娄底市	87.6	32.3	23.5	21.5	164.8
120	河北	邢台市	72.2	31.9	36.1	24.0	164.2

序号	所属省区市	市(地区、州、盟)	1. 政信能力	2. 政信融资	3. 政融风险	4. 政融生态	综合得分
121	河南	开封市	85.9	31.5	13.8	32.8	164.0
122	贵州	毕节市	69.2	50.4	16.0	27.7	163.3
123	辽宁	沈阳市	67.9	35.3	13.9	46.2	163.2
124	湖南	永州市	72.2	33.5	35.1	21.9	162.8
125	山东	烟台市	71.1	28.8	21.8	40.7	162.4
126	河南	周口市	62.8	29.1	41.3	29.0	162.1
127	湖南	邵阳市	75.9	32.8	33.1	20.1	161.9
128	海南	海口市	88.1	35.7	2.9	35.2	161.9
129	浙江	舟山市	87.5	39.3	15.0	20.2	161.9
130	河南	信阳市	69.3	27.4	41.5	23.6	161.8
131	陕西	汉中市	69.0	36.0	27.7	28.1	160.8
132	广东	肇庆市	67.5	38.5	26.4	28.3	160.8
133	四川	凉山州	61.2	28.8	38.0	32.5	160.5
134	四川	泸州市	69.0	43.1	16.8	31.6	160.4
135	安徽	亳州市	67.2	29.9	34.5	28.1	159.8
136	四川	广安市	72.8	36.3	26.3	23.8	159.2
137	湖北	孝感市	69.7	31.2	34.1	23.3	158.3
138	四川	南充市	64.9	32.4	28.4	32.6	158.3
139	广东	湛江市	67.6	33.6	29.5	27.2	157.9
140	广东	清远市	70.6	36.5	22.4	28.4	157.9
141	黑龙江	大庆市	92.2	18.8	26.8	20.0	157.8
142	宁夏	银川市	79.1	24.5	16.4	37.2	157.2
143	湖北	黄冈市	72.3	34.1	27.3	22.7	156.6
144	江西	赣州市	68.1	29.9	21.9	35.0	154.9
145	河北	邯郸市	55.2	37.3	25.7	36.6	154.8
146	内蒙古	赤峰市	57.4	34.0	40.3	23.0	154.7
147	安徽	蚌埠市	78.8	31.0	18.2	26.4	154.4
148	江西	吉安市	80.3	25.6	23.5	25.0	154.3
149	广西	北海市	99.3	16.6	21.7	16.4	154.0
150	江西	宜春市	81.4	26.1	27.1	19.0	153.6
151	广东	揭阳市	66.6	32.0	34.6	19.8	153.0
152	山东	滨州市	60.2	36.9	31.0	24.6	152.6
153	河南	漯河市	72.7	27.0	35.6	17.1	152.4
154	广东	韶关市	69.0	37.9	20.8	24.4	152.0

续表

序号	所属省区市	市(地区、州、盟)	1. 政信能力	2. 政信融资	3. 政融风险	4. 政融生态	综合得分
155	山西	晋城市	63.3	16.5	37.4	34.0	151.3
156	内蒙古	呼和浩特市	54.0	37.5	21.3	37.6	150.3
157	陕西	安康市	57.7	40.9	28.2	23.4	150.2
158	湖北	随州市	54.6	32.2	40.7	22.7	150.1
159	四川	乐山市	63.7	32.8	27.0	26.1	149.7
160	湖北	鄂州市	67.7	36.6	25.6	19.7	149.6
161	广东	梅州市	53.0	39.6	25.4	31.5	149.4
162	山东	日照市	60.3	39.2	24.8	24.8	149.1
163	云南	曲靖市	75.9	29.7	28.7	14.3	148.6
164	安徽	马鞍山市	69.1	31.8	19.7	27.9	148.5
165	湖南	益阳市	69.5	33.2	24.6	20.9	148.2
166	四川	绵阳市	54.9	40.5	20.0	32.0	147.3
167	广西	桂林市	61.3	26.1	27.7	32.2	147.2
168	河南	濮阳市	75.5	32.4	13.6	25.7	147.2
169	湖南	张家界市	62.6	31.3	35.8	16.9	146.6
170	新疆	乌鲁木齐市	55.8	38.5	15.4	36.2	145.9
171	陕西	延安市	48.4	37.3	26.4	33.8	145.9
172	辽宁	鞍山市	63.7	33.3	8.3	40.2	145.6
173	四川	攀枝花市	72.8	34.7	10.7	26.1	144.3
174	广西	钦州市	78.5	19.6	20.7	25.4	144.2
175	四川	达州市	55.1	37.5	24.1	27.5	144.2
176	贵州	六盘水市	78.4	46.1	5.9	13.7	144.1
177	河南	鹤壁市	67.1	22.5	33.8	20.8	144.1
178	河南	新乡市	57.6	25.4	22.6	38.4	144.0
179	广东	云浮市	56.6	28.7	36.6	21.9	143.8
180	贵州	铜仁市	63.1	49.7	12.1	18.7	143.6
181	湖南	湘西州	72.8	31.9	24.1	14.8	143.6
182	江西	九江市	70.2	28.1	18.1	27.0	143.4
183	安徽	安庆市	72.7	28.1	17.6	24.9	143.2
184	河北	张家口市	55.9	35.2	23.1	28.8	143.0
185	四川	内江市	66.7	35.1	17.3	23.6	142.7
186	云南	红河州	85.1	30.0	12.8	14.7	142.6
187	湖南	怀化市	86.0	29.8	11.2	15.5	142.5
188	云南	楚雄州	75.7	27.0	26.8	12.9	142.5

序号	所属省区市	市(地区、州、盟)	1. 政信能力	2. 政信融资	3. 政融风险	4. 政融生态	综合得分
189	陕西	渭南市	45.0	37.7	29.0	30.6	142.2
190	山东	德州市	63.7	31.2	15.9	31.2	142.1
191	安徽	淮北市	69.6	27.5	17.2	27.7	141.9
192	江西	上饶市	79.5	30.0	14.3	18.0	141.9
193	贵州	黔东南州	50.3	47.4	25.2	18.4	141.3
194	辽宁	盘锦市	78.3	34.0	1.5	27.4	141.1
195	广西	玉林市	64.3	23.8	30.5	22.3	140.7
196	海南	三亚市	76.5	27.9	4.3	31.5	140.2
197	山西	朔州市	70.3	16.8	34.0	18.8	139.9
198	四川	眉山市	57.6	41.5	18.6	22.0	139.7
199	吉林	吉林市	58.7	35.1	20.2	25.7	139.5
200	河北	承德市	43.7	33.3	35.4	27.1	139.5
201	河南	三门峡市	57.1	29.1	28.3	24.8	139.2
202	山西	长治市	73.0	17.8	27.9	20.4	139.1
203	广东	阳江市	60.8	29.6	24.8	23.5	138.7
204	广西	防城港市	85.0	19.8	17.9	16.0	138.6
205	贵州	安顺市	66.9	41.4	13.5	16.2	137.9
206	广西	百色市	78.1	26.1	21.3	12.4	137.8
207	广东	潮州市	59.2	28.8	33.3	16.3	137.6
208	西藏	拉萨市	61.0	11.4	43.1	21.6	137.0
209	江西	抚州市	67.5	30.8	13.1	25.3	136.7
210	山西	晋中市	61.8	23.5	30.9	20.2	136.4
211	新疆	克拉玛依市	85.7	25.7	12.3	12.6	136.3
212	江西	新余市	65.7	29.1	23.9	17.6	136.3
213	山西	临汾市	52.6	25.0	28.1	30.3	136.1
214	青海	海西州	81.6	14.2	18.7	20.6	135.2
215	黑龙江	牡丹江市	73.0	21.6	16.2	24.1	134.9
216	山东	枣庄市	52.6	33.6	22.1	25.9	134.2
217	吉林	四平市	56.4	27.8	23.3	26.3	133.8
218	广东	河源市	60.4	30.9	18.1	23.4	132.7
219	山西	大同市	56.9	21.0	26.4	28.0	132.3
220	新疆	昌吉州	51.6	31.8	29.7	19.1	132.2
221	甘肃	庆阳市	48.4	25.4	43.8	14.6	132.1
222	安徽	宿州市	54.9	30.1	16.2	30.4	131.6

续表

序号	所属省区市	市(地区、州、盟)	1. 政信能力	2. 政信融资	3. 政融风险	4. 政融生态	综合得分
223	陕西	商洛市	47.1	33.9	25.9	24.6	131.5
224	广东	汕尾市	54.0	29.8	29.6	17.7	131.0
225	新疆	阿克苏地区	47.8	28.6	34.9	19.1	130.3
226	广西	梧州市	64.4	16.4	22.4	27.1	130.2
227	山西	运城市	54.3	18.4	33.5	23.9	130.0
228	辽宁	辽阳市	51.5	29.2	20.3	28.7	129.7
229	安徽	淮南市	53.4	25.4	24.9	25.5	129.2
230	内蒙古	呼伦贝尔市	52.8	27.6	24.4	24.2	129.0
231	青海	西宁市	56.3	20.7	18.3	33.7	128.9
232	四川	广元市	48.8	38.7	12.5	28.5	128.4
233	辽宁	锦州市	62.4	31.8	7.1	26.8	128.1
234	河北	秦皇岛市	44.4	35.9	20.3	27.0	127.6
235	黑龙江	绥化市	57.7	19.4	37.9	12.4	127.3
236	安徽	池州市	58.4	24.4	24.4	20.2	127.3
237	广西	贵港市	56.5	23.8	25.6	21.3	127.2
238	黑龙江	齐齐哈尔市	42.1	18.5	37.7	28.5	126.8
239	四川	资阳市	51.2	40.5	13.3	21.8	126.8
240	云南	玉溪市	79.7	27.2	4.8	15.1	126.7
241	江西	萍乡市	58.8	31.3	18.0	18.4	126.6
242	海南	儋州市	69.3	26.7	17.1	12.7	125.7
243	吉林	延边州	35.5	21.4	48.5	19.6	125.0
244	新疆	吐鲁番市	47.2	25.3	35.5	16.6	124.6
245	安徽	黄山市	65.7	20.9	15.0	22.7	124.3
246	山西	阳泉市	57.0	18.4	28.6	19.6	123.5
247	内蒙古	巴彦淖尔市	43.1	28.6	34.4	17.4	123.5
248	新疆	哈密市	36.4	26.5	46.9	13.5	123.3
249	西藏	林芝市	73.7	5.8	32.2	11.2	122.9
250	甘肃	天水市	48.6	24.2	28.4	21.7	122.9
251	内蒙古	通辽市	59.0	30.6	12.9	20.2	122.7
252	新疆	和田地区	48.2	22.0	36.3	15.3	121.8
253	安徽	宣城市	61.9	27.0	16.2	16.6	121.7
254	山西	吕梁市	51.5	14.0	33.7	22.4	121.6
255	新疆	喀什地区	37.8	24.1	36.0	23.1	120.9
256	四川	雅安市	57.3	31.9	11.7	20.0	120.9

续表

序号	所属省区市	市(地区、州、盟)	1. 政信能力	2. 政信融资	3. 政融风险	4. 政融生态	综合得分
257	四川	自贡市	51.5	32.5	14.9	20.9	119.8
258	四川	阿坝州	44.0	28.8	23.7	23.4	119.8
259	云南	德宏州	45.7	27.7	34.2	12.1	119.7
260	西藏	山南市	58.2	5.8	44.2	10.9	119.1
261	四川	巴中市	37.8	39.7	15.7	25.8	118.9
262	内蒙古	乌兰察布市	50.3	32.5	12.9	22.7	118.4
263	辽宁	朝阳市	41.2	25.7	25.5	25.1	117.4
264	新疆	巴音郭楞州	36.8	31.6	33.3	15.4	117.1
265	云南	大理州	54.9	26.9	17.2	17.1	116.0
266	辽宁	营口市	40.6	32.4	12.8	30.2	115.9
267	甘肃	张掖市	39.7	25.5	35.9	14.5	115.6
268	新疆	博州	52.3	27.3	17.7	17.1	114.5
269	山东	莱芜市	55.3	32.6	9.5	15.4	112.8
270	宁夏	中卫市	38.1	13.4	43.3	17.6	112.4
271	云南	保山市	54.4	30.1	15.9	11.8	112.2
272	辽宁	铁岭市	46.9	29.1	14.5	21.5	112.0
273	甘肃	定西市	34.2	27.0	33.3	17.5	111.9
274	内蒙古	锡林郭勒盟	43.8	20.1	27.3	20.7	111.8
275	青海	黄南州	39.6	12.2	43.6	16.3	111.6
276	黑龙江	佳木斯市	45.1	18.0	23.9	23.7	110.7
277	新疆	塔城地区	29.9	26.6	35.0	18.7	110.2
278	江西	景德镇市	56.7	29.1	8.3	15.5	109.6
279	云南	文山州	42.4	28.1	24.4	14.7	109.5
280	广西	崇左市	55.3	18.9	17.7	17.4	109.3
281	辽宁	抚顺市	51.1	26.2	4.8	27.1	109.2
282	辽宁	本溪市	60.2	29.0	2.4	17.6	109.2
283	新疆	阿勒泰地区	34.0	27.6	28.7	18.7	109.0
284	陕西	铜川市	29.7	34.3	20.6	24.2	108.8
285	云南	西双版纳州	47.6	22.5	26.8	11.4	108.4
286	吉林	松原市	39.6	24.9	21.1	22.3	107.9
287	四川	甘孜州	32.9	28.8	18.9	26.8	107.4
288	甘肃	陇南市	46.7	18.6	28.6	12.9	106.8
289	宁夏	固原市	49.0	18.2	16.5	22.9	106.5
290	山西	忻州市	47.9	15.1	24.5	18.9	106.4

续表

序号	所属省区市	市(地区、州、盟)	1. 政信能力	2. 政信融资	3. 政融风险	4. 政融生态	综合得分
291	甘肃	武威市	22.5	30.1	39.9	13.7	106.2
292	甘肃	临夏州	34.8	18.6	38.5	13.6	105.5
293	辽宁	阜新市	38.6	23.6	16.0	27.2	105.3
294	广西	河池市	54.8	15.4	16.8	17.9	104.9
295	内蒙古	阿拉善盟	49.9	23.4	16.4	14.5	104.2
296	内蒙古	兴安盟	30.0	29.0	27.5	17.6	104.0
297	黑龙江	黑河市	48.1	13.5	25.3	16.5	103.5
298	甘肃	嘉峪关市	54.8	20.6	13.5	14.4	103.3
299	江西	鹰潭市	56.6	24.1	3.0	19.4	103.1
300	甘肃	酒泉市	36.8	20.4	30.0	15.7	102.9
301	云南	昭通市	55.8	24.1	14.9	7.1	101.9
302	西藏	日喀则市	50.7	5.8	36.6	8.7	101.8
303	甘肃	白银市	38.9	26.4	19.0	17.0	101.4
304	辽宁	葫芦岛市	45.7	25.7	5.4	23.8	100.6
305	吉林	辽源市	43.4	21.6	18.2	17.1	100.3
306	云南	普洱市	58.1	25.6	5.5	11.1	100.3
307	甘肃	平凉市	21.7	26.3	37.1	15.2	100.3
308	内蒙古	乌海市	46.3	25.0	12.3	16.4	100.0
309	青海	海东市	34.7	15.9	28.0	21.2	99.8
310	云南	迪庆州	53.7	19.1	18.6	7.9	99.3
311	云南	临沧市	44.9	27.2	15.3	11.6	98.9
312	新疆	克州	33.8	31.3	21.6	11.7	98.4
313	广西	贺州市	46.5	21.7	15.7	13.7	97.6
314	西藏	那曲市	42.0	5.8	39.4	7.3	94.4
315	甘肃	甘南州	37.0	18.6	23.9	14.5	94.0
316	黑龙江	鹤岗市	38.7	13.3	17.5	22.8	92.4
317	辽宁	丹东市	33.4	23.2	7.6	28.0	92.2
318	青海	海南州	40.1	12.2	26.7	12.4	91.5
319	西藏	昌都市	61.8	5.8	16.7	6.5	90.7
320	宁夏	吴忠市	47.2	14.3	8.8	20.4	90.7
321	黑龙江	鸡西市	39.5	15.5	22.8	12.3	90.1
322	云南	丽江市	46.7	24.5	11.8	7.2	90.1
323	西藏	阿里地区	49.3	6.7	23.1	8.6	87.7
324	甘肃	金昌市	47.6	19.1	10.5	9.5	86.7

续表

序号	所属省区市	市(地区、州、盟)	1. 政信能力	2. 政信融资	3. 政融风险	4. 政融生态	综合得分
325	黑龙江	双鸭山市	38.4	15.7	12.5	17.8	84.3
326	黑龙江	七台河市	36.1	14.8	15.6	17.5	84.1
327	吉林	白城市	40.8	19.9	6.1	17.2	84.0
328	吉林	白山市	34.1	19.6	22.5	7.6	83.8
329	青海	海北州	16.2	12.2	39.6	15.5	83.5
330	吉林	通化市	28.0	24.4	13.4	16.4	82.2
331	青海	果洛州	22.3	12.2	28.9	12.9	76.3
332	云南	怒江州	35.6	15.5	17.2	6.7	75.0
333	青海	玉树州	14.8	12.2	34.4	13.0	74.3
334	宁夏	石嘴山市	34.7	12.4	9.8	15.4	72.3
335	广西	来宾市	27.8	19.8	7.7	13.5	68.8
336	黑龙江	伊春市	29.5	15.7	7.2	12.8	65.1
337	黑龙江	大兴安岭地区	16.8	11.8	23.2	11.6	63.5

注：①海南省三沙市因数据缺失未纳入。余表同。

②基层指标数据采集一般截至2018年9月，部分数据截至2017年末。余表同。

③限于表格布局的需要，对自治州名称进行了简化使用，其中吉林延边朝鲜族自治州简称延边州，湖北恩施土家族苗族自治州简称恩施州，湖南湘西土家族苗族自治州简称湘西州，四川阿坝藏族羌族自治州简称阿坝州，四川凉山彝族自治州简称凉山州，四川甘孜藏族自治州简称甘孜州，贵州黔东南苗族侗族自治州简称黔东南州，贵州黔南布依族苗族自治州简称黔南州，贵州黔西南布依族苗族自治州简称黔西南州，云南西双版纳傣族自治州简称西双版纳州，云南文山壮族苗族自治州简称文山州，云南红河哈尼族彝族自治州简称红河州，云南德宏傣族景颇族自治州简称德宏州，云南怒江傈僳族自治州简称怒江州，云南迪庆藏族自治州简称迪庆州，云南大理白族自治州简称大理州，云南楚雄彝族自治州简称楚雄州，甘肃临夏回族自治州简称临夏州，甘肃甘南藏族自治州简称甘南州，青海海北藏族自治州简称海北州，青海黄南藏族自治州简称黄南州，青海海南藏族自治州简称海南州，青海果洛藏族自治州简称果洛州，青海玉树藏族自治州简称玉树州，青海海西蒙古族藏族自治州简称海西州，新疆昌吉回族自治州简称昌吉州，新疆巴音郭楞蒙古自治州简称巴音郭楞州，新疆克孜勒苏柯尔克孜自治州简称克州，新疆博尔塔拉蒙古自治州简称博州，新疆伊犁哈萨克自治州简称伊犁州。余表同。

表2　地级及以上城市政信能力指标全排名

所属省区市	市(地区、州、盟)	政信能力	排名
广东	珠海市	124.8	1
广东	深圳市	118.0	2
广东	广州市	116.4	3
浙江	杭州市	115.3	4
湖南	长沙市	114.6	5
北京	北京市	112.5	6
福建	厦门市	110.9	7

续表

所属省区市	市（地区、州、盟）	政信能力	排名
上海	上海市	110.4	8
福建	漳州市	109.8	9
广东	惠州市	109.7	10
江苏	南京市	109.6	11
河南	郑州市	109.4	12
重庆	重庆市	109.3	13
浙江	嘉兴市	109.2	14
广东	东莞市	107.6	15
浙江	宁波市	107.6	16
福建	泉州市	107.5	17
广西	南宁市	107.3	18
吉林	长春市	106.9	19
江苏	泰州市	105.6	20
江苏	淮安市	105.1	21
福建	福州市	104.8	22
山东	济南市	104.3	23
江西	南昌市	103.9	24
四川	成都市	103.3	25
安徽	铜陵市	102.9	26
广东	佛山市	102.4	27
陕西	西安市	101.5	28
内蒙古	鄂尔多斯市	101.4	29
安徽	合肥市	100.0	30
广西	北海市	99.3	31
广东	汕头市	98.2	32
贵州	遵义市	97.8	33
江苏	扬州市	97.3	34
江苏	南通市	97.1	35
河北	廊坊市	97.0	36
江苏	徐州市	96.7	37
广西	柳州市	96.3	38
安徽	滁州市	96.1	39
贵州	贵阳市	96.0	40
江苏	镇江市	95.0	41
云南	昆明市	94.8	42
福建	莆田市	94.7	43
辽宁	大连市	94.6	44
江苏	苏州市	94.4	45

续表

所属省区市	市（地区、州、盟）	政信能力	排名
福建	龙岩市	94.3	46
浙江	湖州市	94.2	47
湖北	襄阳市	94.2	48
江苏	无锡市	94.1	49
湖南	衡阳市	93.3	50
浙江	温州市	93.2	51
江苏	连云港市	93.0	52
甘肃	兰州市	92.5	53
黑龙江	大庆市	92.2	54
广东	茂名市	91.4	55
湖南	常德市	91.1	56
湖南	郴州市	89.7	57
陕西	咸阳市	89.6	58
河南	焦作市	89.6	59
天津	天津市	89.4	60
浙江	绍兴市	89.0	61
河南	许昌市	88.2	62
海南	海口市	88.1	63
湖南	娄底市	87.6	64
河南	洛阳市	87.5	65
江苏	盐城市	87.5	66
河北	保定市	87.5	67
山东	威海市	87.5	68
湖北	武汉市	87.5	69
浙江	舟山市	87.5	70
山西	太原市	87.0	71
河北	石家庄市	86.8	72
湖北	宜昌市	86.6	73
湖北	十堰市	86.3	74
浙江	金华市	86.3	75
湖南	怀化市	86.0	76
河南	开封市	85.9	77
新疆	克拉玛依市	85.7	78
江苏	常州市	85.7	79
江苏	宿迁市	85.3	80
浙江	丽水市	85.3	81
云南	红河州	85.1	82
福建	三明市	85.1	83

续表

所属省区市	市(地区、州、盟)	政信能力	排名
广西	防城港市	85.0	84
福建	宁德市	85.0	85
湖南	岳阳市	84.4	86
安徽	芜湖市	83.9	87
广东	江门市	83.8	88
山东	济宁市	83.8	89
山东	潍坊市	83.7	90
广东	中山市	82.5	91
湖南	湘潭市	82.0	92
山东	聊城市	81.7	93
青海	海西州	81.6	94
江西	宜春市	81.4	95
河南	商丘市	81.4	96
贵州	黔南州	81.2	97
江西	吉安市	80.3	98
陕西	榆林市	80.1	99
浙江	衢州市	79.8	100
湖南	株洲市	79.8	101
云南	玉溪市	79.7	102
福建	南平市	79.7	103
山东	东营市	79.5	104
江西	上饶市	79.5	105
河南	南阳市	79.2	106
宁夏	银川市	79.1	107
安徽	蚌埠市	78.8	108
湖北	恩施州	78.6	109
广西	钦州市	78.5	110
贵州	六盘水市	78.4	111
辽宁	盘锦市	78.3	112
广西	百色市	78.1	113
河南	安阳市	77.9	114
河南	驻马店市	77.7	115
山东	淄博市	77.6	116
河南	平顶山市	77.5	117
浙江	台州市	77.5	118
四川	宜宾市	77.4	119
河北	唐山市	77.1	120
内蒙古	包头市	76.9	121

所属省区市	市（地区、州、盟）	政信能力	排名
海南	三亚市	76.5	122
山东	泰安市	76.4	123
四川	德阳市	76.2	124
湖南	邵阳市	75.9	125
云南	曲靖市	75.9	126
云南	楚雄州	75.7	127
湖北	咸宁市	75.7	128
河南	濮阳市	75.5	129
山东	临沂市	74.9	130
安徽	阜阳市	74.9	131
湖北	荆门市	73.8	132
西藏	林芝市	73.7	133
山西	长治市	73.0	134
黑龙江	牡丹江市	73.0	135
河北	衡水市	72.9	136
四川	广安市	72.8	137
四川	攀枝花市	72.8	138
湖南	湘西州	72.8	139
安徽	安庆市	72.7	140
河南	漯河市	72.7	141
山东	菏泽市	72.7	142
湖北	荆州市	72.6	143
湖北	黄冈市	72.3	144
湖南	永州市	72.2	145
河北	邢台市	72.2	146
安徽	六安市	71.4	147
山东	青岛市	71.1	148
山东	烟台市	71.1	149
黑龙江	哈尔滨市	70.8	150
广东	清远市	70.6	151
新疆	伊犁州	70.3	152
山西	朔州市	70.3	153
江西	九江市	70.2	154
陕西	宝鸡市	70.1	155
湖北	孝感市	69.7	156
安徽	淮北市	69.6	157
湖南	益阳市	69.5	158
河南	信阳市	69.3	159

所属省区市	市（地区、州、盟）	政信能力	排名
海南	儋州市	69.3	160
贵州	毕节市	69.2	161
安徽	马鞍山市	69.1	162
广东	韶关市	69.0	163
陕西	汉中市	69.0	164
四川	泸州市	69.0	165
江西	赣州市	68.1	166
辽宁	沈阳市	67.9	167
湖北	鄂州市	67.7	168
广东	湛江市	67.6	169
广东	肇庆市	67.5	170
江西	抚州市	67.5	171
河北	沧州市	67.4	172
安徽	亳州市	67.2	173
河南	鹤壁市	67.1	174
贵州	安顺市	66.9	175
贵州	黔西南州	66.8	176
四川	内江市	66.7	177
广东	揭阳市	66.6	178
安徽	黄山市	65.7	179
江西	新余市	65.7	180
四川	南充市	64.9	181
广西	梧州市	64.4	182
四川	遂宁市	64.3	183
广西	玉林市	64.3	184
湖北	黄石市	64.0	185
四川	乐山市	63.7	186
辽宁	鞍山市	63.7	187
山东	德州市	63.7	188
山西	晋城市	63.3	189
贵州	铜仁市	63.1	190
河南	周口市	62.8	191
湖南	张家界市	62.6	192
辽宁	锦州市	62.4	193
安徽	宣城市	61.9	194
山西	晋中市	61.8	195
西藏	昌都市	61.8	196
广西	桂林市	61.3	197

续表

所属省区市	市（地区、州、盟）	政信能力	排名
四川	凉山州	61.2	198
西藏	拉萨市	61.0	199
广东	阳江市	60.8	200
广东	河源市	60.4	201
山东	日照市	60.3	202
辽宁	本溪市	60.2	203
山东	滨州市	60.2	204
广东	潮州市	59.2	205
内蒙古	通辽市	59.0	206
江西	萍乡市	58.8	207
吉林	吉林市	58.7	208
安徽	池州市	58.4	209
西藏	山南市	58.2	210
云南	普洱市	58.1	211
陕西	安康市	57.7	212
黑龙江	绥化市	57.7	213
河南	新乡市	57.6	214
四川	眉山市	57.6	215
内蒙古	赤峰市	57.4	216
四川	雅安市	57.3	217
河南	三门峡市	57.1	218
山西	阳泉市	57.0	219
山西	大同市	56.9	220
江西	景德镇市	56.7	221
江西	鹰潭市	56.6	222
广东	云浮市	56.6	223
广西	贵港市	56.5	224
吉林	四平市	56.4	225
青海	西宁市	56.3	226
河北	张家口市	55.9	227
云南	昭通市	55.8	228
新疆	乌鲁木齐市	55.8	229
山东	莱芜市	55.3	230
广西	崇左市	55.3	231
河北	邯郸市	55.2	232
四川	达州市	55.1	233
云南	大理州	54.9	234
四川	绵阳市	54.9	235

续表

所属省区市	市（地区、州、盟）	政信能力	排名
安徽	宿州市	54.9	236
广西	河池市	54.8	237
甘肃	嘉峪关市	54.8	238
湖北	随州市	54.6	239
云南	保山市	54.4	240
山西	运城市	54.3	241
广东	汕尾市	54.0	242
内蒙古	呼和浩特市	54.0	243
云南	迪庆州	53.7	244
安徽	淮南市	53.4	245
广东	梅州市	53.0	246
内蒙古	呼伦贝尔市	52.8	247
山西	临汾市	52.6	248
山东	枣庄市	52.6	249
新疆	博州	52.3	250
新疆	昌吉州	51.6	251
辽宁	辽阳市	51.5	252
四川	自贡市	51.5	253
山西	吕梁市	51.5	254
四川	资阳市	51.2	255
辽宁	抚顺市	51.1	256
西藏	日喀则市	50.7	257
内蒙古	乌兰察布市	50.3	258
贵州	黔东南州	50.3	259
内蒙古	阿拉善盟	49.9	260
西藏	阿里地区	49.3	261
宁夏	固原市	49.0	262
四川	广元市	48.8	263
甘肃	天水市	48.6	264
陕西	延安市	48.4	265
甘肃	庆阳市	48.4	266
新疆	和田地区	48.2	267
黑龙江	黑河市	48.1	268
山西	忻州市	47.9	269
新疆	阿克苏地区	47.8	270
甘肃	金昌市	47.6	271
云南	西双版纳州	47.6	272
新疆	吐鲁番市	47.2	273

续表

所属省区市	市（地区、州、盟）	政信能力	排名
宁夏	吴忠市	47.2	274
陕西	商洛市	47.1	275
辽宁	铁岭市	46.9	276
甘肃	陇南市	46.7	277
云南	丽江市	46.7	278
广西	贺州市	46.5	279
内蒙古	乌海市	46.3	280
辽宁	葫芦岛市	45.7	281
云南	德宏州	45.7	282
黑龙江	佳木斯市	45.1	283
陕西	渭南市	45.0	284
云南	临沧市	44.9	285
河北	秦皇岛市	44.4	286
四川	阿坝州	44.0	287
内蒙古	锡林郭勒盟	43.8	288
河北	承德市	43.7	289
吉林	辽源市	43.4	290
内蒙古	巴彦淖尔市	43.1	291
云南	文山州	42.4	292
黑龙江	齐齐哈尔市	42.1	293
西藏	那曲市	42.0	294
辽宁	朝阳市	41.2	295
吉林	白城市	40.8	296
辽宁	营口市	40.6	297
青海	海南州	40.1	298
甘肃	张掖市	39.7	299
青海	黄南州	39.6	300
吉林	松原市	39.6	301
黑龙江	鸡西市	39.5	302
甘肃	白银市	38.9	303
黑龙江	鹤岗市	38.7	304
辽宁	阜新市	38.6	305
黑龙江	双鸭山市	38.4	306
宁夏	中卫市	38.1	307
四川	巴中市	37.8	308
新疆	喀什地区	37.8	309
甘肃	甘南州	37.0	310
甘肃	酒泉市	36.8	311

续表

所属省区市	市（地区、州、盟）	政信能力	排名
新疆	巴音郭楞州	36.8	312
新疆	哈密市	36.4	313
黑龙江	七台河市	36.1	314
云南	怒江州	35.6	315
吉林	延边州	35.5	316
甘肃	临夏州	34.8	317
青海	海东市	34.7	318
宁夏	石嘴山市	34.7	319
甘肃	定西市	34.2	320
吉林	白山市	34.1	321
新疆	阿勒泰地区	34.0	322
新疆	克州	33.8	323
辽宁	丹东市	33.4	324
四川	甘孜州	32.9	325
内蒙古	兴安盟	30.0	326
新疆	塔城地区	29.9	327
陕西	铜川市	29.7	328
黑龙江	伊春市	29.5	329
吉林	通化市	28.0	330
广西	来宾市	27.8	331
甘肃	武威市	22.5	332
青海	果洛州	22.3	333
甘肃	平凉市	21.7	334
黑龙江	大兴安岭地区	16.8	335
青海	海北州	16.2	336
青海	玉树州	14.8	337

表3　地级及以上城市政信融资指标全排名

所属省区市	市（地区、州、盟）	政信融资	排名
北京	北京市	60.6	1
重庆	重庆市	60.2	2
贵州	贵阳市	55.7	3
浙江	宁波市	53.5	4
福建	福州市	53.4	5
江苏	徐州市	53.2	6
贵州	遵义市	52.9	7

续表

所属省区市	市（地区、州、盟）	政信融资	排名
江苏	南京市	52.9	8
陕西	西安市	52.8	9
江苏	苏州市	52.5	10
浙江	杭州市	52.2	11
山东	青岛市	51.4	12
贵州	毕节市	50.4	13
福建	南平市	50.1	14
浙江	台州市	49.8	15
福建	漳州市	49.8	16
贵州	铜仁市	49.7	17
浙江	温州市	49.4	18
江苏	盐城市	49.1	19
福建	泉州市	48.7	20
上海	上海市	48.5	21
贵州	黔南州	48.3	22
天津	天津市	48.1	23
河北	石家庄市	48.1	24
四川	成都市	47.6	25
贵州	黔东南州	47.4	26
广东	广州市	47.4	27
山东	潍坊市	47.3	28
江苏	淮安市	47.3	29
江苏	宿迁市	46.9	30
辽宁	大连市	46.7	31
福建	龙岩市	46.2	32
贵州	六盘水市	46.1	33
陕西	榆林市	45.0	34
福建	厦门市	45.0	35
江苏	泰州市	44.9	36
江苏	镇江市	44.8	37
山东	威海市	44.6	38
湖北	武汉市	44.3	39
江苏	扬州市	43.9	40
浙江	绍兴市	43.9	41

续表

所属省区市	市(地区、州、盟)	政信融资	排名
广东	珠海市	43.8	42
河北	唐山市	43.4	43
四川	泸州市	43.1	44
浙江	嘉兴市	43.0	45
江苏	无锡市	42.9	46
浙江	湖州市	42.7	47
江苏	南通市	42.3	48
江苏	常州市	42.2	49
山东	济宁市	42.2	50
山东	淄博市	41.7	51
四川	眉山市	41.5	52
江苏	连云港市	41.5	53
福建	莆田市	41.4	54
贵州	安顺市	41.4	55
山东	临沂市	41.0	56
湖南	长沙市	41.0	57
陕西	安康市	40.9	58
贵州	黔西南州	40.8	59
陕西	宝鸡市	40.7	60
湖南	常德市	40.6	61
广东	惠州市	40.5	62
四川	资阳市	40.5	63
四川	绵阳市	40.5	64
河南	郑州市	40.3	65
湖南	株洲市	40.3	66
广东	中山市	40.2	67
福建	宁德市	40.0	68
广东	汕头市	39.8	69
山东	济南市	39.7	70
浙江	丽水市	39.7	71
四川	巴中市	39.7	72
湖北	襄阳市	39.7	73
浙江	金华市	39.6	74
福建	三明市	39.6	75

续表

所属省区市	市（地区、州、盟）	政信融资	排名
广东	梅州市	39.6	76
吉林	长春市	39.3	77
浙江	舟山市	39.3	78
山东	日照市	39.2	79
陕西	咸阳市	39.0	80
山东	聊城市	38.9	81
四川	广元市	38.7	82
四川	德阳市	38.6	83
山东	东营市	38.5	84
新疆	乌鲁木齐市	38.5	85
广东	肇庆市	38.5	86
四川	遂宁市	38.0	87
河南	洛阳市	37.9	88
广东	韶关市	37.9	89
湖北	宜昌市	37.8	90
湖南	岳阳市	37.7	91
陕西	渭南市	37.7	92
四川	达州市	37.5	93
内蒙古	呼和浩特市	37.5	94
广东	深圳市	37.3	95
云南	昆明市	37.3	96
河北	邯郸市	37.3	97
河北	沧州市	37.3	98
陕西	延安市	37.3	99
湖北	荆州市	37.2	100
内蒙古	包头市	37.2	101
浙江	衢州市	37.1	102
广东	江门市	36.9	103
山东	滨州市	36.9	104
甘肃	兰州市	36.7	105
湖北	荆门市	36.6	106
湖北	鄂州市	36.6	107
四川	宜宾市	36.6	108
山东	菏泽市	36.5	109

续表

所属省区市	市（地区、州、盟）	政信融资	排名
广东	清远市	36.5	110
四川	广安市	36.3	111
河北	衡水市	36.3	112
湖北	十堰市	36.2	113
陕西	汉中市	36.0	114
河北	秦皇岛市	35.9	115
湖北	咸宁市	35.8	116
海南	海口市	35.7	117
新疆	伊犁州	35.6	118
山东	泰安市	35.5	119
湖南	湘潭市	35.4	120
辽宁	沈阳市	35.3	121
湖北	黄石市	35.2	122
河北	张家口市	35.2	123
四川	内江市	35.1	124
吉林	吉林市	35.1	125
四川	攀枝花市	34.7	126
广东	东莞市	34.7	127
安徽	芜湖市	34.4	128
陕西	铜川市	34.3	129
湖北	黄冈市	34.3	130
内蒙古	赤峰市	34.0	131
辽宁	盘锦市	34.0	132
陕西	商洛市	33.9	133
安徽	六安市	33.6	134
山东	枣庄市	33.6	135
广东	湛江市	33.6	136
湖南	永州市	33.5	137
辽宁	鞍山市	33.3	138
河北	承德市	33.3	139
湖南	益阳市	33.2	140
广西	南宁市	33.0	141
河南	驻马店市	32.9	142
湖南	邵阳市	32.8	143

续表

所属省区市	市(地区、州、盟)	政信融资	排名
河南	许昌市	32.8	144
四川	乐山市	32.8	145
山东	莱芜市	32.6	146
四川	自贡市	32.5	147
河北	保定市	32.5	148
内蒙古	乌兰察布市	32.5	149
辽宁	营口市	32.4	150
四川	南充市	32.4	151
河南	濮阳市	32.4	152
山西	太原市	32.3	153
湖南	娄底市	32.3	154
湖北	随州市	32.2	155
安徽	阜阳市	32.0	156
广东	揭阳市	32.0	157
四川	雅安市	31.9	158
河南	平顶山市	31.9	159
河北	邢台市	31.9	160
湖南	湘西州	31.9	161
辽宁	锦州市	31.8	162
新疆	昌吉州	31.8	163
安徽	马鞍山市	31.8	164
广西	柳州市	31.8	165
广东	佛山市	31.6	166
新疆	巴音郭楞州	31.6	167
河南	开封市	31.5	168
湖南	衡阳市	31.4	169
安徽	合肥市	31.4	170
江西	萍乡市	31.3	171
新疆	克州	31.3	172
湖南	张家界市	31.3	173
湖北	孝感市	31.2	174
山东	德州市	31.2	175
安徽	蚌埠市	31.0	176
江西	南昌市	30.9	177

所属省区市	市（地区、州、盟）	政信融资	排名
广东	河源市	30.9	178
江西	抚州市	30.8	179
河南	南阳市	30.8	180
内蒙古	通辽市	30.6	181
黑龙江	哈尔滨市	30.4	182
甘肃	武威市	30.1	183
安徽	宿州市	30.1	184
云南	保山市	30.1	185
江西	上饶市	30.0	186
云南	红河州	30.0	187
安徽	亳州市	29.9	188
江西	赣州市	29.9	189
河南	商丘市	29.8	190
广东	茂名市	29.8	191
湖南	怀化市	29.8	192
广东	汕尾市	29.8	193
云南	曲靖市	29.7	194
河北	廊坊市	29.7	195
广东	阳江市	29.6	196
湖南	郴州市	29.5	197
辽宁	辽阳市	29.2	198
湖北	恩施州	29.2	199
河南	周口市	29.1	200
河南	三门峡市	29.1	201
辽宁	铁岭市	29.1	202
江西	新余市	29.1	203
江西	景德镇市	29.1	204
内蒙古	鄂尔多斯市	29.0	205
辽宁	本溪市	29.0	206
内蒙古	兴安盟	29.0	207
山东	烟台市	28.8	208
四川	凉山州	28.8	209
四川	阿坝州	28.8	210
四川	甘孜州	28.8	211

续表

所属省区市	市(地区、州、盟)	政信融资	排名
广东	潮州市	28.8	212
广东	云浮市	28.7	213
内蒙古	巴彦淖尔市	28.6	214
新疆	阿克苏地区	28.6	215
江西	九江市	28.1	216
安徽	安庆市	28.1	217
云南	文山州	28.1	218
海南	三亚市	27.9	219
吉林	四平市	27.8	220
云南	德宏州	27.7	221
新疆	阿勒泰地区	27.6	222
内蒙古	呼伦贝尔市	27.6	223
安徽	淮北市	27.5	224
河南	信阳市	27.4	225
新疆	博州	27.3	226
云南	玉溪市	27.2	227
云南	临沧市	27.2	228
云南	楚雄州	27.0	229
安徽	宣城市	27.0	230
河南	漯河市	27.0	231
甘肃	定西市	27.0	232
云南	大理州	26.9	233
安徽	滁州市	26.8	234
海南	儋州市	26.7	235
新疆	塔城地区	26.6	236
河南	焦作市	26.5	237
新疆	哈密市	26.5	238
甘肃	白银市	26.4	239
甘肃	平凉市	26.3	240
辽宁	抚顺市	26.2	241
广西	桂林市	26.1	242
广西	百色市	26.1	243
江西	宜春市	26.1	244
辽宁	朝阳市	25.7	245

续表

所属省区市	市（地区、州、盟）	政信融资	排名
新疆	克拉玛依市	25.7	246
辽宁	葫芦岛市	25.7	247
云南	普洱市	25.6	248
江西	吉安市	25.6	249
安徽	铜陵市	25.5	250
甘肃	张掖市	25.5	251
安徽	淮南市	25.4	252
甘肃	庆阳市	25.4	253
河南	新乡市	25.4	254
新疆	吐鲁番市	25.3	255
山西	临汾市	25.0	256
河南	安阳市	25.0	257
内蒙古	乌海市	25.0	258
吉林	松原市	24.9	259
宁夏	银川市	24.5	260
云南	丽江市	24.5	261
吉林	通化市	24.4	262
安徽	池州市	24.4	263
甘肃	天水市	24.2	264
新疆	喀什地区	24.1	265
云南	昭通市	24.1	266
江西	鹰潭市	24.1	267
广西	玉林市	23.8	268
广西	贵港市	23.8	269
辽宁	阜新市	23.6	270
山西	晋中市	23.5	271
内蒙古	阿拉善盟	23.4	272
辽宁	丹东市	23.2	273
云南	西双版纳州	22.5	274
河南	鹤壁市	22.5	275

所属省区市	市(地区、州、盟)	政信融资	排名
新疆	和田地区	22.0	276
广西	贺州市	21.7	277
黑龙江	牡丹江市	21.6	278
吉林	辽源市	21.6	279
吉林	延边州	21.4	280
山西	大同市	21.0	281
安徽	黄山市	20.9	282
青海	西宁市	20.7	283
甘肃	嘉峪关市	20.6	284
甘肃	酒泉市	20.4	285
内蒙古	锡林郭勒盟	20.1	286
吉林	白城市	19.9	287
广西	来宾市	19.8	288
广西	防城港市	19.8	289
吉林	白山市	19.6	290
广西	钦州市	19.6	291
黑龙江	绥化市	19.4	292
云南	迪庆州	19.1	293
甘肃	金昌市	19.1	294
广西	崇左市	18.9	295
黑龙江	大庆市	18.8	296
甘肃	陇南市	18.6	297
甘肃	临夏州	18.6	298
甘肃	甘南州	18.6	299
黑龙江	齐齐哈尔市	18.5	300
山西	阳泉市	18.4	301
山西	运城市	18.4	302
宁夏	固原市	18.2	303
黑龙江	佳木斯市	18.0	304
山西	长治市	17.8	305
山西	朔州市	16.8	306

所属省区市	市（地区、州、盟）	政信融资	排名
广西	北海市	16.6	307
山西	晋城市	16.5	308
广西	梧州市	16.4	309
青海	海东市	15.9	310
黑龙江	伊春市	15.7	311
黑龙江	双鸭山市	15.7	312
云南	怒江州	15.5	313
黑龙江	鸡西市	15.5	314
广西	河池市	15.4	315
山西	忻州市	15.1	316
黑龙江	七台河市	14.8	317
宁夏	吴忠市	14.3	318
青海	海西州	14.2	319
山西	吕梁市	14.0	320
黑龙江	黑河市	13.5	321
宁夏	中卫市	13.4	322
黑龙江	鹤岗市	13.3	323
宁夏	石嘴山市	12.4	324
青海	黄南州	12.2	325
青海	海南州	12.2	326
青海	海北州	12.2	327
青海	果洛州	12.2	328
青海	玉树州	12.2	329
黑龙江	大兴安岭地区	11.8	330
西藏	拉萨市	11.4	331
西藏	阿里地区	6.7	332
西藏	林芝市	5.8	333
西藏	山南市	5.8	334
西藏	日喀则市	5.8	335
西藏	那曲市	5.8	336
西藏	昌都市	5.8	337

表4 地级及以上城市政信风险指标全排名

所属省区市	市（地区、州、盟）	政融风险	排名
新疆	伊犁州	49.0	1
广东	深圳市	48.6	2
吉林	延边州	48.5	3
新疆	哈密市	46.9	4
天津	天津市	45.3	5
浙江	绍兴市	44.9	6
山东	菏泽市	44.3	7
西藏	山南市	44.2	8
甘肃	庆阳市	43.8	9
浙江	嘉兴市	43.7	10
青海	黄南州	43.6	11
宁夏	中卫市	43.3	12
西藏	拉萨市	43.1	13
四川	遂宁市	42.7	14
河北	沧州市	41.7	15
广东	东莞市	41.7	16
河南	信阳市	41.5	17
河南	周口市	41.3	18
湖北	随州市	40.7	19
江苏	无锡市	40.5	20
内蒙古	赤峰市	40.3	21
广东	佛山市	40.0	22
江苏	徐州市	39.9	23
甘肃	武威市	39.9	24
青海	海北州	39.6	25
河南	商丘市	39.6	26
江苏	苏州市	39.5	27
西藏	那曲市	39.4	28
上海	上海市	39.1	29
浙江	台州市	38.9	30
陕西	榆林市	38.9	31
河南	安阳市	38.6	32

续表

所属省区市	市（地区、州、盟）	政融风险	排名
安徽	合肥市	38.5	33
甘肃	临夏州	38.5	34
四川	德阳市	38.3	35
浙江	宁波市	38.3	36
江苏	南通市	38.1	37
湖北	荆门市	38.1	38
江苏	淮安市	38.1	39
四川	凉山州	38.0	40
黑龙江	绥化市	37.9	41
浙江	金华市	37.7	42
黑龙江	齐齐哈尔市	37.7	43
山西	晋城市	37.4	44
甘肃	平凉市	37.1	45
广东	云浮市	36.6	46
西藏	日喀则市	36.6	47
新疆	和田地区	36.3	48
河北	邢台市	36.1	49
陕西	咸阳市	36.1	50
新疆	喀什地区	36.0	51
甘肃	张掖市	35.9	52
湖南	张家界市	35.8	53
四川	宜宾市	35.8	54
河南	漯河市	35.6	55
新疆	吐鲁番市	35.5	56
河北	承德市	35.4	57
广东	中山市	35.2	58
湖南	永州市	35.1	59
新疆	塔城地区	35.0	60
新疆	阿克苏地区	34.9	61
河北	廊坊市	34.9	62
贵州	黔西南州	34.9	63
广东	揭阳市	34.6	64
安徽	亳州市	34.5	65
河南	南阳市	34.5	66

续表

所属省区市	市（地区、州、盟）	政融风险	排名
内蒙古	巴彦淖尔市	34.4	67
青海	玉树州	34.4	68
江苏	泰州市	34.3	69
云南	德宏州	34.2	70
湖北	恩施州	34.2	71
湖北	孝感市	34.1	72
山西	朔州市	34.0	73
陕西	西安市	33.9	74
河北	保定市	33.8	75
河南	鹤壁市	33.8	76
广东	汕头市	33.8	77
山西	吕梁市	33.7	78
山西	运城市	33.5	79
湖北	黄石市	33.4	80
新疆	巴音郭楞州	33.3	81
广东	茂名市	33.3	82
广东	潮州市	33.3	83
甘肃	定西市	33.3	84
浙江	湖州市	33.3	85
湖北	荆州市	33.2	86
湖南	邵阳市	33.1	87
北京	北京市	32.8	88
西藏	林芝市	32.2	89
陕西	宝鸡市	32.1	90
江苏	镇江市	31.9	91
福建	福州市	31.6	92
广东	广州市	31.6	93
贵州	黔南州	31.5	94
河北	衡水市	31.4	95
湖北	咸宁市	31.4	96
山东	聊城市	31.4	97
河南	平顶山市	31.1	98
山东	滨州市	31.0	99
山西	晋中市	30.9	100

续表

所属省区市	市（地区、州、盟）	政融风险	排名
安徽	六安市	30.8	101
湖北	十堰市	30.5	102
广西	玉林市	30.5	103
山东	济宁市	30.5	104
甘肃	兰州市	30.4	105
山东	济南市	30.2	106
湖南	长沙市	30.1	107
重庆	重庆市	30.0	108
甘肃	酒泉市	30.0	109
安徽	铜陵市	29.9	110
山东	淄博市	29.8	111
新疆	昌吉州	29.7	112
湖南	岳阳市	29.6	113
广东	汕尾市	29.6	114
广东	湛江市	29.5	115
福建	泉州市	29.3	116
山东	泰安市	29.2	117
福建	漳州市	29.1	118
陕西	渭南市	29.0	119
青海	果洛州	28.9	120
福建	宁德市	28.7	121
新疆	阿勒泰地区	28.7	122
云南	曲靖市	28.7	123
甘肃	陇南市	28.6	124
山西	阳泉市	28.6	125
甘肃	天水市	28.4	126
广东	江门市	28.4	127
四川	南充市	28.4	128
河南	洛阳市	28.4	129
山西	太原市	28.3	130
河南	三门峡市	28.3	131
福建	厦门市	28.3	132
陕西	安康市	28.2	133
贵州	遵义市	28.1	134

所属省区市	市（地区、州、盟）	政融风险	排名
山西	临汾市	28.1	135
湖北	襄阳市	28.1	136
山东	临沂市	28.1	137
河南	焦作市	28.1	138
四川	成都市	28.0	139
青海	海东市	28.0	140
山西	长治市	27.9	141
福建	莆田市	27.8	142
山东	潍坊市	27.8	143
陕西	汉中市	27.7	144
广西	桂林市	27.7	145
内蒙古	兴安盟	27.5	146
湖北	黄冈市	27.3	147
江苏	常州市	27.3	148
内蒙古	锡林郭勒盟	27.3	149
江西	宜春市	27.1	150
湖南	湘潭市	27.1	151
四川	乐山市	27.0	152
安徽	阜阳市	27.0	153
浙江	杭州市	26.9	154
云南	西双版纳州	26.8	155
黑龙江	大庆市	26.8	156
云南	楚雄州	26.8	157
浙江	丽水市	26.8	158
青海	海南州	26.7	159
吉林	长春市	26.5	160
广东	肇庆市	26.4	161
陕西	延安市	26.4	162
浙江	衢州市	26.4	163
山西	大同市	26.4	164
四川	广安市	26.3	165
内蒙古	包头市	26.2	166
陕西	商洛市	25.9	167
河北	邯郸市	25.7	168

续表

所属省区市	市（地区、州、盟）	政融风险	排名
广西	贵港市	25.6	169
湖北	鄂州市	25.6	170
辽宁	朝阳市	25.5	171
广东	梅州市	25.4	172
黑龙江	黑河市	25.3	173
山东	威海市	25.3	174
贵州	黔东南州	25.2	175
河南	驻马店市	24.9	176
黑龙江	哈尔滨市	24.9	177
安徽	淮南市	24.9	178
广东	阳江市	24.8	179
广东	惠州市	24.8	180
山东	日照市	24.8	181
江西	南昌市	24.7	182
湖南	益阳市	24.6	183
山西	忻州市	24.5	184
云南	文山州	24.4	185
内蒙古	呼伦贝尔市	24.4	186
安徽	池州市	24.4	187
湖南	株洲市	24.2	188
湖南	湘西州	24.1	189
四川	达州市	24.1	190
江苏	连云港市	24.0	191
黑龙江	佳木斯市	23.9	192
甘肃	甘南州	23.9	193
江西	新余市	23.9	194
湖南	常德市	23.7	195
四川	阿坝州	23.7	196
辽宁	大连市	23.5	197
江西	吉安市	23.5	198
湖南	娄底市	23.5	199
吉林	四平市	23.3	200
黑龙江	大兴安岭地区	23.2	201
湖南	衡阳市	23.2	202

续表

所属省区市	市(地区、州、盟)	政融风险	排名
西藏	阿里地区	23.1	203
河北	张家口市	23.1	204
浙江	温州市	23.0	205
河北	石家庄市	22.9	206
黑龙江	鸡西市	22.8	207
河南	新乡市	22.6	208
吉林	白山市	22.5	209
广西	梧州市	22.4	210
广东	清远市	22.4	211
山东	枣庄市	22.1	212
江苏	盐城市	21.9	213
江西	赣州市	21.9	214
山东	烟台市	21.8	215
广西	北海市	21.7	216
山东	青岛市	21.7	217
河南	许昌市	21.7	218
新疆	克州	21.6	219
内蒙古	呼和浩特市	21.3	220
广西	百色市	21.3	221
吉林	松原市	21.1	222
贵州	贵阳市	21.1	223
广东	韶关市	20.8	224
广西	钦州市	20.7	225
陕西	铜川市	20.6	226
安徽	滁州市	20.6	227
福建	南平市	20.5	228
山东	东营市	20.5	229
江苏	扬州市	20.4	230
湖北	武汉市	20.4	231
湖南	郴州市	20.3	232
辽宁	辽阳市	20.3	233
河北	秦皇岛市	20.3	234
吉林	吉林市	20.2	235
四川	绵阳市	20.0	236

所属省区市	市（地区、州、盟）	政融风险	排名
安徽	马鞍山市	19.7	237
湖北	宜昌市	19.1	238
甘肃	白银市	19.0	239
河北	唐山市	18.9	240
四川	甘孜州	18.9	241
福建	三明市	18.7	242
青海	海西州	18.7	243
四川	眉山市	18.6	244
云南	迪庆州	18.6	245
广东	珠海市	18.3	246
青海	西宁市	18.3	247
吉林	辽源市	18.2	248
安徽	蚌埠市	18.2	249
江西	九江市	18.1	250
广东	河源市	18.1	251
江西	萍乡市	18.0	252
广西	防城港市	17.9	253
新疆	博州	17.7	254
广西	崇左市	17.7	255
安徽	安庆市	17.6	256
黑龙江	鹤岗市	17.5	257
安徽	芜湖市	17.5	258
四川	内江市	17.3	259
安徽	淮北市	17.2	260
云南	怒江州	17.2	261
云南	大理州	17.2	262
海南	儋州市	17.1	263
四川	泸州市	16.8	264
广西	河池市	16.8	265
西藏	昌都市	16.7	266
云南	昆明市	16.7	267
广西	柳州市	16.6	268
宁夏	固原市	16.5	269
宁夏	银川市	16.4	270

续表

所属省区市	市(地区、州、盟)	政融风险	排名
内蒙古	阿拉善盟	16.4	271
黑龙江	牡丹江市	16.2	272
安徽	宿州市	16.2	273
安徽	宣城市	16.2	274
贵州	毕节市	16.0	275
辽宁	阜新市	16.0	276
山东	德州市	15.9	277
云南	保山市	15.9	278
广西	贺州市	15.7	279
四川	巴中市	15.7	280
黑龙江	七台河市	15.6	281
新疆	乌鲁木齐市	15.4	282
云南	临沧市	15.3	283
安徽	黄山市	15.0	284
浙江	舟山市	15.0	285
云南	昭通市	14.9	286
四川	自贡市	14.9	287
辽宁	铁岭市	14.5	288
江苏	宿迁市	14.4	289
江西	上饶市	14.3	290
辽宁	沈阳市	13.9	291
河南	开封市	13.8	292
河南	濮阳市	13.6	293
贵州	安顺市	13.5	294
甘肃	嘉峪关市	13.5	295
吉林	通化市	13.4	296
四川	资阳市	13.3	297
江西	抚州市	13.1	298
内蒙古	通辽市	12.9	299
内蒙古	乌兰察布市	12.9	300
云南	红河州	12.8	301
辽宁	营口市	12.8	302
福建	龙岩市	12.5	303
黑龙江	双鸭山市	12.5	304

续表

所属省区市	市（地区、州、盟）	政融风险	排名
四川	广元市	12.5	305
内蒙古	乌海市	12.3	306
新疆	克拉玛依市	12.3	307
贵州	铜仁市	12.1	308
云南	丽江市	11.8	309
四川	雅安市	11.7	310
湖南	怀化市	11.2	311
四川	攀枝花市	10.7	312
甘肃	金昌市	10.5	313
宁夏	石嘴山市	9.8	314
山东	莱芜市	9.5	315
河南	郑州市	8.8	316
宁夏	吴忠市	8.8	317
江苏	南京市	8.8	318
江西	景德镇市	8.3	319
辽宁	鞍山市	8.3	320
广西	来宾市	7.7	321
辽宁	丹东市	7.6	322
广西	南宁市	7.3	323
黑龙江	伊春市	7.2	324
辽宁	锦州市	7.1	325
内蒙古	鄂尔多斯市	6.8	326
吉林	白城市	6.1	327
贵州	六盘水市	5.9	328
云南	普洱市	5.5	329
辽宁	葫芦岛市	5.4	330
辽宁	抚顺市	4.8	331
云南	玉溪市	4.8	332
海南	三亚市	4.3	333
江西	鹰潭市	3.0	334
海南	海口市	2.9	335
辽宁	本溪市	2.4	336
辽宁	盘锦市	1.5	337

表5　地级及以上城市政融生态指标全排名

所属省区市	市（地区、州、盟）	政融生态	排名
上海	上海市	50.2	1
北京	北京市	49.5	2
广东	深圳市	48.8	3
四川	成都市	48.4	4
天津	天津市	48.0	5
重庆	重庆市	47.5	6
浙江	杭州市	46.7	7
广东	广州市	46.2	8
辽宁	沈阳市	46.2	9
江苏	南京市	46.0	10
湖北	武汉市	45.9	11
浙江	嘉兴市	45.6	12
安徽	合肥市	45.2	13
江苏	苏州市	45.1	14
山东	青岛市	44.9	15
福建	厦门市	44.8	16
江苏	无锡市	44.7	17
辽宁	大连市	44.7	18
浙江	温州市	43.6	19
浙江	宁波市	42.7	20
山东	济南市	42.6	21
陕西	西安市	42.5	22
河南	郑州市	42.4	23
江苏	南通市	42.3	24
山东	潍坊市	42.3	25
福建	福州市	41.8	26
山西	太原市	41.8	27
广西	南宁市	41.5	28
黑龙江	哈尔滨市	41.3	29
河北	石家庄市	41.3	30
江苏	徐州市	40.8	31
山东	烟台市	40.7	32

续表

所属省区市	市（地区、州、盟）	政融生态	排名
辽宁	鞍山市	40.2	33
贵州	贵阳市	39.4	34
湖北	宜昌市	39.1	35
江苏	常州市	39.1	36
广东	东莞市	39.0	37
福建	泉州市	39.0	38
江西	南昌市	39.0	39
湖南	长沙市	38.6	40
河南	新乡市	38.4	41
江苏	扬州市	38.0	42
广东	珠海市	38.0	43
内蒙古	呼和浩特市	37.6	44
湖北	襄阳市	37.2	45
宁夏	银川市	37.2	46
浙江	绍兴市	37.1	47
山东	威海市	37.0	48
云南	昆明市	36.9	49
河北	邯郸市	36.6	50
广东	中山市	36.4	51
吉林	长春市	36.3	52
新疆	乌鲁木齐市	36.2	53
甘肃	兰州市	35.8	54
江苏	宿迁市	35.3	55
山东	聊城市	35.3	56
海南	海口市	35.2	57
江西	赣州市	35.0	58
浙江	台州市	35.0	59
江苏	泰州市	35.0	60
广东	佛山市	34.8	61
安徽	滁州市	34.8	62
安徽	芜湖市	34.5	63
四川	德阳市	34.3	64
广东	惠州市	34.0	65
山西	晋城市	34.0	66

所属省区市	市（地区、州、盟）	政融生态	排名
浙江	湖州市	33.8	67
陕西	延安市	33.8	68
青海	西宁市	33.7	69
河北	廊坊市	33.6	70
广东	江门市	33.5	71
河南	洛阳市	33.5	72
湖北	黄石市	33.5	73
浙江	金华市	33.1	74
湖北	荆州市	32.9	75
安徽	阜阳市	32.9	76
河南	开封市	32.8	77
四川	南充市	32.6	78
河北	沧州市	32.6	79
四川	凉山州	32.5	80
新疆	伊犁州	32.4	81
广西	桂林市	32.2	82
河北	保定市	32.1	83
陕西	宝鸡市	32.0	84
四川	绵阳市	32.0	85
山东	东营市	31.9	86
四川	泸州市	31.6	87
江苏	盐城市	31.6	88
海南	三亚市	31.5	89
广东	梅州市	31.5	90
山东	德州市	31.2	91
山东	淄博市	31.2	92
江苏	镇江市	31.0	93
湖南	郴州市	30.9	94
浙江	衢州市	30.8	95
河南	许昌市	30.7	96
河南	驻马店市	30.7	97
陕西	渭南市	30.6	98
河北	唐山市	30.5	99
福建	南平市	30.4	100

续表

所属省区市	市(地区、州、盟)	政融生态	排名
安徽	宿州市	30.4	101
山西	临汾市	30.3	102
湖北	咸宁市	30.2	103
辽宁	营口市	30.2	104
江苏	淮安市	30.0	105
内蒙古	鄂尔多斯市	29.7	106
广东	茂名市	29.7	107
河北	衡水市	29.6	108
山东	泰安市	29.6	109
山东	济宁市	29.5	110
安徽	六安市	29.3	111
湖南	衡阳市	29.0	112
河南	周口市	29.0	113
河北	张家口市	28.8	114
湖北	荆门市	28.8	115
辽宁	辽阳市	28.7	116
河南	安阳市	28.6	117
黑龙江	齐齐哈尔市	28.5	118
四川	广元市	28.5	119
贵州	遵义市	28.4	120
河南	平顶山市	28.4	121
广东	清远市	28.4	122
广东	肇庆市	28.3	123
山东	菏泽市	28.2	124
湖北	十堰市	28.2	125
陕西	汉中市	28.1	126
安徽	亳州市	28.1	127
湖南	常德市	28.0	128
山西	大同市	28.0	129
辽宁	丹东市	28.0	130
福建	漳州市	28.0	131
陕西	咸阳市	27.9	132
安徽	马鞍山市	27.9	133
江苏	连云港市	27.8	134

续表

所属省区市	市（地区、州、盟）	政融生态	排名
贵州	毕节市	27.7	135
安徽	淮北市	27.7	136
四川	达州市	27.5	137
陕西	榆林市	27.4	138
辽宁	盘锦市	27.4	139
广东	汕头市	27.3	140
内蒙古	包头市	27.3	141
广东	湛江市	27.2	142
辽宁	阜新市	27.2	143
河北	承德市	27.1	144
广西	梧州市	27.1	145
辽宁	抚顺市	27.1	146
江西	九江市	27.0	147
河北	秦皇岛市	27.0	148
四川	遂宁市	26.9	149
四川	宜宾市	26.8	150
四川	甘孜州	26.8	151
辽宁	锦州市	26.8	152
河南	南阳市	26.6	153
安徽	蚌埠市	26.4	154
吉林	四平市	26.3	155
四川	乐山市	26.1	156
四川	攀枝花市	26.1	157
湖南	株洲市	26.0	158
山东	枣庄市	25.9	159
四川	巴中市	25.8	160
河南	濮阳市	25.7	161
吉林	吉林市	25.7	162
湖南	岳阳市	25.5	163
安徽	淮南市	25.5	164
广西	钦州市	25.4	165
江西	抚州市	25.3	166
山东	临沂市	25.2	167
湖北	恩施州	25.1	168

所属省区市	市（地区、州、盟）	政融生态	排名
辽宁	朝阳市	25.1	169
江西	吉安市	25.0	170
安徽	安庆市	24.9	171
山东	日照市	24.8	172
河南	焦作市	24.8	173
河南	三门峡市	24.8	174
陕西	商洛市	24.6	175
山东	滨州市	24.6	176
广东	韶关市	24.4	177
湖南	湘潭市	24.3	178
内蒙古	呼伦贝尔市	24.2	179
陕西	铜川市	24.2	180
广西	柳州市	24.1	181
黑龙江	牡丹江市	24.1	182
河北	邢台市	24.0	183
山西	运城市	23.9	184
辽宁	葫芦岛市	23.8	185
四川	广安市	23.8	186
黑龙江	佳木斯市	23.7	187
四川	内江市	23.6	188
河南	信阳市	23.6	189
广东	阳江市	23.5	190
陕西	安康市	23.4	191
广东	河源市	23.4	192
四川	阿坝州	23.4	193
湖北	孝感市	23.3	194
新疆	喀什地区	23.1	195
内蒙古	赤峰市	23.0	196
安徽	铜陵市	22.9	197
宁夏	固原市	22.9	198
黑龙江	鹤岗市	22.8	199
安徽	黄山市	22.7	200
内蒙古	乌兰察布市	22.7	201
湖北	随州市	22.7	202

续表

所属省区市	市（地区、州、盟）	政融生态	排名
湖北	黄冈市	22.7	203
贵州	黔西南州	22.6	204
山西	吕梁市	22.4	205
吉林	松原市	22.3	206
福建	三明市	22.3	207
广西	玉林市	22.3	208
福建	宁德市	22.1	209
四川	眉山市	22.0	210
湖南	永州市	21.9	211
广东	云浮市	21.9	212
四川	资阳市	21.8	213
甘肃	天水市	21.7	214
西藏	拉萨市	21.6	215
湖南	娄底市	21.5	216
辽宁	铁岭市	21.5	217
浙江	丽水市	21.3	218
广西	贵港市	21.3	219
青海	海东市	21.2	220
四川	自贡市	20.9	221
湖南	益阳市	20.9	222
河南	鹤壁市	20.8	223
内蒙古	锡林郭勒盟	20.7	224
青海	海西州	20.6	225
福建	龙岩市	20.5	226
宁夏	吴忠市	20.4	227
山西	长治市	20.4	228
安徽	池州市	20.2	229
内蒙古	通辽市	20.2	230
浙江	舟山市	20.2	231
山西	晋中市	20.2	232
湖南	邵阳市	20.1	233
黑龙江	大庆市	20.0	234
四川	雅安市	20.0	235
广东	揭阳市	19.8	236

续表

所属省区市	市（地区、州、盟）	政融生态	排名
湖北	鄂州市	19.7	237
河南	商丘市	19.7	238
山西	阳泉市	19.6	239
吉林	延边州	19.6	240
江西	鹰潭市	19.4	241
新疆	昌吉州	19.1	242
新疆	阿克苏地区	19.1	243
江西	宜春市	19.0	244
山西	忻州市	18.9	245
山西	朔州市	18.8	246
贵州	铜仁市	18.7	247
新疆	塔城地区	18.7	248
新疆	阿勒泰地区	18.7	249
贵州	黔南州	18.4	250
江西	萍乡市	18.4	251
贵州	黔东南州	18.4	252
江西	上饶市	18.0	253
广西	河池市	17.9	254
黑龙江	双鸭山市	17.8	255
广东	汕尾市	17.7	256
江西	新余市	17.6	257
辽宁	本溪市	17.6	258
宁夏	中卫市	17.6	259
内蒙古	兴安盟	17.6	260
黑龙江	七台河市	17.5	261
甘肃	定西市	17.5	262
广西	崇左市	17.4	263
内蒙古	巴彦淖尔市	17.4	264
吉林	白城市	17.2	265
新疆	博州	17.1	266
吉林	辽源市	17.1	267
河南	漯河市	17.1	268
云南	大理州	17.1	269
甘肃	白银市	17.0	270

续表

所属省区市	市（地区、州、盟）	政融生态	排名
湖南	张家界市	16.9	271
福建	莆田市	16.9	272
安徽	宣城市	16.6	273
新疆	吐鲁番市	16.6	274
黑龙江	黑河市	16.5	275
内蒙古	乌海市	16.4	276
吉林	通化市	16.4	277
广西	北海市	16.4	278
广东	潮州市	16.3	279
青海	黄南州	16.3	280
贵州	安顺市	16.2	281
广西	防城港市	16.0	282
甘肃	酒泉市	15.7	283
青海	海北州	15.5	284
湖南	怀化市	15.5	285
江西	景德镇市	15.5	286
新疆	巴音郭楞州	15.4	287
宁夏	石嘴山市	15.4	288
山东	莱芜市	15.4	289
新疆	和田地区	15.3	290
甘肃	平凉市	15.2	291
云南	玉溪市	15.1	292
湖南	湘西州	14.8	293
云南	红河州	14.7	294
云南	文山州	14.7	295
甘肃	庆阳市	14.6	296
甘肃	张掖市	14.5	297
内蒙古	阿拉善盟	14.5	298
甘肃	甘南州	14.5	299
甘肃	嘉峪关市	14.4	300
云南	曲靖市	14.3	301
甘肃	武威市	13.7	302
贵州	六盘水市	13.7	303
广西	贺州市	13.7	304

续表

所属省区市	市(地区、州、盟)	政融生态	排名
甘肃	临夏州	13.6	305
广西	来宾市	13.5	306
新疆	哈密市	13.5	307
青海	玉树州	13.0	308
青海	果洛州	12.9	309
云南	楚雄州	12.9	310
甘肃	陇南市	12.9	311
黑龙江	伊春市	12.8	312
海南	儋州市	12.7	313
新疆	克拉玛依市	12.6	314
青海	海南州	12.4	315
黑龙江	绥化市	12.4	316
广西	百色市	12.4	317
黑龙江	鸡西市	12.3	318
云南	德宏州	12.1	319
云南	保山市	11.8	320
新疆	克州	11.7	321
黑龙江	大兴安岭地区	11.6	322
云南	临沧市	11.6	323
云南	西双版纳州	11.4	324
西藏	林芝市	11.2	325
云南	普洱市	11.1	326
西藏	山南市	10.9	327
甘肃	金昌市	9.5	328
西藏	日喀则市	8.7	329
西藏	阿里地区	8.6	330
云南	迪庆州	7.9	331
吉林	白山市	7.6	332
西藏	那曲市	7.3	333
云南	丽江市	7.2	334
云南	昭通市	7.1	335
云南	怒江州	6.7	336
西藏	昌都市	6.5	337

Abstract

"*Annual Report on Development of China's Governmental Credit (2019 - 2020)*" is the first report in the serial report of "Blue Book of Governmental Credit", focusing on the research in China's Governmental Credit and dedicating to provide support in-depth in the formation of theory system and development of innovative practice of governmental credit in China.

This book firstly combs the historical context of China's governmental credit development with a perspective of big history. And on this basis, it defines and explains the concept of "governmental credit" comprehensively and profoundly and proposes clearly what is the most important mission and responsibility of governmental credit of China under the new historical orientation. Furthermore, from the aspects of the institutional elements of policy and law of governmental credit, finance of governmental credit, culture of governmental credit, ecology of governmental credit, and ability of governmental credit, and government issues integrity which is the concrete manifestation of governmental credit, this book analyzes the present condition of China's governmental credit development and the trend of governmental credit policies, summarizes the achievements, and get an insight into the current problems and crux. Finally, the book puts forward relevant countermeasures and suggestions to solve the problems.

The innovations of this book mainly include the following points: (1) For the first time, the connotation of "governmental credit" is comprehensively and profoundly explained from the perspective of great history. In short, governmental credit contains three levels of progressive interpretation such as right belief, right mindset, and right action. On this basis, the framework of China's governmental credit theory system is preliminarily constructed. (2) For the first time, the connotation and extension, coverage and portrayal dimension of "finance of governmental credit" are clarified in the context of China; (3) It proposes to

focus on guiding and promoting "cultural self-confidence" to construct the system of culture of governmental credit, returning to the cultural origin of China's 5000-year-old history, and promoting the development and innovation of the practice of governmental credit with deep source; correcting themselves, guiding the public to rebuild morality and regain faith with the core values of Chinese and western civilization such as honesty, kindness, tolerance, etc.. (4) On the basis of defining the basic connotation and scope of the elements of ability of governmental credit, the framework of the elements of ability of governmental credit is built to deeply analyze the mechanism of the influence of each element on ability of governmental credit; (5) Analyzing the deeper reasons for progress in construction of government issues integrity in some areas in China, such as public power aiming to realize the rights of the people and protect the interests of the people being alienated because the traditional official-centered thinking is deeply entrenched; poor consciousness of governing philosophy of service-oriented government's; institutional absence of government's integrity system; insufficient public participation and supervision.

The book is divided into four parts: general report, sub-reports, special reports and appendix, including a total of nine single reports. The research team of this book combines their research results with specific practical cases in the field of governmental credit, and from the perspectives of politics, economics, public finance, and sociology, they used the methods of literature research method, historical comparison method, case study method, and systems comprehensive analysis method, inductive analysis method, etc. to conduct the research of the whole book.

The sources of this book mainly include books, software and various materials in the library of Central University of Finance and Economics; publications such as books and newspapers at home and abroad; relevant research results of scholars at home and abroad; research results of the research team of this book. The examples cited in the book come from development practices in the field of governmental credit.

Keywords: Governmental Credit; Big History; Finance of Governmental Credit; Culture of Governmental Credit; Ability of Governmental Credit

Contents

I   General Report

B. 1   Looking for the Source of Development of Governmental

Credit from the Perspective of Big History

Research Group on Construction of Governmental Credit Theory System / 001

    1. Research Background and Significance   / 002

    2. Research Perspective and Analysis Framework   / 005

    3. Interpretation of Connotation and Definition of Extension   / 007

    4. Theoretical Origin and System Architecture   / 010

    5. Innovation Practice   / 013

    6. Development Outlook   / 021

Abstract: From a historical perspective, this report takes the thought of Chinese and western governmental credit as the theoretical origin, clearly defines the connotation and boundary of governmental credit, and makes an in-depth discussion on its theoretical basis, key institutional elements and value orientation. This report builds a governmental credit theory system with "objectives, culture, finance, laws and regulations, and ecology" as the main institutional elements, and deeply analyzes the institutional background, cultural roots, overall development status and trends of Chinese governmental credit innovation practice. It's found that the development of Chinese governmental credit practice plays an important role in promoting overall economic and social progress, accelerating the construction of industrialization and urbanization, promoting economic upgrading and structural

optimization, enhancing the sense of public gain and the awareness of government compliance and trustworthiness. However, there are still many problems, such as the frequent occurrence of government dishonesty events leading to people's "habitual question" about the government; the lack of social credit aggravating the potential risks of government credit business; the lack of top-level design of government credit system leading to the government's Credit Behavior Anomie; the lack of regulation of government credit finance leading to illegal and disguised debts despite repeated prohibitions; the inadequate credit services leading to unbalanced development of governmental credit. Based on this, several policy suggestions are put forward, such as innovating the concept of governmental credit, cultivating culture of governmental credit, strengthening the construction of governmental credit system and mechanism, perfecting laws and regulations of governmental credit, improving the ability of governmental credit service and optimizing the ecological environment of governmental credit, so as to promote the healthy development of Chinese government's credit industry and the modernization of national governance ability.

Keywords: Governmental Credit; Culture of Governmental Credit; Laws and Regulations of Governmental Credit; Finance of Governmental Credit; Ecology of Governmental Credit

II Sub-reports

B. 2 Research Report on Policy and Law of Governmental Credit

Xue Qitang, Zhao Ranran / 024

Abstract: While the construction of law-based government in China rule of has made great achievements, there is still a problem of lack of governmental credit, and an important reason for the lack of governmental credit in China is that the legal system of governmental credit is not perfect. Therefore, it is necessary to strengthen the construction of the governmental credit legal system and regulate the government's dishonesty through legal means. This report analyzes the status quo of

China's governmental credit legal system from the aspects of administration by law, principle of trust protection, disclosure of government information, etc. . It also points out that China's current governmental credit legal system has problems such as the imperfect governmental credit legal system, the unclear boundaries of administrative powers, and the unclear legal expression of governmental credit. By drawing on the advanced experience of the construction of the credit law system of foreign countries in the Anglo-American legal system countries and civil law countries, combined with China's specific national conditions, it puts forward suggestions on perfecting the governmental credit legal system. This report advocates that China should improve the governmental credit legal system by promoting administrative procedures legislation, improving administrative open legislation, improving administrative power legislation, improving government disciplinary punishment system, establishing governmental credit evaluation mechanism, improving the civil service system, and strengthening governmental credit supervision.

Keywords: Legal System of Governmental Credit; Administration by Law; Administrative Procedures Legislation

B. 3   Research Report on Development of Finance of

Governmental Credit   *Guo Jianguang , Ji Hongdan* / 042

Abstract: Finance of Governmental Credit (FGC) is a term used under the socialist market economy system with Chinese characteristics. It mainly refers to the investment and financing of local government and other government-related entities in order to provide public goods, as well as the financial support and financial services provided by the financial sector for these investment and financing activities. Firstly, we clarify the connotation and extension, the scope and the dimension of FGC in the context of China. Secondly, summarizing the development practice of FGC in China in the past 40 years of reform and opening up, analyzing the development momentum of FGC, and discussing the

background of financial development, reviewing the development of FGC. Thirdly, we argue that economic development and urbanization have led to a rapid increase in the people's demand of the public goods, and put forward higher requirements for the government's supply. This is the biggest historical background for the development of China's FGC. Fourthly, we point that there are some constraints on the development of FGC, due to the unique fiscal relationship between the central and local governments in China, and leading to some problems. Therefore, at the end of this report, based on the problems existing in the development of FGC, the corresponding countermeasures and suggestions are put forward. It is pointed out that not only the financial system but also the fiscal system must be reformed to promote the healthier development of FGC.

Keywords: Finance of Governmental Credit (FGC); Government Debt; Government Financing; Risk of Debt; Fiscal Relationship between the Central and Local Governments

B. 4 Research Report on Cultural Construction of
Governmental Credit   *Wang Ying* / 070

Abstract: At present, China faces serious governmental credit risks, highlighting the importance of culture of governmental credit. From the perspective of a big history, this paper proposes that the construction of China's governmental credit system should start from the construction of culture of governmental credit system. To restore the culture of a nation is to restore the nation. Today this is the foothold of culture of governmental credit, and is also the most important mission and responsibility of culture of governmental credit. It should focus on guiding and promoting "cultural self-confidence" to construct the system of culture of governmental credit, returning to the cultural origin of China's 5000 − year − old history, and promoting the development and innovation of the practice of governmental credit with deep source; correcting themselves, guiding the public to rebuild morality and regain faith with the core values of Chinese and western civilization such as honesty, kindness, tolerance, etc.. At the same time, the construction of culture of governmental credit should be institutionalized so that honesty education and honesty culture construction can be truly implemented and receive practical results.

Keywords: Culture of Governmental Credit; Big History; Cultural Self-confidence

B. 5 Research Report on Development of Ecology of
Governmental Credit   *Wen Laicheng, Li Ting* / 085

Abstract: This report reviews the current situation of China's political and ecological development in recent years, analyzes the existing problems, and puts forward corresponding countermeasures and suggestions. The status quo of political and ecological development can be analyzed from the aspects of political and trust policies and regulations, political and trust supervision, administrative efficiency, financial ecological environment and social credit. In terms of administrative efficiency, provincial and municipal administrative expenditures account for a higher proportion of general public budget expenditures; in terms of financial ecological environment, loan balances and financial institutions are on the rise; in terms of human resources, the educational level of financial institutions is constantly improving. In the financial market, the bond market, credit, trust and other markets have developed rapidly; in the social credit environment, the credit level in the developed eastern regions is higher than that in the central and western regions. In the above-mentioned ecological development practice of political letters, many problems have arisen, such as the need for administrative efficiency to be improved, the irrational credit structure, the rising default rate of the bond market, and the imbalance in the construction of the social credit system. On this basis, this report puts forward corresponding countermeasures and suggestions in terms of improving administrative efficiency, optimizing credit structure, defusing bond market risk, cultivating talents in credit construction, and balancing regional social credit development gap.

Keywords: Political letter ecology; Practice review; Policy design

B. 6　Research Report on Construction of Governmental
Credit Ability　　　　　　　　　　*Zhao Quanhou, Xu Jing* / 122

Abstract: This report firstly defines the basic connotation and range of governmental credit ability elements. It contains government physical resources and spiritual resources. Physical resource contains government asset and debt and spiritual resource contains the financial management ability, the integrity of governmental credit restrict system, the extent of government openness, the commitment guarantee level and the satisfaction of government behaviors. We built the governmental credit ability elements framework on this basis, deeply analyzed the influence mechanism of all elements to governmental credit ability, and summarized the development experience of governmental credit ability in our country. In terms of physical resources, the scale of government asset is expanding, the capacity that government revenue covers and balances its expenditure has been strengthened, providing a solid foundation for the governmental credit ability building. In terms of spiritual resources, the financial management ability has become more scientific, the legal system has been more robust, and the extent of government openness and the commitment guarantee level have been improved. But meanwhile, with the increasing of economic downward pressure of our country, the growth rate of fiscal revenue has declined, the government debt crisis has become increasingly prominent, and affected the fiscal sustainability. There are still problems in the relevant systems construction, such as inadequate supervision of government work, too broad legal provisions, and lack of disciplinary system for government dishonesty. The financial management ability is still insufficient compared to the requirements of national governance modernization. Therefore, this report puts forward some suggestions for these remaining problems: In terms of physical resources, we must pay attention to the cultivation of government's independent financial resources, strengthen government asset management and performance management, strictly control government debt, and improve the efficiency of debt funds. In terms of spiritual resources, it is necessary to improve financial management ability, strengthen the construction of the administrative legal system, ensure the stability and sustainability of public policies, and promote the government openness. Under the push of building transparent government, we should strive to achieve legal decision-making, scientific decision-making, and democratic decision-making, and then improve public satisfaction.

Keywords: Governmental Credit Ability; Government Assets; Government Debt; Government Openness; Public Satisfaction

B. 7   Research Report on Construction of Government Issues Integrity

Zhao Zhongliang, Gong Chunhui and Wang Lingling / 148

Abstract: Based on historical experience, our government has put forward the concept of being ruled by politics and law in the 18th National Congress Report when building government integrity, which has promoted the rapid development of the construction. However, there are still some problems such as poor enforcement of law-based administration of government, incomplete information disclosure, inefficient government services, and imperfect supervision system. By analyzing the connotation and nature of the integrity of government issues, this report, in the aspect of internet technology, based on the New Public Service Theory, will focus on government service reform to explore ways to improve the integrity of government issues.

Keywords: Government Issues Integrity; Government Service Reform; New Public Service Theory; New Technology

政信蓝皮书

Ⅲ Special Reports

B. 8   Financial Development Index of Governmental

Credit of China

Research Group on Governmental Credit Financial Development Index / 174

Abstract: "Development Index of Finance of Governmental Credit of China
(2018)" is the world's first comprehensive index on finance of governmental credit,
government finance, and public finance. It aims to quantify the development of
finance of governmental credit in various localities, track the activities of finance of
governmental credit of local governments in China, and monitor the risks and their
impact on local economy and finance. The area covered by this index includes 338
administrative divisions above the prefecture level (including municipalities and sub-
provincial cities), with the latest relevant data as of September 2018 as the basis for
index evaluation, and some relevant data extracted by the end of 2017. The index
includes several levels of indicators and grassroots indicators, and indicators with
direct data sources are grassroots indicators. The grassroots indicators use the
quantile-score method for nondimensionalization and standardization, and the
indicators at all levels are weighted and averaged according to the values of the lower
indicators. In the results and analysis section, the report presents the total index of
development of finance of governmental credit and sub-index and relevant analysis of
ability of governmental credit, finance of governmental credit, risks and ecology of
finance of governmental credit of 338 administrative divisions including prefecture-
level administrative divisions, sub-provincial cities and municipalities directly under
the central government.

Keywords: Development Index of Finance of Governmental Credit of
China; Prefecture Level; Nondimensionalization

Ⅳ Appendix

B. 9   All Ranking of Financial Development Index of

Governmental Gredit of China   / 213

权威报告·一手数据·特色资源

皮书数据库
ANNUAL REPORT(YEARBOOK)
DATABASE

分析解读当下中国发展变迁的高端智库平台

所获荣誉

- 2019年，入围国家新闻出版署数字出版精品遴选推荐计划项目
- 2016年，入选"'十三五'国家重点电子出版物出版规划骨干工程"
- 2015年，荣获"搜索中国正能量 点赞2015""创新中国科技创新奖"
- 2013年，荣获"中国出版政府奖·网络出版物奖"提名奖
- 连续多年荣获中国数字出版博览会"数字出版·优秀品牌"奖

成为会员

通过网址www.pishu.com.cn访问皮书数据库网站或下载皮书数据库APP，进行手机号码验证或邮箱验证即可成为皮书数据库会员。

会员福利

- 已注册用户购书后可免费获赠100元皮书数据库充值卡。刮开充值卡涂层获取充值密码，登录并进入"会员中心"—"在线充值"—"充值卡充值"，充值成功即可购买和查看数据库内容。
- 会员福利最终解释权归社会科学文献出版社所有。

数据库服务热线：400-008-6695
数据库服务QQ：2475522410
数据库服务邮箱：database@ssap.cn
图书销售热线：010-59367070/7028
图书服务QQ：1265056568
图书服务邮箱：duzhe@ssap.cn

社会科学文献出版社 皮书系列
SOCIAL SCIENCES ACADEMIC PRESS (CHINA)
卡号：137345914649
密码：

基本子库
SUB DATABASE

中国社会发展数据库（下设 12 个子库）

　　整合国内外中国社会发展研究成果，汇聚独家统计数据、深度分析报告，涉及社会、人口、政治、教育、法律等 12 个领域，为了解中国社会发展动态、跟踪社会核心热点、分析社会发展趋势提供一站式资源搜索和数据服务。

中国经济发展数据库（下设 12 个子库）

　　围绕国内外中国经济发展主题研究报告、学术资讯、基础数据等资料构建，内容涵盖宏观经济、农业经济、工业经济、产业经济等 12 个重点经济领域，为实时掌控经济运行态势、把握经济发展规律、洞察经济形势、进行经济决策提供参考和依据。

中国行业发展数据库（下设 17 个子库）

　　以中国国民经济行业分类为依据，覆盖金融业、旅游、医疗卫生、交通运输、能源矿产等 100 多个行业，跟踪分析国民经济相关行业市场运行状况和政策导向，汇集行业发展前沿资讯，为投资、从业及各种经济决策提供理论基础和实践指导。

中国区域发展数据库（下设 6 个子库）

　　对中国特定区域内的经济、社会、文化等领域现状与发展情况进行深度分析和预测，研究层级至县及县以下行政区，涉及地区、区域经济体、城市、农村等不同维度，为地方经济社会宏观态势研究、发展经验研究、案例分析提供数据服务。

中国文化传媒数据库（下设 18 个子库）

　　汇聚文化传媒领域专家观点、热点资讯，梳理国内外中国文化发展相关学术研究成果、一手统计数据，涵盖文化产业、新闻传播、电影娱乐、文学艺术、群众文化等 18 个重点研究领域。为文化传媒研究提供相关数据、研究报告和综合分析服务。

世界经济与国际关系数据库（下设 6 个子库）

　　立足"皮书系列"世界经济、国际关系相关学术资源，整合世界经济、国际政治、世界文化与科技、全球性问题、国际组织与国际法、区域研究 6 大领域研究成果，为世界经济与国际关系研究提供全方位数据分析，为决策和形势研判提供参考。

法律声明